Hannes Bajohr / Rieke Trimçev
ad Judith N. Shklar
Leben – Werk – Gegenwart

Hannes Bajohr / Rieke Trimçev

ad Judith N. Shklar

Leben – Werk – Gegenwart

Europäische Verlagsanstalt

Bibliografische Information der Deutschen Nationalbibliothek
Die Deutsche Nationalbibliothek verzeichnet diese Publikation in der Deutschen Nationalbibliografie; detaillierte bibliografische Daten sind im Internet über http://dnb.d-nb.de abrufbar.

Umschlaggestaltung und Satz: Christian Wöhrl, Hoisdorf
Foto: Courtesy Harvard University Archives
Signet: Dorothee Wallner nach Caspar Neher »Europa« (1945)

Printed in Germany

ISBN 978-3-86393-133-9

Auch als E-Book erhältlich, ISBN 978-3-86393-591-7

Informationen zu unserem Verlagsprogramm finden Sie im Internet unter www.europaeischeverlagsanstalt.de

Inhalt

1. Einleitung

Das Werk der amerikanischen Politiktheoretikerin Judith Nisse Shklar erscheint heute aktueller als bei ihrem Tod vor drei Jahrzehnten. Im September 1992, als Shklar wenige Tage vor ihrem 65. Geburtstag einem Herzinfarkt erlag, war der Kalte Krieg bereits an ein Ende gekommen, die ehemals mächtige UdSSR in fünfzehn unabhängige Staaten zerfallen und die DDR in der Bundesrepublik aufgegangen. Shklar bekam es noch mit: Der westliche Liberalismus hatte ganz offensichtlich triumphiert. Der Einzug der Marktwirtschaft und demokratische Reformen in Osteuropa würden den Kontinent freier und friedlicher machen, war die Hoffnung vieler westlicher Kommentator:innen. Mit ihrer charakteristisch skeptischen Haltung und der steten Mahnung, sich weder von offenbaren Fortschritten zu hoffnungsvoll stimmen zu lassen, noch die immerwährende Gefahr von Furcht, Grausamkeit und Unterdrückung zu vergessen, schien Shklar damals wie aus der Zeit gefallen.

Heute, dreißig Jahre später, ist die Situation eine völlig andere. Statt dem endgültigen Sieg des Liberalismus sehen wir einer erneuten Systemkonkurrenz entgegen. Die Hoffnung, dass sich in Europa und der Welt nun Frieden ausbreiten würde, ist enttäuscht worden. Bewaffnete Konflikte nehmen weltweit erneut zu und in der Ukraine findet „vor unserer Haustür“ ein Angriffskrieg statt. Die Mobilisierungserfolge populistischer Parteien und Politiker:innen in den USA und Europa haben die liberale Demokratie in den letzten Jahren eher als abgewirtschaftetes Modell denn als zukunftsfähiges System abgestempelt und ihr explizit die Drohung einer „illiberalen Demokratie" entgegengesetzt. Und auch hierzulande wächst die Zahl jener stetig, die mit autoritären, nationalistischen und rechtsextremen, mit dezidiert antiliberalen Positionen liebäugeln.

Dass liberale Politik und liberales politisches Denken, sollten sie denn kein „Ende der Geschichte" zeitigen, auch nur wünschenswert wären, ist heute umstrittener denn je. Im traditionalistischen Spektrum wird der Liberalismus eher als Dekadenzerscheinung betrachtet – sei es als angebliche Lizenz zur egozentrischen Nabelschau diverser Minderheiten oder als Mob gewordene Vollstrecker einer twitternden „Cancel Culture". Dass sich auch Liberalkonservative dieser Kritik anschließen, zeigt zudem, wie unklar es ist, ob es *den* Liberalismus überhaupt gibt. Von links wird er, gern mit dem angehefteten Präfix „Neo-", des Übels eines in die Verästelung aller Lebens-, Arbeits-, und Beziehungsbereiche vordringenden Kapitalismus bezichtigt oder als politisch zahnloser Quietismus, mitunter reine Besitzstandswahrung kritisiert. Triumphalismus sieht anders aus.

In dieser Situation wird Judith Shklar wieder neu entdeckt. Ihr Werk scheint wie geschaffen für einen Moment, in dem liberales Denken von allen Seiten unter Druck gerät. Vor allem ihr Essay „Der Liberalismus der Furcht", veröffentlicht im Schicksalsjahr 1989, scheint als kraftvolle Artikulation eines selbstbewussten, dabei aber auf das Wesentlichste reduzierten Liberalismus geeignet, zweifelnden Liberalen Trost, Orientierung und sogar Kampfeswillen zu spenden. Dem Liberalismus der Furcht gehe es, so fasste Shklar denkwürdig und knapp diese mit Montaigne und Montesquieu beginnende Linie zusammen, nicht um positive Hoffnungen, sondern allein um die Vermeidung eines höchsten Übels: „Dieses Übel ist die Grausamkeit und die Furcht, die sie hervorruft, und schließlich die Furcht vor der Furcht selbst."[1] Das klingt nach einer zwar minimalen, aber doch eindeutig normativen Theorie, mit der Shklar Liberalen eine klare Handlungsregel an die Hand gibt. Mehr noch, diese Regel – eine Vermeidungsregel – ist durch die Erfahrungen des 20. Jahrhunderts und auch Shklars eigene Biografie unterfüttert. Geboren in eine jüdische Familie im Riga der Zwischenkriegszeit musste sie 1939 über Russland und Japan erst nach Kanada, dann in die USA flüchten. So scheint ihr eigenes Leben als Exilantin und Entkommene des Holocausts die Plausibilität ihrer liberalen Theorie zu verbürgen, die den Grausamkeiten der Gegenwart gewachsen ist.

Wenn das nicht falsch ist, so ist es doch verkürzt. Shklars Liberalismus – das ist die Annahme, die diesem Buch zugrunde liegt – formuliert weniger klare politische Handlungsanweisungen als eher eine Methode, politische Urteilskraft zu entwickeln. Mehr als einmal hat Shklar sich selbst als Skeptikerin bezeichnet: Ihre Zweifel richten sich vor allem auf die Annahme, dass man für den Bereich des Politischen überhaupt unumstößliche Regeln festlegen könne, die auf konkrete Situationen nur noch angewandt werden müssen. Ihr Buch *Legalism* (1964) wie auch die Studie *Über Ungerechtigkeit* (1992) sprechen beide von den Grenzen eines solchen regelgeleiteten Denkens: Weder das Recht noch die Ethik dürften allein nach dem Modell des Tribunals gedacht werden, vor dessen Autorität sich jeder Fall klar und für alle offensichtlich entscheiden ließe oder für dessen Entscheidungen jeweils eine Letztbegründung gegeben werden könne. Noch mehr gilt das für die Politik, die viel zu häufig in rechtlichen oder deontologischen, also in regelartigen Begriffen gedacht wird.

Regeln haben ihren Platz im normalen Gefüge moderner Gesellschaften, aber sie sind nicht alles, was es gibt – die grundsätzliche Ausrichtung eines Rechtssystems kann nur außerhalb seiner selbst gewährleistet werden und jede Ethik muss offen sein für Fälle, die nicht in ihr Raster passen. Statt auf Regeln zu setzen und ideale Systeme zu konstruieren, geht es vielmehr darum zu zeigen, dass niemand an der Politik vorbeikommt. Ihre hitzige Sprache besteht aus Aushandlungen, Machtentscheidungen, Kompromissen, Debatten und Protesten, nicht aus dem kalten, automatischen Kalkül eines Rechts- oder Moralformalismus, in dessen Rigidität die Welt ein für alle Mal verstanden, aufgeteilt und verarbeitet worden ist.

Dieses Buch behauptet, dass Shklars Projekt eher eine ausdauernde Übung in politischer Urteilskraft ist. Natürlich hat auch der Liberalismus der Furcht Maximen und Hoffnungen, die aber nur als Leitlinien für eine unendlich komplexe Wirklichkeit dienen. Politisches Denken ist für Shklar stets ein Denken im Bewusstsein der Bodenlosigkeit von Politik. In Abwesenheit von festen Regeln und letzten Sicherheiten zu handeln erfordert Urteilskraft, und um liberal zu handeln ist eine liberale Urteilskraft vonnöten, die nicht zuletzt die Verletzlichkeit von Personen und die Fragilität von Institutionen im Bewusstsein hält, auch wenn es gerade einmal aufwärts gehen sollte. Daher darf als Antwort auf die Frage „Was würde der Liberalismus der Furcht zu diesem Phänomen sagen?" nicht mit Praxisrezepten gerechnet werden, sondern eher mit einer verfeinerten Beschreibung und einer Ein- und Abgrenzung von besseren und schlechteren Handlungsoptionen. Shklars Skeptizismus, an festen Regeln zweifelnd, zielt auf die genaue Beobachtung, die begriffliche Nuancierung und das politische Urteil, das immer wieder revidiert und angepasst werden muss, wenn neue Fakten aufzunehmen und vor allem neue, vorher ungehörte Stimmen zu hören sind.

Diese Abwesenheit von festen Handlungsregeln sollte aber kein Grund zur Enttäuschung sein. Im Gegenteil verleiht diese Perspektive Shklar eine Flexibilität, die sie zu einer dringend nötigen Vermittlungsfigur macht. Sie lässt sich weder einem auf die Bewahrung des Status quo ausgerichteten Liberalismus zuordnen, der liberale Politik auf die institutionelle Sphäre und die Gewährung von Rechtssicherheit beschränkt, noch zur identitätspolitisch-emanzipatorischen Linken. Was sie aber attraktiv macht, glauben wir, ist die Tatsache, dass sie auf eine produktive Weise zwischen den Stühlen sitzt und zwischen diesen Positionen vermitteln kann. Anders als der klassische Liberalismus ist Shklar hellhörig für die Artikulation von Ungerechtigkeiten durch Marginalisierte; und anders als die eher kommunitaristische Linke misstraut sie Gemeinschaften und hält am Individuum als Nullpunkt politischer Entscheidungen fest. Ihr Liberalismus ist gerade nicht minimalistisch oder konventionell, wie man nach der Lektüre ihres „Liberalismus der Furcht“ meinen könnte, sondern hat eine progressive, auf politische Gestaltung setzende Komponente, ohne utopisch zu werden.

Das zeigt sich exemplarisch an ihren Antworten auf drei Grundfragen des liberalen Denkens: Welche Rolle spielt der Staat in einem liberalen Gemeinwesen, und wie tief darf er in die gesellschaftliche Sphäre eingreifen? Wer ist ein:e Staatsbürger:in, und welche Anforderungen stellt ein liberales Gemeinwesen an diese Rolle? Und schließlich: Wie genau bewahrt liberales Denken in seinen Antworten auf diese Fragen den für es konstitutiven individualistischen Kern?

Für Shklar besitzt zwar der Staat das größte Potenzial zur Unterdrückung, doch muss heute Ähnliches zum Beispiel auch von mächtigen Konzernen befürchtet werden. Deswegen verteidigt Shklar staatliche Eingriffe in den Markt und wohlfahrtsstaatliche Umverteilung als effektive Möglichkeit, solche Ungleichheiten zu verhindern, die Quellen von Furcht und Grausamkeit werden können – ohne allerdings staatliche Umverteilung als prinzipiellen Wert an sich zu verteidigen. Auch gilt ihr der Staat als eine fragwürdige Einrichtung, die alle in ihr Lebenden über den gleichen Kamm allgemeiner Regeln schert und individuelle Erfahrungen nivelliert, aber gerade deshalb auf die stete Wachsamkeit einer engagierten Bürgerschaft angewiesen ist. In Form des Nationalstaats neigt er zudem zu Krieg und Grausamkeit, ist aber auch die einzige Institution, die solche Grausamkeiten zu beenden vermag.

Ähnlich differenziert fällt Shklars Sicht auf Staatsbürgerschaft aus: Einerseits betont sie immer wieder, dass Staatsbürgerschaftsrechte nie an prinzipiell exkludierende Voraussetzungen gebunden sein dürfen. Andererseits gibt es bestimmte demokratische Charakterzüge, die ein Staat fördern dürfen muss. Zwar sollen Bürger:innen sich für ihre Mitmenschen einsetzen und für sie ihre Stimme erheben, aber nicht so, dass dadurch die Stimmen der so Verteidigten übertönt werden. Auch sind kollektive Identitäten und die in ihnen kultivierte Solidarität oft ein Grund für Marginalisierung, vor der Individuen geschützt werden müssen; zugleich aber können Gruppen auch ihre eigenen Mitglieder unterdrücken, für deren Schutz dann von außerhalb gesorgt werden muss. Und obwohl in einer liberalen Demokratie Debatten und die Auseinandersetzung im Gespräch vorherrschen sollen, darf man sich doch nicht der Illusion hingeben, dass sie ganz ohne den Diskurs verzerrende Machtpositionen stattfinden.

Dieses Buch ist sowohl eine Einführung in Shklars Denken als auch dessen Erprobung an Fragen der Gegenwart. Es begreift Shklars unorthodoxe Position als Chance, nicht nur ihr Werk bekannter, sondern auch ihre Einsichten im Hier und Heute fruchtbar zu machen. Das Buch gliedert sich daher in zwei Teile.

Der erste Teil liefert eine ausführliche Werkbiografie, die einen leicht zugänglichen wie umfassenden Überblick über Shklars Leben und Schaffen gibt. Sie ist für jene gedacht, die sich für die Person Shklar, ihren historischen Hintergrund und die chronologische Entwicklung ihres Werks interessieren. Der zweite Teil erprobt die Urteilskraft des Liberalismus der Furcht an drei Themen unserer politischen Gegenwart. Erstens wenden wir uns den Kontroversen um die sogenannte Identitätspolitik zu, die oft für einen inflationären Gebrauch des Opferbegriffes und fragwürdige Opferkonkurrenzen verantwortlich gemacht wird. Wir diskutieren mit Shklar, wie man Opfer erkennt, wie man über sie spricht und wie man sie selbst zu Wort kommen lässt. Zweitens beschäftigen wir uns ausgehend von den Herausforderungen des Klimawandels mit der Frage, ob Ungerechtigkeiten stets Folgen aktiver Handlungen sein müssen. Hier kann Shklar helfen zu verstehen, wann auch das Unterlassen und Nichthandeln eine Ungerechtigkeit darstellen kann. Drittens wenden wir uns den anhaltenden Debatten um Migration und Staatsbürgerschaft in einer Einwanderungsgesellschaft zu. Ausgehend von Shklars Überlegungen über Loyalitäten und politischen Verpflichtungen von unfreiwillig Exilierten und Geflüchteten in liberalen Gemeinwesen zeigen wir, was aus diesen Diskussionen für eine liberale Konzeption von politischen Verpflichtungen *aller* Staatsbürger:innen zu lernen ist. Das Buch schließt mit einer kompletten Bibliografie aller von Shklar zu Lebzeiten und posthum veröffentlichten Schriften.

Bei all diesen Themen, so möchten wir zeigen, kann Shklar uns Prinzipien an die Hand geben, mit denen wir zwar keine klare Handlungsanweisungen formulieren, aber unsere Urteile bilden, überprüfen und schärfen können. Dass wir bei all diesen Ausführungen keine Neutralität beanspruchen können, ist ebenfalls ein an Shklar geschulte Einsicht:

Jeder hat ideologische Präferenzen, die auch die Interpretationen leiten. Wir sehen in Shklar eine Linksliberale mit Hang zu sozialdemokratischen Positionen, die konservativen wie wirtschaftsliberalen Tendenzen eine klare Absage erteilt; wir teilen diese Haltung, auch wenn wir ihre Grenzen erkennen. Sie zu entwickeln – an Shklars Denken entlang, aber mit einem Blick für die Gegenwart – ist Ziel dieses Buches.

ad Judith N. Shklar hätte es ohne Irmela Rütters nicht gegeben. Wir danken ihr für die Einladung, unsere Reflexionen über den Liberalismus der Furcht in dieser Reihe der Europäischen Verlagsanstalt zu veröffentlichen und so die Fäden eines langjährigen Austausches noch enger zusammenzuweben. Unser Dank für die hervorragende Betreuung im Hause der EVA gilt auch Christoph Claussen, der das Manuskript äußerst umsichtig lektoriert hat. Ruth Schachter und Marion Kane, der Schwester und der Nichte Judith N. Shklars, danken wir für die Einblicke in private Fotoarchive und die Erlaubnis, einige bisher unbekannte Familienbilder in diesem Buch abzudrucken. Michael und Gerald Shklar und den Harvard University Archives sei für die Möglichkeit gedankt, aus dem Nachlass von Judith N. Shklar zu zitieren.

2. Werkbiografische Skizze

In ihrem Nachruf auf Hannah Arendt schrieb Judith Nisse Shklar 1975 über die Philosophin, dass „für sie und ihre Zeitgenossen das Exil die tiefste und unmittelbarste Erfahrung" ihres Lebens gewesen sei. Dass Shklar sich womöglich selbst zu diesen Zeitgenoss:innen zählte, bemerkte sie höchstens indirekt. „Man kann den Leiden der Exilanten nur sehr schwer unmittelbar Ausdruck verleihen, und es ist unmöglich, sie denen zu erklären, die sie nie erfahren haben."[1] In der Gesellschaft der Vereinigten Staaten, in der es niemanden mehr gab, der den letzten Krieg auf amerikanischem Boden noch selbst erlebt hatte, war diese Erfahrungsdiskrepanz der Abgrund, der zwischen den zwei großen Gruppen von Intellektuellen klaffte – zwischen jenen, denen ihre Flucht aus dem Europa des Zweiten Weltkriegs eine, wie Arnold Schönberg sie bitter nannte, „Vertreibung ins Paradies" bedeutete,[2] und den dort Geborenen, für die die Emigration höchstens noch als verblassender Familienmythos Präsenz besaß.

Judith Shklar kannte die Leiden des Exils. Sie verliehen ihr eine intellektuelle Perspektive, die sich von der ihrer alteingesessenen Landsleute unterschied. Ihre Differenzen mit Michael Walzer etwa, dem sie bis zu ihrem Tod in persönlicher Freundschaft verbunden war und in Fragen von Rechten, Staatsbürgerschaft und gemeinschaftlich geteilten Werten heftig widersprach, beschrieb sie als einen „Dialog zwischen einer Exilantin und einem Staatsbürger" (VLE 56–57). Aber gleichzeitig war sie bei ihrer Ankunft in Nordamerika zu jung, um die USA mit gänzlich europäischen Augen zu betrachten und jene für viele der älteren Flüchtlinge typische melancholische Distanz anzunehmen. Mochte die Erfahrung einer erzwungenen Emigration eine gerade für die politische Philosophie hilfreiche Sensibilität mit sich bringen, so barg sie doch die Gefahr, den Sinn für die Gegenwart zu verlieren.

Nicht weniger als die naive Zuversicht der amerikanischen Immigrantenkinder missfiel Shklar die „Nostalgie, die unter Exilanten so verbreitet ist."[3] Wer nur noch Exilant:in ist, hat „keine Zukunft, nur eine Vergangenheit. Der eigene Charakter wird durch das Exil nicht besser."[4] Shklar wählte einen dritten Weg, der darin bestand, sich jener Vergangenheit zu stellen, die sie auch selbst so geprägt hatte, ohne ihr völlig zu verfallen. Als Mittel dazu diente ihr eine durch Geschichtsbewusstsein und literarische Einfühlungskraft mit Welt angereicherte politische Theorie. Diese sei „eine komplexe Reaktion auf eine grundlegende Leidenschaft", schrieb sie einmal. „Es muss persönlich erfahrene politische Ereignisse geben, die ein anhaltendes Interesse daran schaffen, die entscheidende Frage zu stellen: ‚Wie kann man all dies überhaupt denken?'"[5] Dass die eigene Biografie den Grundimpuls liefert, heißt dabei freilich nicht, dass sie dieses Denken auch völlig bestimmte, und es wäre falsch, Leben und Werk Judith Shklars ganz aufeinander zu reduzieren. So sehr sie auch mit der Geschichte des zwanzigsten Jahrhunderts und ihrer eigenen rang, weder war sie geneigt, sich einem unhistorischen Optimismus hinzugeben, noch Nostalgie für die alte Welt zu empfinden, der nachzutrauern sie ohnehin wenig Grund besaß.

Das Elternhaus: Aron und Agnes

Die alte Welt, das war in ihrem Fall das Riga der Zwanzigerjahre. Als Judita Nisse wird sie am 24. September 1928 als jüngste von drei Töchtern in eine wohlhabende, gebildete und liberale deutschsprachige jüdische Familie geboren. Lettland, erst seit zehn Jahren eine eigenständige Republik, befindet sich in einer Phase angespannter Ruhe. Der Befreiungskrieg gegen die Sowjetunion, der mit seinen konkurrierenden Faktionen, mit seinem roten wie seinem weißen Terror auch ein blutiger Bürgerkrieg war, liegt sogar nur acht Jahre zurück. Und nicht viel mehr als zehn Jahre werden dem Land als unabhängigem Staat noch vergönnt sein.

Schon das Leben der Eltern ist von den Turbulenzen des frühen zwanzigsten Jahrhunderts, von Erstem Weltkrieg und Russischer Revolution geprägt. Der Vater Aron Nisse, genannt Ronja, Jahrgang 1889, stammt aus bescheidenen Verhältnissen und wächst als eines von fünfzehn Kindern streng religiöser Russisch und Jiddisch sprechender Bauern im Dorf Jaunjelgava auf, einem Schtetl südlich von Riga.[6] Mit vierzehn wird er, wie alle seine Geschwister, zu Verwandten in die Stadt geschickt. Nach Beendigung der Schulzeit folgt er seinem Lieblingscousin Fritz Berner nach St. Petersburg, der dort zum Ingenieur ausgebildet wird. Als der Erste Weltkrieg ausbricht, meldet sich Aron in Russland als Freiwilliger: Er begeistert sich für den Krieg, steigt in der Armee schnell auf und wird bald mit der Fahrausbildung von Rekruten betraut. Der Familienlegende zufolge macht Majakowski bei ihm den Führerschein (OH I,11).[7] Die Oktoberrevolution beendet seine militärische Karriere. Als zaristischer

Offizier rechnet er sich unter den Bolschewiki kaum Chancen aus und verlegt sich darauf, defekte Militärfahrzeuge zu reparieren und auf dem Schwarzmarkt zu verkaufen, wofür er ins Gefängnis geworfen wird und erst 1919 wieder freikommt.[8] Zurück in Riga, gründet er mit Fritz eine Reihe von Unternehmen, deren Geschäftsfelder sich vom Straßenbau bis hin zum Handel mit synthetischem Kaffee erstrecken, bis er stellvertretender Direktor der Ölimportfirma *Latrus* wird, die er schließlich aufkauft.[9] Ende der Zwanzigerjahre sind die beiden sehr reiche Männer, die ihren wirtschaftlichen Projekten eher aus Langeweile denn aus Notwendigkeit nachgehen. Zu ihrem kleinen Imperium gehören eine Schokoladenfabrik in Palästina und eine Leimfabrik in Riga. Shklar berichtet, dass ihr Vater ihr am Ende seines Lebens sagte, ein halbwegs intelligenter Mensch müsse nicht mehr als zwei Stunden am Tag aufwenden, um ein großes Vermögen anzuhäufen (OH III,7). Vom Schokoladenhersteller, Marke *Elite*, bleibt Shklar ihr Leben lang Anteilseignerin.

Bringt Aron in die von ihm gegründete Familie Geld ein, so steuert die Mutter – seine Cousine, die Schwester von Fritz – Bildung bei. Geboren 1888 in Riga als Agnes Berner, wächst sie in gutbürgerlichem Hause auf. Ihr Vater Josif, der zur deutschsprachigen jüdischen Gemeinde gehört und eher kaiser- als zarentreu ist, heiratete in eine verarmte, aber gesellschaftlich höher stehende Familie ein. Seine Frau Mariana ist hochgebildet und weitgereist, besitzt ein *baccalauréat* vom französischen Lyzeum in Riga, spricht Deutsch, Französisch, Russisch und hat Latein gelernt. Mariana legt größten

Wert auf die akademische Bildung ihrer Kinder. Nachdem sie ihren Sohn zusammen mit Aron nach Petersburg geschickt hat, lässt sie ihre zwei Töchter in der Schweiz die letzten Schuljahre beenden und in Lausanne die Universität besuchen. Agnes studiert Medizin, erlangt schließlich den Doktorgrad und publiziert in verschiedenen Fachzeitschriften. Aber auch sie erlebt Krieg und Revolution. Als sie nach Abschluss ihres Studiums wieder nach Riga heimkehrt, muss sie an der Front Lazarettdienst leisten, bevor sie nach Moskau in eine Kinderklinik verlegt wird. Setzte sie anfangs große Hoffnungen in die Revolution, fällt sie hier angesichts der Vorzugsbehandlung der Funktionärskinder schnell vom Glauben ab. Nachdem Aron auf wahrscheinlich nicht ganz legalem Weg aus dem Gefängnis freikommt, sind die beiden gezwungen, für eine Weile in Russland im Untergrund zu leben, bis sie die richtigen Papiere für ihre Rückkehr nach Riga organisieren können.

Anfang der Zwanzigerjahre endlich kehren sie heim. Agnes eröffnet nach einer Weiterbildung zur Kinderärztin, die sie in Berlin absolviert, eine kostenlose Pädiatrie im Rigaer Elendsviertel. Sie setzt damit die Tradition ihrer Mutter fort, die sich in der jüdischen Gemeinde karitativ engagiert hatte. Aber von der altmodischen Almosenkollekte ist sie weit entfernt: Sie hat eine moderne, organisierte Form von Wohltätigkeit im Sinn, die stark von der deutschen Sozialdemokratie beeinflusst ist. Während Agnes ihre Klinik führt, geht Aron seinen Geschäften nach. Als Judita, genannt Dita, 1928 geboren wird, scheint es, als sei es mit den Wirren nun schon lange vorbei.

Kindheit in Riga: Kultivierte Abgrenzung

Doch auch jetzt ist die Ruhe in Riga nur äußerlich. Um 1930 leben hier 370 000 Einwohner. Die ethnischen Lett:innen machen nur etwas mehr als die Hälfte der Bevölkerung aus, der Rest besteht aus russisch-, deutsch- und jiddischsprachigen Minderheiten. Die jüdische Gemeinde, vergleichsweise jung und erst seit Mitte des neunzehnten Jahrhunderts offiziell geduldet, ist in sich gespalten: Neben wohlhabenderen assimilierten Jüdinnen und Juden, die sich kulturell nach Deutschland orientieren, ist der größte, Jiddisch sprechende Teil ärmer und tief religiös.[10] Die verschiedenen Bevölkerungsgruppen stehen einander nicht selten offen feindselig gegenüber, und trotz einer kurzeitigen Liberalisierung – in der mit Zigfrīds Anna Meierovics ein Jude erster Außenminister und später sogar Ministerpräsident war – ist der Antisemitismus, befeuert durch die sozialen Tumulte der Nachkriegszeit, auf dem Vormarsch. Die gesellschaftliche Labilität ist in der politischen gespiegelt: Gegründet als Demokratie, wird Lettland schon 1934 nach dem Staatsstreich des früheren Ministerpräsidenten Kārlis Ulmanis in ein autoritäres Regime überführt.

In einem Rückblick auf ihre Kindheit beschreibt Shklar die Atmosphäre in der lettischen Hauptstadt als äußerst angespannt: „Diese Gesellschaft war in vielerlei Hinsicht durch und durch korrupt. Sie war korrupt in der Weise, dass die zu politischer Macht Gekommenen lange Zeit unterdrückte Landarbeiter gewesen waren und ihre Machtausübung finanziell wie militärisch skrupellos genossen. Es gab genügend gescheite Leute, zumeist den Weißen nahestehende Russen und Juden, die die Hoffnungslosigkeit der Lage erkannten und der Mentalität des *carpe diem* folgten. Zudem war es eine Gesellschaft, in der jeder an jedem Tag seines Lebens Feindseligkeiten zu spüren bekam und in der eine Armut herrschte, die schwer zu beschreiben ist. Ein Kind auf dem Schulweg morgens um acht wurde auf der Strecke dreier Blocks von mindestens drei Bettlern angesprochen. Man musste immer damit rechnen, einen Mann regungslos vor Trunkenheit oder Erschöpfung auf dem Gehsteig liegen zu sehen. Jede Familie, egal welcher Einkommensschicht, hatte Angehörige, die von Almosen lebten." (OH I,3)

In dieser Umgebung erziehen die Eltern ihre Töchter im Bewusstsein kultivierter Abgrenzung: „Sie setzten ein absolutes Vertrauen in die moralischen und intellektuellen Fähigkeiten ihrer Kinder und behandelten uns dementsprechend, was den äußersten Kontrast zwischen meiner Familie mit ihren hohen persönlichen Maßstäben und einer absolut verkommenen Welt unübersehbar machte. Und das impfte uns eine gewisse Skepsis, wenn nicht gar Zynismus ein." (LL 264) Freilich ist diese distanzierte Haltung nicht unbegründet: „Für das Leben der Juden wurde der Antisemitismus zum entscheidendsten Faktor, ob sie nun Geld hatten oder nicht. [...] Diejenigen, die gebildet und wohlhabend waren, und davon gab es einige, schienen unter der Diskriminierung nicht besonders zu leiden. Im Gegenteil, sie akzeptierten den Antisemitismus als ein Zeichen der allgemeinen Dummheit der Gojim. Dennoch war es unsinnig, zu ignorieren, dass man in eine Gesellschaft geboren worden war, deren große Mehrheit einen lieber tot als lebendig gesehen hätte. Und dieses Wissen hält in einer solchen Gesellschaft schon früh Einzug in das eigene Leben". (OH I,2–3)[11]

Weder Aron noch Agnes Nisse sind praktizierende Juden. Während der Vater höchstens im Jahrestakt eine Synagoge betritt, versteht sich die Mutter als dezidiert religionsfeindlich (OH I,3). Vor allem als Reaktion auf die äußere Zuschreibung bleibt das Bewusstsein der eigenen Identität in einer solchen Umgebung trotzdem stets gegenwärtig. So lernen Shklar und ihre Schwestern Hebräisch, nicht das der Thora allerdings, sondern das moderne Iwrit; ihr Vater hatte sich nach seiner Rückkehr aus Russland zum überzeugten Zionisten entwickelt und spielte lange mit dem Gedanken einer Emigration nach Palästina. „Wir wussten, dass wir Juden waren. Und wir wurden dazu erzogen, jeden um uns herum zu hassen, weil jeder uns hasste." (OH II,7)[12] Doch selbst eine solche Abgrenzung gegen die feindliche Umgebung kann es nicht verhindern, dass in einem eigentümlichen Synkretismus herrschende Grundwerte und -tugenden übernommen werden. „Uns wurde aber auch beigebracht, und dies war ebenfalls ein Teil unserer Kultur, dass es wichtig ist, hart zu sein, dass man bei physischem Schmerz nicht weinen darf, dass körperliche Fitness wesentlich ist, dass Sport und sportlicher Erfolg Tugenden sind." (OH II,7) Dita und ihre Schwestern gehören dem jüdischen Sportbund Makkabi an, der seine Mitglieder blau-weiß uniformierte. Dieser Militarismus, berichtet Shklar später, lag überall in der Luft und „unterschied sich nicht sehr von der Hitlerjugend. Alles und jeder war davon infiziert." (OH II,6) Auch harte Arbeit, Selbstbeherrschung, Pflichterfüllung haben im Nisse-Haushalt einen hohen Stellenwert. „Rücksicht für sich selbst einzufordern, galt gewissermaßen als Ausdruck schlechter Manieren, als Charakterschaden, den man für vulgär hielt." (OH II,7)

Diese Werte – man mag in ihnen, wie später Seyla Benhabib, ein „Preußentum" erkennen[13] – impft vor allem Agnes ihren Kindern ein. Sie verknüpfen sich leicht mit ihren sozialdemokratischen Überzeugungen, die auf ihre Zeit in der Schweiz und Deutschland zurückgehen. „Es war ein prinzipiengeleiteter Sozialismus, der Wert darauf legte, einen jeden zu guten Staatsbürgern zu machen. Ein Sozialismusmodell, das mit dem russischen nichts zu tun hatte." (OH I,10)[14] Umstürzlertum liegt Agnes Nisse fern. „In meiner Familie gab es recht besehen wenig revolutionäre Neigungen. Die Revolution repräsentierte für meine Eltern eher eine entmutigende persönliche Erfahrung." (OH I,13) Als Agnes später im katholischen Montreal, wo Verhütungsmittel verboten sind, in einer jüdischen Jugendorganisation Sexualkunde unterrichten soll, übergeht sie das Thema: „Meine Mutter legte es nicht darauf an, das Gesetz zu brechen. Linke Politik hin oder her, aber das Gesetz wurde nicht gebrochen, schließlich wurden wir in Deutschland, oder zumindest in der deutschen Kultur erzogen." (OH III,9) Dass Shklar ihr Leben lang keinen Fuß auf deutschen Boden setzen wird, ändert an dieser Sozialisation wenig.[15]

Beide Eltern arbeiten viel, allein die Mutter verbringt regelmäßig Zwölfstundentage in ihrer Klinik. Um die Erziehung von Dita und der mittleren Schwester Ruth kümmern sich hauptsächlich Kindermädchen. Ruth beschreibt ihr Leben in Riga aus der Rückschau als für die Zeit „typisch bürgerlich". Die Wohnung liegt in einem prächtigen Wohnhaus im Neobarockstil in der Dzirnavu iela (Mühlstraße) 58 im Rigaer Zentralbezirk. Dennoch scheint den Eltern die Spannung zwischen ihrer sozialdemokratischen Gesinnung und ihrem bürgerlichen Leben zu denken gegeben zu haben: „Da meine Eltern den Prunk der *nouveaux riches* verachteten, hatten wir kein eigenes Auto, besuchten staatliche Schulen und besaßen keine besonders ausgesuchte Kleidung oder teures Spielzeug. Dennoch waren wir uns bewusst, dass wir in größerem Komfort, ja sogar Luxus lebten als der Großteil der Bevölkerung."[16]

Als es Zeit ist, in die Schule zu gehen, weigert sich Dita so beharrlich, dass die Eltern sich nicht anders zu helfen wissen, als einen Privatlehrer zu engagieren, der ihr zu Hause Lesen und Schreiben beibringt. Mit acht Jahren greift die Schulpflicht, und sie wird auf die Rigaer Ezra-Schule geschickt, eine Neugründung, die auf den Ausschluss von Jüdinnen und Juden von den deutschen Gymnasien nach 1936 zurückging. Als jüdische Schule fällt sie unter eine gesetzliche Minderheitenregelung, was bedeutet, dass Hebräisch unterrichtet und jüdischer Religionsunterricht gegeben werden muss, Lettisch jedoch als Verkehrssprache dominiert.[17] Dass „allerdings neun Zehntel der Kinder Deutsch sprachen und aus bürgerlichen Familien stammten, die an diesen Fächern kein Interesse hatten, machte die Erziehung sehr schwierig." (OH II,5) Man findet eine Lösung: „Sobald die Tür zufiel, wurde der Unterricht natürlich auf Deutsch gehalten, weil wir andernfalls weder Mathematik noch etwas anderes hätten lernen können. Nicht, dass ich überhaupt viel gelernt hätte – ich mochte die Schule nicht. Sie langweilte mich zutiefst." (OH II,5–6) Diese Klage wird Shklar später noch öfter ausstoßen. Dennoch ist der Unterricht anspruchsvoll, man legt gleichermaßen Wert auf eine humanistische wie auf eine naturwissenschaftliche Bildung. Vor allem Sprachen haben Gewicht: Neben Hebräisch und Lettisch wird Dita im Französischen, Deutschen, Englischen und Russischen unterrichtet. Nach der Schule besucht sie Sprachtutorien und Klavierstunden. Sie ist eine gute Schülerin, aber bringt nicht viel Leidenschaft für den Unterricht auf. „Ich döste während der Stunden. Mir machte der Sportunterricht Spaß, und das war's." (OH II,6–7)

Die Flucht: Achtzehn Monate von Riga bis Montreal

Zwei Katastrophen beenden im September 1939 das relativ friedliche Interim der Familie. Die erste ist der drohende Kriegsausbruch, der die Nisses dazu veranlasst, ihre sofortige Ausreise zu planen. Er hatte sich bereits mit dem deutsch-sowjetischen Nichtangriffspakt angekündigt und die Stationierung sowjetischer Truppen im Baltikum tat ein Übriges, eine Unheil verkündende Atmosphäre zu schaffen. Ruth Nisse soll auf ein Internat in England und besucht dazu eine englische Vorbereitungsschule in Riga, auch wenn sie davon überzeugt ist, dass der Krieg bald ausbrechen müsse und sich alle Internatspläne zerschlagen werden.[18] Die älteste Schwester Miriam, genannt Mira, soll in den USA

Medizin studieren.[19] Der Vater will sie begleiten und die restliche Familie später nachholen. Ihm erscheint Europa zusehends als „Mausefalle“ und früh kümmert er sich um Visa; seine Befürchtungen werden durch den Kriegsausbruch bestätigt.[20]

Die zweite Katastrophe ist für Dita weit traumatischer. Wenige Tage vor ihrer Abreise kommt Mira ums Leben. Sie erstickt, wohl wegen eines defekten Gasboilers, im Badezimmer der Rigaer Wohnung. Die Umstände sind unklar, die Spekulationen reichen von Selbstmord bis zur Sabotage durch den deutschen Hausmeister; wahrscheinlich aber ist es ein bloßer Unfall (OH II,9–10).[21] Auch noch mehr als vierzig Jahre später wird Shklar den Tod der Schwester als das Schrecklichste bezeichnen, das ihr je widerfahren ist (OH II,9). Die Familie ist wie paralysiert, die Eltern sind unfähig, Pläne zu machen, obwohl gerade für den Großfabrikanten und ehemaligen Zarenoffizier Aron klar ist, dass seine „Überlebenschancen unter den Russen gleich null waren und wir sofort etwas unternehmen mussten. Der Grund für seine Flucht 1939 waren nicht die Deutschen, wie für viele andere, sondern die Russen, weil er aufgrund seiner Vergangenheit nicht überlebt hätte.“ (OH II,12)

Schließlich fällt Fritz Berner für die erstarrte Familie eine Entscheidung. Keine Woche nach Miras Tod „packte er uns alle auf ein Luftschiff und schickte uns nach Schweden. [...] Wir wollten nicht gehen und ich bin mir sicher, dass meine Eltern es vorgezogen hätten zu bleiben.“ (OH II,10)[22] Als Konsequenz des Hitler-Stalin-Pakts beginnt die UdSSR noch im selben Jahr, ihren Einfluss auf Lettland auszuweiten, was 1940 in der Besetzung kulminiert. Nach dem Überfall auf die Sowjetunion wechselt die Besatzungsmacht, und die Deutschen nehmen am 1. Juli 1941 die Hauptstadt ein. Fritz überlebt den Krieg nicht; wie alle anderen Mitglieder der Familie wird er im Rigaer Ghetto ermordet und fällt im Winter 1941 dem Massaker der SS an Rigaer Jüdinnen und Juden im Wald bei Rumbula zum Opfer, bei dem an zwei Tagen 25 000 Menschen erschossen werden.[23] „Wir wären nicht davongekommen, wenn meine Schwester nicht gestorben wäre und mein Onkel nicht das Heft in die Hand genommen hätte." (OH II,11) Dita ist elf Jahre alt, als sie Riga verlässt. Später erzählt sie, der Vater habe ihr beim Abschied gesagt, dass ihre Kindheit nun vorüber sei.[24]

Die erste Etappe ihrer Flucht ist für die Nisses zunächst noch erträglich. Sie erreichen am 27. September 1939 Stockholm und bleiben etwa neun Monate.[25] Die Schwestern integrieren sich schnell in das gesellschaftliche Leben der Stadt und beginnen sogar, miteinander Schwedisch zu sprechen. Wichtiger noch ist die liberale Atmosphäre, die der Familie etwas völlig Unbekanntes bietet: „Es war unsere erste Erfahrung mit der Abwesenheit von Antisemitismus." (OH II,19) Auch den Eltern gefällt das Land. Aron, der einen Großteil seines Vermögens retten kann, fasst schnell Fuß und erhält ein Stellenangebot bei einer Handelsbank. Aber mit dem Fortschreiten des Krieges – die Deutschen besetzen im April 1940 Dänemark und Norwegen – scheint Schweden nicht mehr sicher. Agnes versucht erst, ihre Eltern nachzuholen; als das scheitert, entscheidet sich die Familie, ihrer Flucht eine neue Station hinzuzufügen.[26]

Ein Bekannter drängt sie, nach Kanada auszureisen, wo man gegen den Kauf einer gewissen Menge Land und dem Vorsatz, als Farmer zu arbeiten, ein Visum erhält. Geld ist für die Familie das geringste Problem; unterstützt von Mark Sorensen, einem Vertreter der kanadischen Eisenbahn, der für die Visumsvergabe in Skandinavien zuständig ist, lässt sich Aron wahrheitswidrig bescheinigen, Landwirt werden zu wollen, und erwirbt, mit einer Farm bei Cornwall, Ontario, auch eine Einreiseerlaubnis.[27] Problematischer ist, dass der einzige mögliche Weg zu diesem Zeitpunkt über die Sowjetunion führt. Besonders Aron setzt sich mit diesem Fluchtkorridor großer Gefahr aus, aber es bleibt ihm keine andere Wahl. Mit falschen Papieren reisen die Nisses nach Tallin und anschließend, in einem „überfüllten Zug voller jüdischer Flüchtlinge aus Deutschland und der früheren Tschechoslowakei" über Leningrad nach Moskau, um dort einen vom Roten Kreuz für Flüchtlinge bereitgestellten Sonderzug der Transsibirische Eisenbahn zu besteigen.[28] Aron erweist sich, so wird später in der Familie erzählt, auch hier als guter Geschäftsmann: „Er kaufte eine große Menge an damals sehr beliebten Mickey-Mouse-Uhren. Diese extravagante Investition erlaubte es ihm, auf der Reise die russischen Wächter zu bestechen, um Essen zu erhalten und gelegentlich den Zug verlassen zu können."[29] Nach zwölf Tagen Fahrt unter für die Familie ungewohnt schlechten Hygiene- und Versorgungsbedingungen erreichen sie endlich Wladiwostok und setzen nach Japan über, in die Hafenstadt Tsuruga, zu der europäische Flüchtlinge im sonst abgeschotteten Land noch Zugang haben. Die

Hoffnung auf Sicherheit erfüllt sich aber auch hier nicht: Arons Gelder, die in einer New Yorker Bank lagern, sind mit einem Mal blockiert; weil Lettland inzwischen zur UdSSR gehört, hat die Bank sie eingefroren. Noch bevor er das kanadische Visum erwerben kann, muss er nun persönlich nach New York reisen, um sein Geld auszulösen.

Am 2. Juli 1940 geht die Familie in Yokohama für die zwölftägige Überfahrt nach Seattle an Bord der *M. S. Heian Maru.* Nachdem das amerikanische Transitvisum und die Einreiseerlaubnis für Kanada nach mehr als zwei Monaten Flucht verfallen sind, besteht Ditas erster Kontakt mit Amerika in einem Internierungslager für illegale Einwanderer:innen. Zwischen Prostituierten und chinesischen Flüchtlingen teilt sich die Mutter mit den Kindern eine Zelle, während Aron, nach allen Rückschlägen psychisch am Ende, in Einzelhaft genommen wird. Agnes' robuster Pragmatismus und ihre langjährige Erfahrung als Ärztin zahlen sich aus, sie behält die Nerven und wehrt mit der Flasche ausbedungenen Desinfektionsmittels die Typhusgefahr ab. Aber es gibt weder Verwandte noch Freund:innen in den USA und so niemanden, der für die Familie bürgen und sie aus dem Lager holen kann. Nur ein glücklicher Zufall in Gestalt amerikanischer Religionsfürsorge bewirkt ihre Freilassung: „Jemand entschied, dass man sich unseres religiösen Wohlergehens annehmen müsse, und so schickten sie uns zwei Rabbis." Bei seinem Besuch empört sich einer der Geistlichen über die Situation, „dass eine Dame und zwei adrett gekleidete und wohlerzogene, Oxford-Englisch sprechende Kinder mit Prostituierten zusammengepfercht waren" (OH II,16). Er weiß um die

Macht der öffentlichen Meinung und benachrichtigt die örtliche Presse. Am 29. Juli 1940 zeigt ein großes Foto im *Seattle Post-Intelligencer* die in der Tat adrette Familie Nisse; der Begleittext beschreibt sie als untypische, weil gebildete und großbürgerliche Flüchtlinge, die endlich das gelobte Land erreichen.[30] Der Artikel zeigt Wirkung, und am nächsten Tag sind die Nisses frei.[31] Mit einem befristeten Aufenthaltsvisum können sie ihre Reise nach New York fortsetzen, wo der Vater schließlich das langersehnte kanadische Visum erhält.

Judita ist zwölfeinhalb, als sie in Montreal eintrifft und ihre mehr als achtzehnmonatige Flucht ein Ende hat. Wie zum Zeichen der Endgültigkeit ihrer Ankunft ändert sie ihren Namen bei der Einreise in Judith.

Kanada: Fünf Bücher pro Woche

„Wenn man mich nach den Auswirkungen dieser Abenteuer auf meinen Charakter fragen würde", schreibt Shklar später trocken, „würde ich sagen, dass sie in mir einen bleibenden Hang zu schwarzem Humor hinterlassen haben." (LL 264) Allerdings unterschlägt diese Selbstbeschreibung den psychologischen Tribut, den die Flucht von der Familie fordert. Die Kinder entfremden sich von den Eltern und hegen ihnen gegenüber für einige Zeit reflexhafte Verachtung. „Wir machten sie plötzlich für all unser Elend verantwortlich. [...] Wir machten sie dafür verantwortlich, jüdisch zu sein." (OH II,22) Aber auch bei den Eltern selbst hinterlässt die Flucht tiefe Spuren. Der inzwischen herzleidende Vater, wohlhabend und – trotz neuer Investitionen, wie einer Fabrik für Angorawolle und eines weiteren Schokoladewerks, Marke *Mary Lee*[32] – mit zu viel Zeit zum Nachdenken ausgestattet, scheint vor allem „mit einiger Bitterkeit die Geschichte seit 1914 vor seinem geistigen Auge Revue passieren" (OH III,8) zu lassen, während die Mutter sich um nichts anderes als seine Pflege kümmert. Für Dita bedeutet das: „Seit meinem zwölften Lebensjahr hatte ich mein Leben so ziemlich selbst in der Hand und traf die meisten meiner Entscheidungen, was Bildung und allgemeines Wohlergehen anging, allein." (OH III,1) Der Ausspruch ihres Vaters vor der Flucht bewahrheitet sich: „Ich hatte nichts, was man eine Jugend hätte nennen können." (OH III,1)

Montreal, der neuen Heimat, bringt Judith wenig Zuneigung entgegen. „Es war keine Stadt, die man leicht lieb gewann. Politisch wurde sie durch ein Gleichgewicht aus ethnischer und religiöser Missgunst zusammengehalten." (LL 264) Anders als in Schweden gibt es hier einen spürbaren Antisemitismus, auch wenn er nicht die extremen Formen annimmt, die er in Riga besessen hatte. Es sind eher subtile Stiche als handfeste Bedrohungen. Viele private Institutionen und Vereine etwa nehmen keine Jüdinnen und Juden als Mitglieder auf. Die Nisses sehen darin wieder die so vertraute antisemitische Ignoranz, die hier aber noch durch die weitverbreitete völlige Ahnungslosigkeit weltpolitischer Vorgänge verstärkt wird. Bis auf die Existenz von Lebensmittelkarten spielt der Krieg im Leben der Stadt keine Rolle, was die Nisses, die seine Auswirkungen gerade noch am eigenen Leib gespürt hatten, gegenüber den Einheimischen nur weiter isoliert. Aber auch zur traditionellen Klasse aufstrebender Immigrant:innen gehören sie nicht.

„Die Einwanderungsgeschichte Kanadas und der Vereinigten Staaten war vor allem von Menschen geprägt, die um einer Ausbildung und eines ordentlichen Lebensstandards willen kamen. Für uns war das schulische und intellektuelle Klima Montreals ein desaströser Abstieg, und wir waren nicht bereit, kulturell bescheiden zu sein. Wir waren keine bettelnden Einwanderer. Uns ging es, was Finanzen und Bildung betraf, sehr gut." (OH III,3) Kulturelle Ablehnung wie intellektuelle Überlegenheit spürt Judith vor allem in der protestantischen Mädchenschule, die sie in Montreal besucht. Obwohl sie mehrere Klassen überspringt, langweilt sie der anspruchslose Unterricht wieder maßlos. Ihre Bildung holt sie sich anderswo, in Bibliotheken und aus den elterlichen Bücherregalen. Bereits in Riga war in ihr ein Lesehunger erwacht, der sie nicht mehr loslassen wird. Ihr erstes Buch und eine frühe Lieblingslektüre ist eine deutsche Übersetzung von *David Copperfield*. Uriah Heep, Dickens' kriecherischer Jasager, wird ihr in *Ganz normale Laster* zur naheliegenden Illustration der verheerenden charakterlichen Auswirkungen von Heuchelei. Diese Strategie, literarische Lektüren historiografischer Darstellung und theoretischen Erwägungen gleichwertig zur Seite zu stellen, erweitert ihr später das Reservoir menschlicher Erfahrung über die Tatsachenwahrnehmung einer ohnehin stets vermittelten Wirklichkeit hinaus. Nicht, dass das Verhältnis von Facta und Ficta je stets eindeutig wäre: „Eines Tages fiel mir der erste Band der Schlegel-Tieck'schen Shakespeare-Übersetzung in die Hand.

Das erste Stück war *Titus Andronicus* und ich las es ganz. Bis heute erinnere ich mich an die Furcht und den Schrecken, den es in mir auslöste." Doch ist die Furcht, die Literatur gelegentlich hervorzurufen vermag, der Furcht vor den Schrecken der Wirklichkeit immer noch vorzuziehen. „Bereits 1939 hatte ich verstanden, dass Bücher, sogar furchterregende, meine beste Fluchtmöglichkeit vor einer Welt sein sollten, die sehr viel schrecklicher war als alles, was ich in ihnen hätte lesen können." (LL 263)

Als sie in Kanada wieder einen Büchereiausweis bekommt, arbeitet sich Judith durch die Regale der Leihbibliothek. „Hier erhielt ich, was bis heute mein Bildungsfundament darstellt. Ich las mich ganz einfach durch die Weltliteratur hindurch. Von der Renaissance bis zum zwanzigsten Jahrhundert, fünf Bücher pro Woche." (OH III,5) So wahllos ihre Lektüre auch sein mag, es kristallisiert sich doch schon früh ein Interesse an historischen Stoffen heraus, das durch die eigene Erfahrung nur verstärkt wird: „Auf undefinierbare Weise machte mich die Menge an historischen Romanen, die ich in meiner Jugend las, zu einer Historikerin. Alles von Alexandre Dumas, Sir Walter Scott und Dickens' *Eine Geschichte aus zwei Städten* bis hin zu weit weniger erlesenen Schmonzetten, vor allem denen von Rafael Sabatini, flößten mir eine anhaltende Leidenschaft für Geschichte ein."[33] Mit dieser Grundbildung schreibt sich Judith im Herbst 1945, kurz vor ihrem 17. Geburtstag, an der McGill University in Montreal ein. McGill stellt zwar eine gewisse Verbesserung in ihrem Verhältnis zu Lehreinrichtungen dar, aber begeistert ist sie von der herrschenden Atmosphäre auch dort nicht. „Das mag etwas mit den damals geltenden Zulassungsbeschränkungen zu tun gehabt haben: 750 Prüfungspunkte für Juden und 600 für alle anderen." (LL 265) Auch wird nicht allzu viel Wert auf akademische Leistung gelegt. „Es war keine intellektuelle Universität – es war eine echte Universität für Snobs. Hier suchten die Jungen Geschäftskontakte und die Mädchen einen Ehemann." (OH III,18) Die einzig intellektuell ernsthaften Studierenden sind die gerade heimgekehrten Soldaten, die dank der *GI Bill of Rights* gebührenfrei studieren können. Shklar schätzt ihre Reife, die womöglich aus Erfahrungen stammt, die den ihren nicht unähnlich sind. Wer im Krieg war, dem ist nicht mehr danach herumzualbern. Bei ihnen findet sie endlich Anschluss sowie bei einer Gruppe von politisch aktiven Freund:innen, die der *Cooperative Commonwealth Federation* angehören, einer sozialdemokratisch orientierten Partei. Wie auch später hält sich Shklar selbst mit politischem Engagement zurück. Sie sympathisiert, ist aber nie Mitglied, auch wenn sie, seit dem 17. Mai 1946 kanadische Staatsbürgerin,[34] nun offiziell einen Anspruch auf politische Teilhabe anmelden könnte. Sie konzentriert sich lieber auf ihr Studium und ihr Privatleben. Kurz vor ihrem 19. Geburtstag, in ihrem dritten Universitätsjahr, heiratet sie Gerald Shklar, einen in Montreal geborenen Sohn russisch-jüdischer Einwanderer, der später Karriere als Professor für Zahnmedizin machen wird.[35] Sie nimmt seinen Nachnamen an. Aus Judita Nisse ist nun endgültig Judith Shklar geworden.

Harvard: Elitärer Provinzialismus

Ihr bisheriges Leben fasst Shklar in ihrem College-Jahrbuch 1949 lakonisch so zusammen: „Geboren 1928 in Lettland. Nach vielen lehrreichen, aber unbequemen Reisen in McGill gelandet, um Politikwissenschaft zu studieren."[36] Dass es zu dieser Studienwahl kommt, ist allerdings nicht ausgemacht. Zunächst will sie, was im positivistischen Klima der Nachkriegszeit und mit dem Aufstieg des Wohlfahrtsstaates natürlich erscheint, „eine Mischung aus Philosophie und Wirtschaftswissenschaften" belegen (LL 265). „Aber in dem Moment, da ich einen Fuß in einen Kurs für politische Theorie setzte, hörte die Wirtschaft auf, mich zu interessieren." (OH III,17) Der Grund ist wohl hauptsächlich bei ihrem begnadeten Lehrer zu suchen. Frederick Watkins, Professor für die Geschichte politischer Theorie, promoviert in Harvard, eröffnete ihr mit einem Mal eine Perspektive. „Es ist ein großer Glücksfall, seine Berufung bereits als Jugendlicher zu entdecken, und nicht jeder hat das Glück, dem richtigen Lehrer zur richtigen Zeit zu begegnen – aber ich habe es getan." Watkins bringt ihr vor allem bei, dass eine Beschäftigung mit der Geistesgeschichte keine verschwendete Zeit ist, sondern eine ernsthafte und ehrenwerte Beschäftigung, die zudem eng mit der eigenen Geschichte verknüpft sein kann: „Nach zwei Wochen in seinem Kurs wusste ich, was ich für den Rest meines Lebens machen wollte. Wenn es irgendeine Möglichkeit gab, aus meinen Erfahrungen schlau zu werden, dann war es diese." (LL 265) Sie beschließt zu promovieren.

Auf Empfehlung von Watkins kommt Shklar 1951 nach Harvard – genauer: an das angeschlossene

Radcliffe College, wo auch Professoren der großen Schwesteruniversität unterrichten; Frauen werden erst 1975 offiziell zugelassen. Auch in anderer Hinsicht ist Harvard noch nicht die Institution, um die sich heute akademische Mythen ranken. Wie schon McGill präsentiert sich Harvard Shklar bei ihrer Ankunft vor allem als eine Universität für Snobs. „Es lag nicht im Geist dieser Zeit, Gelehrsamkeit mit etwas anderem als einer gewissen Geringschätzung zu betrachten und sie für eine Auszeichnung zu halten, die man sich nun einmal zu erwerben hatte." (OH IV,2) Dabei spiegelt Harvard nur im Kleinen die Gesellschaftsverhältnisse insgesamt wider. „Es war eine ausschließende Gesellschaft, davon besessen, ‚Missliebige' fernzuhalten, aber doch nicht anders als die Welt, zu der sie gehörte."[37] Das ist die Welt der amerikanischen Fünfzigerjahre, in der die Universitäten vor allem die Berufsvorbereitung der Oberschicht übernehmen und die Notwendigkeiten des Kalten Krieges weltanschaulich untermauern sollen, ansonsten aber vor allem durch demonstrativen Antiintellektualismus und einen allesdurchdringenden Dünkel auffallen.

„Die Auswirkungen der McCarthy-Ära waren weniger drastisch und unmittelbar als eher subtil und latent. Freilich war der allgemeine Kommunistenhass eine kolossale Zeitverschwendung, aber ich kann nicht sagen, dass das tägliche Leben an der Universität davon allzu sehr beeinflusst worden wäre. Dagegen verstärkte es eine Reihe von Einstellungen, die es immer schon gegeben hatte. Junge Akademiker brüsteten sich damit, keine Intellektuellen zu sein. [...] Schlimmer war, dass viele, die es hätten besser wissen müssen, die Armen, Gelehrsamen, Unkonventionellen und Intelligenten verachteten und all die, die nicht dem derben und befremdlichen Modell eines echten Oberschichtenamerikaners entsprachen, das sie sich zurechtgelegt hatten. Für eine Frau mit auch nur einem Hauch von Finesse oder Geistigkeit war das eine sehr unattraktive Gesellschaft." (LL 266)

Vor allem junge Akademiker:innen und Lehrende sind die psychologisch Leidtragenden dieses Zwangs zur Selbstverleugnung. Was Shklar in *Ganz normale Laster* als sekundären Snobismus beschreibt, findet sie hier in Reinkultur: „Harvard war in den Fünfzigern voll von Leuten, die sich der sozialen Stellung ihrer Eltern und ihrer eigenen Lage schämten. Es gab zu viele heimliche Juden und Schwule und Provinzler, die von ihrer Minderwertigkeit gegenüber der echten, irgendwie mystischen Harvardaristokratie, die man ohne Sinn und Zweck erfunden hatte, besessen waren."(LL 267)

Doch in gewisser Weise sind das die Beschreibungen einer schon im Schwinden begriffenen Zeit. Denn Harvard verändert sich, nicht zuletzt wegen solcher Studierenden wie Shklar. Im Schatten der *undergraduates* der Oberschicht, die keinerlei akademische Ambitionen hegen, erstarkt in Harvard eine zweite Gruppe, die die Zukunft der amerikanischen Universität entscheidend prägen wird und zu der auch Shklar gehört: „Es waren jene ‚Erbintellektuellen', Kinder der europäischen Emigration der späten Dreißiger- und Vierzigerjahre. Mickey Mouse, Albernheiten, all der gesellschaftliche oder studentische Unsinn des akademischen Lebens existierte für uns einfach nicht. [...] Die Atmosphäre war intensiv, kompetitiv und überaus ernsthaft. Ich hatte den Eindruck, dass wir für einen kurzen Moment an die Universität kamen und auch bald wieder gingen, ohne irgendwelche Spuren in der Institution zu hinterlassen, während unser Wirken natürlich für einen tiefen Einschnitt in der ganzen akademischen Welt sorgte. Wir veränderten sie und mit ihr die meisten akademischen Felder."[38] Das ist nicht übertrieben. In den Worten des Historikers Mark Lilla „war es diese Generation, die aus Flüchtlingen vor Hitlers Krieg und europäisierten New Yorker Intellektuellen bestand, die den erstickenden kulturellen Provinzialismus beendete, der an den amerikanischen Universitäten vor dem Krieg geherrscht hatte."[39]

Dieser Provinzialismus ist bei Shklars Ankunft auch in akademischer Hinsicht noch zu spüren, und er zeigt sich wieder entlang der zwischen Exilant:innen und Amerikaner:innen verlaufenden Linien. Auf der amerikanischen Seite besteht nicht wenig Unwillen, sich mit den Realitäten des Zweiten Weltkriegs, der Shoah und dem zu befassen, was viele europäischstämmige Denker:innen den Bankrott des westlichen Denkens nennen. „In mancherlei Hinsicht kamen mir die Diskussionen in Harvard irreal vor. Ich wusste, was in Europa zwischen 1940 und 1945 geschehen war, und nahm an, dass die meisten Leute in Harvard sich der physischen, politischen und moralischen Katastrophe ebenso bewusst waren, aber darüber gesprochen wurde nicht." (LL 267) Anders als etwa die Emigranten Horkheimer und Adorno, die in ihrem Erklärungsversuch des Faschismus, der im amerikanischen Exil verfassten *Dialektik der Aufklärung*, in aller abendländischen Vernunft eine stete Tendenz erkennen, in ihr Gegenteil umzuschlagen, geht man in Harvard entweder noch von einem uneingeschränkt optimistischen Bild der okzidentalen philosophischen Tradition aus oder betreibt eine rein positivistische, empirische Politikwissenschaft. Vielen hier ist die europäische Katastrophe nur eine historische Anomalie, der man, statt ihr direkt ins Gesicht zu sehen, lieber aus dem Weg geht.

„Wenn diese Dinge einmal in Seminaren angeschnitten wurden, dann nur als ein Teil der Totalitarismusstudien, wo sie recht keimfrei gemacht und in den Kontext des Kalten Krieges integriert wurden. [...] Man wollte eine andere Vergangenheit, einen ‚guten' Westen, einen ‚echten' Westen, nicht den wirklichen, der in den Ersten Weltkrieg marschiert war und darüber hinaus. Man wollte eine Vergangenheit, die ein glücklicheres *dénouement* hergab. Mir kam das meiste davon wenig überzeugend vor." (LL 268) Was die Emigrant:innen von den Amerikaner:innen unterschied, „war dieser Sinn für Pessimismus und er verlieh den Ideen jener einen Anflug von Dringlichkeit, der diesen oft fehlte",[40] wie es der Shklar-Schüler Bernard Yack formulierte. Für Shklar wird diese Dringlichkeit, die jüngste Vergangenheit zu verstehen, bald der Anlass zu ihrem ersten Buch.

In dieser Umgebung sucht sie weniger bei der verachteten Harvardaristokratie Anschluss als bei anderen, die sich nicht um die snobistischen Benimmregeln des Campuslebens kümmern. Das sind neben den ‚Erbintellektuellen' etwa Lehrende, die einen Umweg über andere Universitäten genommen haben und bei ihrer Ankunft in Harvard bereits einiges akademisches Ansehen mitbringen, wie etwa Stanley Cavell, mit dem sie vom ersten Tag in Harvard befreundet ist, oder John Rawls, mit dem sie seit seiner MIT-Zeit zu Beginn der Sechzigerjahre in ständigem Austausch steht. Eine besonders enge Beziehung verbindet sie mit dem Politologen Stanley Hoffmann. Er ist gebürtiger Wiener, wuchs in Frankreich auf und überlebte die Besatzung der Nazis zusammen mit seiner Familie im Versteck. Er kommt Mitte der Fünfzigerjahre als Dozent nach Harvard und wird später Shklars Nachlass herausgeben. Es ist ohne Frage die geteilte Erfahrung eines alten Lebens in Europa, das sie einander in ein besonderes Einverständnis setzt. „Wann immer wir einen schönen Junitag haben, sagen wir bis heute: ‚Genau so war der Sommer '39.'" (OH III,7–8)

Die Dissertation: Nach den Ideologien

In einem talentierten Jahrgang – sie studiert unter anderem mit Zbigniew Brzeziński, Henry Kissinger und Samuel Huntington – sticht Shklar durch ihre selbstbewusste Brillanz hervor. Ihre Kurse dominiert sie spielend, und auch wenn sie in Harvard nun das erste Mal hart für ihre Noten arbeiten muss, genießt sie dieses Gefordertsein in vollen Zügen. Sie studiert unter einer Reihe zentraler Wissenschaftler der damaligen amerikanischen Politologie, etwa Louis Hartz, einem Hauptvertreter der These vom amerikanischen Exzeptionalismus, der die USA von einem allumfassenden liberalen Konsens durchdrungen sieht, oder bei dem Rechtshistoriker Robert G. McCloskey, dessen Interesse dem Obersten Gerichtshof als einer Stimme der öffentlichen Meinung gilt. Ihr Einfluss auf Shklar bleibt marginal. Bedeutender ist da schon die Begegnung mit dem Gastdozenten Isaiah Berlin, der wie sie aus Riga stammt und bei dem sie ein Seminar zur Philosophie der Aufklärung besucht. Sowohl dem Denken der Aufklärung wie Berlin bleibt sie ihr Leben lang verbunden. Neben ihren unmittelbar politiktheoretischen Kursen folgt sie vor allem „jenem angeborenen Geschmack an der Vergangenheit“,[41] der schon ihre Jugendlektüre geprägt hatte, hört Vorlesungen zur Renaissance- und Reformationsgeschichte und zur Staats- und Verfassungshistorie Europas bis in die Gegenwart. „Von Anfang an wusste ich instinktiv, dass man sehr viel von Zeitgeschichte verstehen muss“, um politische Theorie zu betreiben (OH IV,4).

Die zweifellos wichtigste, wenn auch nicht immer unproblematische Bezugsperson ist ihr Doktorvater Carl Joachim Friedrich. 1901 in Leipzig geboren, in Marburg und Heidelberg ausgebildet, nimmt er dennoch eine Sonderstellung unter den die Politikwissenschaft bestimmenden deutschen Emigrant:innen seiner Generation ein. Anders als etwa Eric Voegelin oder Leo Strauss ist er weder Flüchtling – er kam bereits 1926 nach Harvard, wo er 1939 Professor of Government wurde –, noch liegt ihm ihre oft an Metaphysik grenzende politische Philosophie. Er verfolgt einen Ansatz, der empirische Forschung, historische Darstellung und normative Theorie gleich gewichtet, und erfindet gewissermaßen im Alleingang den Zweig der vergleichenden Politologie. Auch legt er selbst praktisch Hand an, berät General Clay, ist an der Formulierung des Marshallplans beteiligt und wirkt an der Ausarbeitung des Grundgesetzes mit. Freilich bleibt er in den Augen seiner Kollegen und Schüler und auch seinem Selbstverständnis nach Deutscher. In ihrem Nachruf auf Friedrich schreibt Shklar: „Zu einer Zeit, als die Amerikaner nicht glaubten, dass Hitler auch genau das meinte, was er sagte, war er unermüdlich in seinen Anstrengungen, den Amerikanern die tatsächliche Gefährlichkeit des Naziregimes klarzumachen. [...] Manchmal glaubte er, er allein trage die Verantwortung, Deutschlands edlere Traditionen zu verkörpern."[42]

Shklars Verhältnis zu Friedrich ist zwiespältig: Einerseits hebt sie hervor, dass „er der erste und der letzte in Harvard war, der offen über jüdische Probleme sprach" (OH IV,4), lobt ihn, „besonders den intellektuell Begabten ein toleranter und verständiger Mentor gewesen zu sein"[43] und ihr beigebracht zu haben, „wie man sich benimmt, wie man professionell ist, wie man Vorlesungen hält und vorbereitet, wie man mit Kollegen umgeht und man sich in der Öffentlichkeit verhält" (LL 266) – und doch hält sie ihn andererseits auch für unberechenbar, furchteinflößend und persönlich unerträglich (OH III,23–24). Fachlich aber übt er großen Einfluss auf sie aus, sowohl als Tutor, der sie lange, alle Epochen politischen Denkens umfassende Leselisten abarbeiten lässt, wie als Seminarleiter, dessen Ruf ihm erlaubt, eminente Gestalten wie Hannah Arendt, Franz Neumann oder Arnold Brecht einzuladen, mit denen Shklar beim anschließenden Abendessen in Kontakt kommt (OH III,12).

Bei Friedrich wird Shklar schließlich mit einer Arbeit promoviert, die den Verfall der großen politischen Ideologien des neunzehnten Jahrhunderts nachverfolgt. Als sie ihre Dissertation einreicht, ist sie gerade im achten Monat mit ihrem ersten Kind schwanger. David Shklar wird Ende Mai 1955 geboren, zehn Tage nach ihrer Verteidigung, die sie mit Auszeichnung besteht. Für die Arbeit erhält sie den Abschlusspreis des Radcliffe-College – der Tubman Prize, den Harvard verleiht, ist Männern vorbehalten. Die Folgezeit nutzt sie, um daraus ihr erstes Buch zu machen.

After Utopia erscheint 1957 bei der angesehenen Princeton University Press und fällt in eine Phase der Resignation in der Politikwissenschaft. Die Rede vom *Ende der Ideologien*, wie ein Buch des Soziologen Daniel Bell betitelt ist, stellt zu dieser Zeit einen Gemeinplatz dar, womit auch die Frage nach den Überlebenschancen der politischen Theorie selbst einhergeht. Die amerikanische Politologie strebt eine radikale Verwissenschaftlichung an. Alles, was nach Philosophie aussieht, wird für dubios erklärt, stattdessen soll man sich „darauf beschränken, die Bedeutung politischer Sprache zu klären, intellektuelle Konfusionen zu entwirren und die herrschenden Begriffe zu analysieren" (LL 272) oder konkrete Planungsvorschläge zur Steuerung des sich entwickelnden amerikanischen Wohlfahrtsstaats zu machen. Das ist nicht zuletzt eine Folge des Zweiten Weltkrieges, der die vormals vom politischen System weit entfernten Geistes- und Sozialwissenschaften in den Dienst der nationalen Sache nimmt. Zum Wunsch, politisch gebraucht zu werden, wie der Psychologe Seymour Bernard Sarason die amerikanische Nachkriegszeit beschreibt, gesellt sich auch die Hoffnung, man könne zu Status und Strenge der Naturwissenschaften aufschließen.[44]

Dieser Positivismusehrgeiz, der die Politikwissenschaft zu einer Technik der Begriffsklärung und Bürokratieoptimierung degradiert und nicht zufällig mit dem *linguistic turn* in der analytischen Philosophie einhergeht, stellte sich aber gerade nicht als geeignet heraus, die Geschehnisse zu verstehen, die Shklar um den halben Erdball getrieben hatten. „Pseudowissenschaftliche Ambitionen", wie sie in der (unpublizierten) Einführung zu ihrer Dissertation schreibt, gehen oft mit einer „moralischen Distanz einher", die das Urteil verweigert, das für jedes Verstehen notwendig und überdies legitim ist, solange man es offen fällt.[45] Politische Theorie ist keine strenge Wissenschaft und statt „nach Essenzen zu suchen, als wäre man ein mittelalterlicher Alchimist, sollten wir uns besser darauf konzentrieren, korrekte Beschreibungen von Ereignisketten abzugeben" – abstrakte Kategorien sind nur ein „analytisches Hilfsmittel. Kurzum, politische Analyse mag man also sehr wohl als dem Studium der Geschichte zugehörig betrachten."[46]

„Also wandte ich mich der Geschichte zu. Mich verwirrte beim Verfassen von *After Utopia*, dass keine der Erklärungen für die jüngste europäische Geschichte Sinn ergab. Und während ich den Erklärungsversuchen nachging, schien mir offenkundig, dass die meisten von ihnen in Wirklichkeit bloß aktualisierte Ideologien des neunzehnten Jahrhunderts waren, entweder romantische, religiöse oder konservativ-liberale, und dass keine von ihnen angemessen mit den Wirklichkeiten, die sie zu beschreiben versuchten, fertig wurde." (LL 272) In ihrem Buch zeichnet sie, ausgehend vom ‚Zeitalter der Ideologien', die Entwicklung des von Hegel so bezeichneten ‚unglücklichen Bewusstseins' nach, jenen Verlust an metaphysischer Gewissheit und unfraglichem Gemeinschaftsgefühl, das sie vor allem im Fortgang der romantischen und christlichen politischen Theorie und zu einem geringeren Grad in der Tradition des klassischen Radikalismus zu erkennen glaubt. Es ist eine Verfallsgeschichte, die bis in die Gegenwart reicht, der sie „kulturellen Fatalismus" (AU IX) attestiert. Die alten Ideologien können keine normative Orientierung mehr bieten. „Der Liberalismus ist sich seiner moralischen Fundamente unsicher und zunehmend defensiv und konservativ geworden. [...] Beim Sozialismus liegt der Fall ähnlich. Vor allem jene sozialistischen Theorien, die sich vor allem auf die eine oder andere Form eines historischen Materialismus verließen, müssen all ihre ‚wissenschaftlichen' Erwartungen als gescheitert betrachten und sind nicht in der Lage gewesen, ein neues Begriffssystem hervorzubringen, das als Erklärung der Vergangenheit oder als Programm für die Zukunft würde dienen können." (AU VIII–IX) Anders als Strauss und Arendt zur selben Zeit sieht Shklar die Krise der politischen Theorie nicht als Symptom einer größeren Krise der Neuzeit. Das hätte bedeutet, dass diese verlorene und beklagte Tradition metaphysische Wahrheiten enthalten habe, die nun schlicht nicht mehr verfügbar seien. Auch dies ist ihr nur eine törichte Nostalgie. Zugleich lehnt sie jeden historischen Determinismus ab; weder sei da ein Gesetz der Geschichte, wie es der Marxismus lehrt, noch eine unaufhaltsame Dekadenz, wie die christliche politische Theologie meint. Verlorengegangen sei vielmehr eine psychologische Voraussetzung für theoretische Spekulation, nämlich jede Form politischer Hoffnung. Weil „ohne jenes Körnchen grundlosen Optimismus keine echte politische Theorie konstruiert werden" (AU 271) und damit vor allem Gerechtigkeit, der wirkliche Gegenstand politischer Philosophie, nicht mehr behandelt werden könne, verkündet auch Shklar – vorschnell, wie sie später feststellt (LL 272) – den Tod der politischen Theorie. Sie ist höchstens noch im Kleinen möglich, eben als eine gründliche Beschäftigung mit der Geschichte.

Dass Shklar am Ende ihres Gewaltmarsches durch die europäische Geistesgeschichte selbst kein Programm anzubieten hat, jedenfalls keines im Format der großen Ideologien, ist bei dem von radikalem Zweifel getragenen Grundtenor des Buches nur konsequent. Ein Rezensent merkt seinerzeit an, dass „das Buch sehr gut die Misere des konservativen Liberalismus beschreibt, aber fast nichts über *den Liberalismus*, den liberalen Liberalismus sagt."[47] Shklar widerspricht nicht. Im Vorwort heißt es: „Der Leser darf, vielleicht bedauerlicherweise, keine ‚neue' Theorie erwarten, die sich den vorherrschenden Einstellungen entgegenstellte. Die Autorin teilt den Zeitgeist, insofern sie weder willens noch fähig ist, eine originäre Theorie der Politik zu erarbeiten." (AU IX) Der konservative Liberalismus – ein „Liberalismus ohne Hoffnung"[48] – habe zwar den Glauben an Gerechtigkeit und Fortschritt aufgegeben, für Shklar die zu wahrenden Grundlehren der Aufklärung; wie ein positiver Liberalismus aussähe, den sie später so nachdrücklich theoretisiert, ist allerdings noch nicht ihr Thema, noch weniger begründet er ein Minimalprogramm. Sheldon Wolin meint sie in einer Rezension sogar berichtigen zu müssen, dass der Liberalismus nie optimistisch, sondern sich stets der „zahlreichen Gefahren des Schmerzes in der Welt“ bewusst gewesen sei.[49] Auch wenn für Shklar die Kultivierung zumindest einer bescheidenen Hoffnung notwendig ist, um dem Fatalismus, der sich verheerender als noch die utopischste Ideologie auswirkt, etwas entgegenzuhalten, gilt ihr lediglich ein „gut begründeter Skeptizismus [als] die vernünftigste Einstellung für die Gegenwart.“ (AU 273)

After Utopia ist trotzdem einiger Erfolg beschieden. Für einen akademischen Erstling kann es mit ungewöhnlicher Reife, sprachlicher Exaktheit und atemberaubender Detail- und Materialfülle aufwarten. 1959 verleiht ihr die *American Political Science Association* den Birkenhead Prize. Dieser ehrt diejenige Dissertation, „die den größten Beitrag zum Verständnis der Traditionen, Institutionen oder Methoden der Demokratie oder der sie bedrohenden Kräfte leistet.“[50] Shklar beginnt, sich in ihrem Fach einen Namen zu machen.

Vor der Professur: Ein Katz-und-Maus-Spiel

Erst kurz vor Erscheinen ihres Buches, fast exakt zehn Jahre nach dem Erwerb der kanadischen Nationalität, erhält Shklar am 21. Mai 1956 die amerikanische Staatsbürgerschaft. Es ist die dritte in ihrem Leben. Auf ihrem Einbürgerungsantrag wird als ihr Beruf noch „Hausfrau“ angegeben.[51] Das ist zwar formal korrekt – sie verfasst ihr Buch in ihrem Elternjahr –, aber obwohl Shklar sehr früh heiratet und das Cambridge der Fünfzigerjahre von einem zutiefst konservativen Milieu geprägt ist, steht für sie völlig fest, arbeiten zu wollen. Ob sie jedoch an der Universität politische Theorie betreiben wird, ist keineswegs beschlossene Sache. Denn die Wissenschaftsarbeit dient ihr in erster Linie als Vehikel für eine andere Leidenschaft: „Ich wusste, dass ich schreiben würde. Ich *liebe* das Schreiben. Schon immer." (OH III,7)

Zunächst schwebt ihr vor, jene Art literarischen Journalismus zu verfolgen, für die Zeitschriften wie *The New Yorker* oder *Atlantic* bekannt geworden sind. Dass ihre Professoren sie in paternalistischer Manier ohne Rücksprache für einen Lehrauftrag vorschlagen, bestätigt einmal mehr den damals herrschenden Geist der Zeit. Nach kurzem Zögern und ohne großen Enthusiasmus nimmt sie den neuen Job an. „Ich rutschte also mehr oder weniger in eine Universitätskarriere hinein." (LL 270)

Mitte der Fünfzigerjahre leitet sie zunächst Grundkurse am Radcliffe College, aber schon bald kommt die Frage auf, ob sie den Harvard-Kurs *Government I* abhalten, das heißt: Männer unterrichten könne. Die ohnehin in Konflikt stehenden Fraktionen der Fakultät streiten sich über diese Frage, allerdings ohne Shklar selbst einzubeziehen, so dass sie sich schließlich weigert, die Sektion überhaupt zu unterrichten. Sie hält diese Diskussion für unwürdig. „Ich werde mich in keine Situation bringen, die mich Demütigungen aussetzt, was einem als Jude sehr leicht passieren kann." (OH III,22) Schließlich gibt die Fakultätsleitung nach, Shklar bekommt den Lehrauftrag, unterrichtet ab 1957 auch Harvard-Studenten und übernimmt gelegentlich Vorlesungen für andere Professoren.

Freilich fällt der Eintritt in die Riege der Lehrenden zunächst ernüchternd aus: „Wir fanden schnell heraus, dass die akademischen Werte, die unsere Lehrer uns als Doktoranden so eindringlich nahegelegt hatten, nicht viel galten. Uns standen Studenten gegenüber, von denen ein gutes Viertel das Lernen verachtete und nichts dergleichen tat. [...] Unsere Lehrer drängten uns nun, mit ihnen nicht zu hart ins Gericht zu gehen, sondern vor allem bei den Sprösslingen reicher und wichtiger Familien öfter einmal ein Auge zuzudrücken."[52] Das liegt Shklar freilich fern. Ihre Veranstaltungen sind nicht zuletzt deswegen bald legendär, weil sie es ihren Studierenden alles andere als leicht macht. In den Berichten ehemaliger Seminarteilnehmer halten sich Bewunderung und Furcht vor Shklar, die rasend schnell sprach, durchaus die Waage. Ihre stupende Gelehrsamkeit, „eine dauernde Mahnung, wie viel ein Wissenschaftler je während eines Lebens lesen und wissen kann",[53] erweckt bei vielen „ein Gefühl tiefsten Unbehagens und tiefster Unzulänglichkeit",[54] das aber äußert motivierend wirkt: Man ist „gleichzeitig begeistert, verängstigt, herausgefordert und von ihrer Lehre gewaltig angezogen".[55] Stanley Hoffmann nennt sie später „den bei Weitem größten Star der Fakultät".[56] Dass sie vielen wie „die Essenz europäischer Kultur" erscheint, mag dieser Wahrnehmung nicht abträglich sein.[57]

Auch ihre Vorlesungen versprühen eine charismatische Anziehungskraft. Harvey C. Mansfield erinnert sich lebhaft an den außergewöhnlichen Eindruck, den Shklar bei ihren Studierenden hinterlässt: „Ich besuchte Dita Shklars erste Vorlesung. Es war eine denkwürdige Darbietung, da sie von Anfang an all die Fähigkeiten ihrer späteren Reife zu besitzen schien: nichts blieb unverbindlich, nichts wurde abgeschwächt, nichts ausgelassen. Sie sprach mit einer Exaktheit, die mich in Erstaunen versetzte, weil sie all den besten Autoritäten zum Thema auf Augenhöhe begegnete, ihnen nicht nur zuhörte, sondern Widerworte gab."[58]

In dieser Zeit merkt Shklar auch, dass sie sich keineswegs hinter ihren oft unoriginelleren Kollegen zu verstecken braucht, und entwickelt akademisches Selbstbewusstsein. Der Erfolg von *After Utopia* hilft dabei, ebenso ist ihr beruflich von Vorteil, dass es dank des vom Verlag vorgeschlagenen Titels viele Querleser:innen glauben ließ, „ich hätte ein Buch über Utopien geschrieben. Das Thema war gerade in Mode und ich wurde bald angefragt, um an akademischen Konferenzen teilzunehmen. Das konnte ich zu diesem Zeitpunkt meiner jungen Laufbahn nicht ablehnen, und so büffelte ich Utopien." (LL 274)

Je mehr sie sich etabliert, desto gespannter ist das Verhältnis zu Friedrich, der zunehmend Kurse an sie abtritt und sie schon als Verwalterin seines intellektuellen Erbes betrachtet. Shklar, die 1959 vom Instructor zum Assistant Professor aufsteigt, hat nichts dergleichen im Sinn. Sie verfolgt ihre eigenen Forschungsinteressen und schlägt dem Department einen Kurs über die Geschichte der Rechtsphilosophie vor. Es wird ihr erstes eigenes Seminar, aus dem das Buch *Legalism* hervorgeht. 1960 erhält sie ein Guggenheim Fellowship, das ihr erlaubt, sich dem Schreiben zu widmen, während sie mit ihrem zweiten Sohn, Michael, schwanger ist. Im Jahr darauf kehrt sie wieder an die Universität zurück.

1963 wird sie vom Assistant Professor zum Lecturer befördert. Was wie eine Auszeichnung aussieht, weist in Wirklichkeit darauf hin, wie überfordert die Universität und ihre Strukturen mit jemandem wie Shklar sind. Denn eigentlich wäre es nun an der Zeit, Shklar *tenure* zu geben, eine unbefristete Festanstellung. Die lässt aber auf sich warten: „Mein Department konnte sich nicht dazu überwinden, ja oder nein zu sagen. So war schon mit mehreren männlichen Anwärtern verfahren worden, die einige Jahre in der Luft hingen, während mit ihnen dieses Katz-und-Maus-Spiel getrieben wurde." (LL 270) Shklar wird wieder und wieder vertröstet. „Die Chancen, eine Professur zu erhalten, standen einigermaßen gut. Mir wurde geraten, brav zu sein und abzuwarten. Aber ich wollte nicht brav sein und abwarten. Dabei hätte ich meine Selbstachtung verloren, und das ließ ich nicht zu." (OH VI,19) Um der unwürdigen Darbietung ein Ende zu machen, schlägt sie schließlich selbst vor, einen Posten als unbefristeter Lecturer anzunehmen. Erleichtert nimmt man ihren Vorschlag an. Es ist eine weniger prestigeträchtige, schlechter bezahlte, weil offiziell halbtägige Stelle, die sie doch mehr oder weniger in Vollzeit ausfüllt. Eine ungerechte Lösung, die Shklar allerdings neue Unabhängigkeit bietet, zumal sie 1965 ihr drittes Kind, Ruth, zur Welt bringt. Gleichzeitig zementiert das Arrangement aber auch ihre Sonderstellung an der Fakultät und die Distanz zu ihren Kolleg:innen. Shklar hat nicht einmal einen eigenen Arbeitsplatz im Department. Bis zu ihrem Tod ist der Raum 712 der Widener-Bibliothek ihr Büro. Vielleicht aber gibt es für sie, die sich selbst stets als „Bücherwurm" beschreibt (LL 263), keinen angemesseneren Ort.

1. Agnes und Aron Nisse, mit Arons Cousin Fritz Berner, ca. 1922.

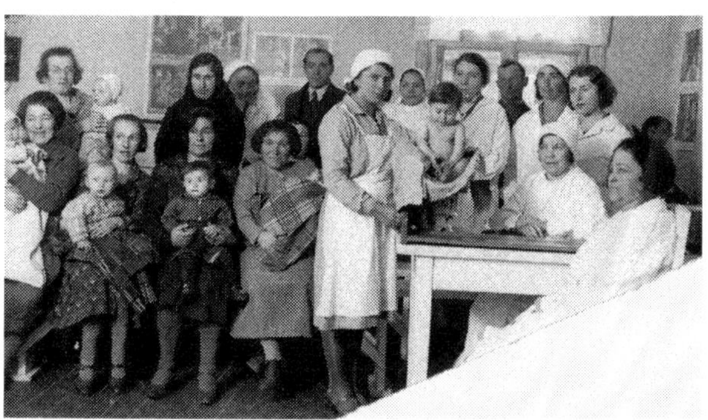

2. Agnes Nisse (hinter der Kinderwaage) in der von ihr geleiteten Klinik im Riga der Zwischenkriegszeit.

3. Die Familie Nisse (v.l.n.r.): Miriam, Agnes, Aaron Kahan (Geschäftspartner Arons), Judith, Aron, Ruth in ihrer Wohnung in Riga in den Dreißigerjahren.

4. Die Nisses auf der M. S. Heian Maru bei der Überfahrt von Japan nach Seattle. In der Mitte im Vordergrund Judith und Ruth, hinter dieser Agnes und Aron. Juli 1940

Day of Freedom Near For Refugee Family

By Sidney Copeland

GIRLS ARE LINGUISTS

BUT VISA HAD EXPIRED

Today's CALENDAR

Long Trail Grows Short

5. Artikel aus dem Seattle Post-Intelligencer über die freigelassene Familie Nisse, 29. Juli 1940.

6. Judith, Agnes und Ruth Nisse in Montreal, Mitte der 1940er Jahre.

7. Judith Shklars Eintrag im Jahrbuch der McGill University, 1949.

8.
Frederick Watkins,
Datum unbekannt.

9. Carl Joachim Friedrich, 1952.

10.–11. Shklar im Jahrbuch der Harvard University, 1966.

12.
Judith Shklar,
1972.

13.
Kontaktabzüge,
1972 (ggü.)

14.
Judith Shklar,
in ihrem Büro
in der Widener
Library, 1991.

KODAK TRI X PAN FILM
KODAK SAFETY

Legalismus: Eine liberale Ideologie

1964 endlich erscheint *Legalism*, das zweite Buch, an dem Shklar seit Ende der Fünfzigerjahre gearbeitet hatte. Wieder ist es vom Bestreben getragen, politische Theorie mit historischem Bewusstsein zu verbinden, aber diesmal kommt der Versuch hinzu, aus der direkten Konfrontation mit der Geschichte auch jene normativen Schlüsse zu ziehen, die sie in *After Utopia* noch vermieden hatte.

Unter dem Begriff Legalismus versteht Shklar zunächst „die ethische Einstellung, die moralisches Verhalten als Befolgung von Regeln bestimmt und moralische Beziehungen als von Regeln geleitete Pflichte und Rechte betrachtet." (L 1) Auf dieser Einstellung basiert nicht nur die Ideologie der Kaste praktizierender Jurist:innen und des Liberalismus im Allgemeinen, sondern auch die von den beiden konkurrierenden Lagern der Rechtsphilosophie geteilte Grundannahme. Denn Naturrecht wie Rechtspositivismus stimmen in ihren Idealvorstellungen in drei Punkten überein: dass das Recht durch eine ihm äußere Instanz fraglos gegeben ist, dass es gegenüber Politik und Sitten autonom funktioniert und dass es neutral angewandt werden kann. Allerdings offenbart sich Recht aber immer wieder als gesellschaftlich situiertes Phänomen und muss als solches betrachtet werden. Verlässt man sich zu sehr auf die Logik eines in sich geschlossenen Rechtssystems, geht der Sinn für die moralische und politische Wirklichkeit verloren. Ein legaler Faschismus etwa ist kein Widerspruch in sich. „Man kann nicht oft genug wiederholen, dass eine prozedural ‚korrekte' Unterdrückung mit dem Legalismus völlig vereinbar ist." (L 17) Sobald der Legalismus aber als Ideologie erkannt ist, kann er liberalen Demokratien sogar nützen. Das macht Shklar in ihrer detaillierten Diskussion zweier politischer Gerichtsverfahren deutlich. Die Nürnberger Prozesse dienen ihr als Beispiel, dass es gerade in Krisensituationen die Aufgabe des Rechts sein kann, zeitweilig legalistische Prinzipien zu suspendieren und nach politischen Gesichtspunkten zu urteilen, wenn es denn bedeutet, den Legalismus selbst als Doktrin wieder einzusetzen. Als Ideologie des Rechtsstaates und des Liberalismus stellt er durchaus ein demokratisches Gut dar. Die Prozesse von Nürnberg genießen für Shklar nicht juristische, sondern allein durch ihre politische Funktion gestiftete Legitimität, indem sie die in Deutschland ältere, von den Nazis nur zwischenzeitlich beiseitegefegte legalistische Tradition wieder einsetzten. Das Gegenbeispiel bilden die Kriegsverbrecherprozesse von Tokio. Weil sich in Japan nie eine Tradition legalistischer Ideologie durchzusetzen vermocht hatte, galten auch die Prozesse als illegitim und mussten lediglich als Siegerjustiz erscheinen.

In der Rezeption von *Legalism*, von Shklar stets als ihr Lieblingsbuch bezeichnet (LL 275), bildet für viele gerade der Begriff der Ideologie einen Stein des Anstoßes. Aber dass es keine großen, alles bestimmenden Ideologien mehr gibt, wie Shklar in ihrem Vorgängerwerk festgestellt hatte, bedeutet noch lange nicht, dass nun eine allgemeine Wertfreiheit an ihre Stelle getreten wäre. Diese Illusion birgt ganz im Gegenteil aufs Neue eine Gefahr, der nur durch eine eigene ideologische Positionierung begegnet werden kann. Shklar gibt sich im Vorwort zu *Legalism*, zwar nicht das erste Mal, aber doch mit einer neuen Leidenschaft, die ihr Markenzeichen werden soll, als Liberale zu erkennen. Der ideologische Beitrag des Buches, schreibt sie, sei „schlicht und ergreifend eine Verteidigung gesellschaftlicher Vielfalt, beseelt von jenem Elementarliberalismus, der die Fortschrittsannahme hinter sich gelassen hat und keiner spezifischen Wirtschaftsordnung anhängt; er ist allein der Überzeugung verpflichtet, dass Toleranz eine Kardinaltugend ist und dass eine Vielfalt von Überzeugungen und Handlungsweisen nicht einfach nur ertragen, sondern in Ehren gehalten und gefördert werden muss. Die all dem zugrundeliegende Annahme ist, dass gesellschaftliche Vielfalt nun einmal die vorherrschende Bedingung moderner Nationalstaaten *ist* und dass man sie unterstützen *soll*." (L 5)

Dass sie ihrer Kritik am Legalismus dieses ideologische Bekenntnis vorausschickt, zeigt auch, dass es ihr um eine interne Kritik des Liberalismus geht, auch wenn sie seinen Gegner:innen damit durchaus Munition liefert. So geht sie in ihrem Buch den erklärten Antiliberalen Carl Schmitt weniger scharf an als den vermeintlichen Liberalen Friedrich von Hayek.[59] Aus Anlass der Veröffentlichung eines Sonderheftes des *Journal of Legal Education*, das die vor allem von Jurist:innen gegen ihr Buch vorgebrachten Widersprüche sammelt, nutzt sie die Gelegenheit, um noch einmal zu verdeutlichen, dass ihre Kritik „der Tendenz, Rechtsbegriffe von ihrem gesellschaftlichen Umfeld zu abstrahieren und dadurch ihre Relevanz und Reichweite zu übertreiben", eben keinen Angriff auf den liberalen Rechtsdiskurs als solchen bedeute, sondern nur einen Aufruf zu einem neuen Realismus: „Weit davon entfernt, Rechtswerte zu widerlegen, geht es der vorliegenden Neubewertung des Legalismus darum, sie als auf einer zivilisierten politischen Ideologie fußend zu enthüllen, die, trotz einiger Auswüchse, die Loyalität all jener beanspruchen kann, die an einer integren Regierung interessiert sind."[60]

Diese Stoßrichtung nimmt sie in ihrer nächsten Veröffentlichung wieder auf, einem politischen Ideologien gewidmeten Sammelband, zu dem sie das Vorwort schreibt.[61] Ideologien seien zwar als politiktheoretische Kategorie wenig nützlich, man könne aber ihre psychologischen Motive für die Ideengeschichtsschreibung nicht übergehen.[62] Wenn Shklar in *Legalism* schreibt, es sei „eindeutig, dass Vielfalt und die Bürden der Freiheit ertragen und gefördert werden müssen, um das Leid zu vermeiden, das die organisierte Unterdrückung heute hervorbringt", so ist dies nicht weniger Ausdruck einer Sensibilität für die notwendigen psychologischen Komponenten von Ideologien als die sich anschließende Bemerkung, dass ein solcher Typus von Liberalismus gerade „unter den Mitgliedern permanenter Minderheitengruppen sehr verbreitet ist und ohne Frage die aus ihrer Situation hervorgehenden Befürchtungen und positiven Erfahrungen reflektiert." (L 6) Diese erste Darstellung des Liberalismus als psychologisch fundierter Ideologie markiert den Beginn ihres Interesses an politischer Moralpsychologie, das sie bald zu Rousseau führen wird, diesem „Maler der Natur und Geschichtsschreiber des menschlichen Herzens."[63]

Für Shklar ist *Legalism* in mehrfacher Hinsicht ein wichtiges Buch. Neben der frühesten Formulierung ihres liberalen Credos verschafft sich hier zum ersten Mal ihre so markante Stimme Gehör, jene Mischung aus äußerster stilistischer Reduktion und einer abwägenden, dabei stets klaren, gelegentlich harschen Urteilen nicht abgeneigten Argumentation, die alle ihre folgenden Bücher bestimmt. Gleichzeitig ist durch die Auseinandersetzung mit den Nürnberger Prozessen einem intellektuellen Bedürfnis zumindest zeitweise etwas Genüge getan: „Mich durch all die veröffentlichten und unveröffentlichten Dokumente zu den Kriegsverbrechertribunalen in der ‚Schatzkammer' der juristischen Bibliothek in Harvard zu arbeiten, übte eine sehr befreiende Wirkung auf mich aus. Es war, als hätte ich getan, was ich konnte, um die Frage zu beantworten, wie wir über die Nazizeit denken sollten. Ich wusste, dass es vieles gab, was ich nie verstehen würde, aber vielleicht wusste ich genug vom Wesentlichen. In jedem Fall war ich bereit, mich anderen Dingen zuzuwenden." (LL 275)

Die Sechzigerjahre: Neue Snobismen

Die späten Sechziger- und frühen Siebzigerjahre gehen auch an Harvard nicht spurlos vorüber. Der alte Elitensnobismus weicht dem Radikalismus der *New Left*, Proteste gegen den Vietnamkrieg und die universitären Strukturen sind an der Tagesordnung, und auch die Professor:innenschaft scheint sich zunehmend zu politisieren. Shklar behagt das alles nicht. „Ich denke ohne Zuneigung an die Sechzigerjahre zurück", schreibt sie später. „Was geschah, war brutal und albern, und die Darbietung von Männern mittleren Alters, die sich affektiert darüber begeisterten, wie viel sie von der Jugend gelernt hatten, und die pöbelhaftesten ihrer Studenten als Musterbeispiel intellektueller und moralischer Größe hinstellten, hätte sich abstoßend ausgenommen, wäre es nicht so lächerlich gewesen." (LL 268) Shklar erscheint diese neue Rhetorik lediglich als Fortsetzung des alten Snobismus und der Unterwürfigkeit der Fünfzigerjahre, die mit der Rhetorik des Antielitismus ein merkwürdiges Amalgam eingeht. „Mich stieß daran ab, dass der selbstgerechte Protest nur ein Spiegelbild dessen war, was ihn hervorgebracht hatte. Dieselbe Anbetung der Jugend, derselbe Eifer, die Unreifsten nachzuäffen, dieselbe Nachsicht gegen jedes kriminelle Verhalten, dieselbe Rücksichtslosigkeit gegen andere, dieselbe Verachtung persönlicher Würde."[64]

Aber nicht nur den Lehrenden gilt ihr Missmut. Während der Proteste, die Harvard zeitweilig lahmlegen, bringt Shklar auch wenig Verständnis für die Studierenden auf. Fast schon persönlich enttäuscht klingt ihre Rede vor Harvards Doktorand:innenvereinigung, die ihr 1975 einen Preis für die beste Lehre verleiht, wenn sie rückblickend mahnt, „keine amerikanische Universität ist frei von den gesellschaftlich vorherrschenden Problemen der Autorität, [...] aber die dauerhafte Verweigerung, erwachsen zu werden, hilft nichts."[65] So wie sich die Gründe für die Studierendenproteste nicht in jugendlicher Renitenz erschöpfen, so speist sich Shklars Abneigung gegen sie aus mehr als einem bloßen Missfallen an Haltung und Disziplinlosigkeit der Zeit. Was sie als skeptische Liberale stört, ist die besorgniserregende Rückkehr von politischem Ästhetizismus und politischer Romantik, die sich in der Theorie nicht weniger äußert als in der Praxis.

Shklar hält etwa die Versuche der amerikanischen Studierendenvereinigung SDS (*Students for a Democratic Society*), eine authentische Arbeiterklasse zu konstruieren, für weltfremd und steht der zunehmenden Popularität Nietzsches mit Misstrauen gegenüber. Zwar „scheute sie die Rechte, die es ihr an menschlicher Anteilnahme fehlen ließ", wie ihr Kollege Mansfield schreibt, und sie war „weniger schnell dabei, die Linke abzulehnen, und tat es weniger entschieden",[66] aber die Rhetorik der Solidarität und die damit zusammenhängenden Mechanismen von Inklusion und Exklusion waren ihr nie ganz geheuer.[67]

An zumindest einem inneruniversitären Protest aber beteiligt sich Shklar. Er geht 1966 von John Rawls aus und ist gegen die Einberufungspraxis während des Vietnamkrieges gerichtet, die besseren Studenten erlaubt, dem Wehrdienst zu entgehen. Diese Bescheinigung auszustellen gestand dem Lehrpersonal mit einem Mal eine ungekannte Machtbefugnis und die potenzielle Entscheidung über Leben und Tod zu.[68] Es ist ein seltenes öffentliches politisches Engagement. Das heißt nicht, dass Shklar unpolitisch gewesen wäre. In vielen ihrer Essays verteidigt Shklar offensiv die politischen Konsequenzen ihres begrenzten Liberalismus und sagt von sich, wenig überraschend, sie sei eine „Standard-Demokratin: Inklusive ‚Franklin D. Roosevelt war unser letzter echter Präsident' und allem Drum und Dran."[69] Dennoch zieht sie es vor, parteipolitisch nicht persönlich in Erscheinung zu treten, eine Zurückhaltung, die damit zusammenhängen mag, dass sie den Wert der Politik nicht im persönlichen Heldentum sieht, wie es etwa die Polis-

Öffentlichkeit Hannah Arendts nahelegt, sondern im vor allem prozeduralen Kampf um Rechtegleichheit. Diese Kämpfe bedürfen keiner Personalisierung. Die einzige politische Organisation, für die sie sich seit den Siebzigerjahren bis zu ihrem Tod einsetzt, ist *Amnesty International*. Statt selbst eine öffentliche Bühne zu suchen, unterstützt sie die Vereinigung mit Geldspenden und durch ungezeichnete Artikel für ihr Mitteilungsblatt.[70]

Solche Umwege bestimmen auch ihre akademische Produktion dieser Zeit. Die späten Sechziger- und die frühen Siebzigerjahre sind eine schöpferische Hochphase für Shklar. *Men and Citizens*, eine Studie über Rousseau, erscheint 1969, ihr Buch *Freedom and Independence*, das Hegels politischer Theorie gewidmet ist, 1976. Dass sie auf die großen politischen Unruhen der Zeit mit einer Rückwendung zu historischen politiktheoretischen Werken antwortet, erscheint wie eine Fluchtbewegung. Man kann sie aber auch als Mittel betrachten, indirekt auf die politische Atmosphäre zu reagieren, Rousseau vor seinen romantischen Interpret:innen zu retten und Hegel weniger als „Vorgänger von Marx und Nietzsche" denn als „Nachfolger von Kant und Rousseau" zu lesen.[71]

Rousseau und Hegel: Moralpsychologie als Methode

Ihr Rousseau-Buch *Men and Citizens* nimmt den Faden auf, den *Legalism* im Vorwort legt. So wichtig ein anti-idealistischer, realistischer Zugang zu politischen Institutionen, wie ihn ihr Lehrer Carl Joachim Friedrich vertritt, auch sein mag, vermisst sie doch eine realistische Moralpsychologie der Akteur:innen und Erleidenden von Politik. Und niemandes psychologische Meisterschaft bewundert Shklar mehr als die Rousseaus, den sie später einmal den „Homer der Verlierer" nennen wird.[72] Seit sie ihn über Frederick Watkins kennengelernt und auf dessen Ermutigung hin längere Abhandlungen zu ihm geschrieben hat,[73] lässt er sie nicht mehr los. Shklar entdeckt in den Schriften Rousseaus sowohl einen Sinn für Ungerechtigkeit, der vor allem in der Fähigkeit zum Mitleiden begründet ist, als auch, und für ihre Argumentation wichtiger, einen bestechenden moralischen Realismus, der um die psychologischen Schäden weiß, die eine menschliche Sozialisation anrichtet. Die Trennung zwischen jenem titelgebenden Menschen und Bürger, zwischen dem bukolischen Privathaushalt und der spartanischen Polis, ist so radikal, dass sich alle politischen Probleme auf diese merkwürdige Amalgamierung aus halb-natürlichen und halb-sozialen Anteilen am menschlichen Gesellschaftsleben zurückführen lassen. Sich dieser inneren Zerrissenheit bewusst zu sein, ist nach Shklar Rousseaus großer Beitrag zur politischen Theorie. Nicht zuletzt folgt daraus die Ablehnung aller Versuche, diese beiden unvereinbaren Seiten zusammenzupressen, was gerade unter dem Eindruck der *New Left* durchaus Tagesaktualität besitzt.[74] Das Private ist hier eben nicht das Politische und darf es auch nicht werden.

Freilich wird Rousseau auch unter Shklars Hand zu keinem Liberalen. Er bewahrt, bei aller Faszination, seinen ambivalenten Charakter: „Rousseau zu lesen heißt, politische Vorstellungskraft zu gewinnen und eine zweite Erziehung zu erhalten. Für jemanden, der so fraglos und schmerzfrei skeptisch ist, wie ich es immer war, bedeutet es darüber hinaus eine fortwährende Offenbarung, den Kämpfen eines Geistes zu folgen, der Skeptizismus für sowohl unvermeidlich wie unerträglich hielt. Zudem faszinierte mich Rousseau, weil seine Schriften so vollkommen und klar und doch der liberalen Geisteshaltung so völlig fremd sind. Er ist der unhintergehbare, ganz und gar ‚andere' der modernen Welt, die er so verurteilte und zu der er doch wesentlich gehörte." Shklar liest Rousseau „als eher pessimistischen Denker, was ihn unter den Verteidigern von Demokratie und Gleichheit einzigartig macht." (LL 275) Freilich liegt in so einem Pessimismus auch stets die Gefahr eines romantischen Fatalismus, vor dem Shklar bereits in ihrem Erstlingswerk gewarnt hatte. Das beste Gegengewicht bilden für sie die Denker der Aufklärung, gegen die Rousseau so wütet, allen voran Montesquieu, dem sie sich erst später explizit zuwendet. Dessen Prozeduralismus erst verpasst Rousseaus psychologischer Einsicht politische Praktikabilität.

Men and Citizens wird Shklars erfolgreichstes Buch und zementiert ihren Ruf als Ideengeschichtlerin, „bei der man kontinentale politische Theorie lernen kann".[75] Dass sie Rousseaus *Émile* und die *Nouvelle Héloïse* mit in ihre Untersuchung seines Beitrags zur politischen Theorie einschließt, stellt für die Politikwissenschaft ihrer Zeit ein Novum dar. Sie besteht darauf, dass politische Theorie sehr auf literarische und rhetorische Mittel angewiesen ist und Haltungen und Einstellungen weniger durch sachliche Argumentation verändert als durch den geschickten Einsatz politischer Metaphern.[76]

Dass man politische Theorie nicht nur als normative, formalistische, empirische oder rein historiografische Wissenschaft betrachten kann, sondern auch als an Literatur und Geschichte geschulte Moralpsychologie, zeigt sie mit ihrem Buch über Hegel. Es behandelt nur ein einziges Werk, seine *Phänomenologie des Geistes*, die so „enorm lesbar und doch völlig dunkel ist",[77] und darin allein die Beziehung zwischen Freiheit und Unabhängigkeit. Diese Verhältnisbestimmung macht für Shklar die politische Essenz von Hegels Buch aus, in dessen Zentrum der Versuch steht, die trotz neuzeitlicher Prägung völlige Gegensätzlichkeit dieser Begriffe zu belegen. Hegels Narrativ, gespickt mit literarischen Zitaten und Anleihen aus der westlichen Kulturgeschichte, die Shklar ihren Leser:innen zu entziffern helfen will, ist eine „Elegie auf Hellas" als der einzigen Erinnerung an wirkliche Freiheit, weil allein in der griechischen Polis Gesellschaft und Individuum harmonierten.[78] Da sie aber eine unreflektierte Identifikation von Einzelnen und Gemeinwesen voraussetzt, lässt sich diese Freiheit heutzutage nicht reaktivieren. Einen Republikanismus, der auf eine wiedererrichtete Polis baut, lehnt Hegel nach Shklar ab, wenngleich das perikleische Athen seine Strahlkraft als unerreichtes Vorbild weiter behält. In der *Phänomenologie* habe Hegel, meint Shklar, noch keine eigene Lösung aufgeboten, diese sei erst in der *Philosophie des Rechts* mit der Unterordnung der Bürger unter den Rechtsstaat und mit dem Freiheitsversprechen im Ethos sozialer Gruppen konzipiert, wenngleich Shklar sich davon wenig überzeugt zeigt: „Dies ist ohne Frage nicht die Freiheit echter Staatsbürgerschaft, und kein Leser der

Phänomenologie wird glauben, dass die Distanz zwischen Unabhängigkeit und Freiheit vermindert würde, nur weil man den Mitgliedern einer Marktgesellschaft ein gelegentliches staatsbürgerliches Erlebnis zuschreiben kann.“[79]

Shklar wendet sich Hegel nicht zu, um politischen Rat zu erhalten, sondern profitiert, wie schon bei Rousseau, von der Tiefe seiner psychologischen Betrachtung. Schließlich ist er ihr wichtigster Gewährsmann für die von ihr propagierte Art historischer Darstellung von Theorie. „Wer Geistesgeschichte betreibt, weiß mehr oder weniger bewusst, was sie Hegel, der ihre philosophischen Prinzipien niederschrieb, verdankt: dass die Geschichte aufhört, uns als Kampf zwischen unvollständigen Weltbetrachtungen zu erscheinen, sobald wir in ihrem Fortgang die Totalität unserer kollektiven geistigen Entwicklung erkennen. Das Studium dieser Erfahrung wird zur Leitdisziplin. Man kann sich keine eindringlichere Verteidigung dieser Unternehmung vorstellen, und in der einen oder anderen bescheidenen Version halten Ideenhistoriker daran fest.“ (LL 276)

Dennoch ist *Freedom and Independence* kein Buch, mit dem Shklar besonders zufrieden ist. Obwohl es nicht negativ aufgenommen wird, spielt es in der englischsprachigen Hegel-Renaissance, die vor allem durch Charles Taylors Monografie aus dem Vorjahr angestoßen wird, keine große Rolle. Das mag damit zu tun haben, dass das Buch als Einführung für Studierende politischer Theorie deklariert ist. Ihrem Schüler Dennis Thompson zufolge wird dieses Etikett als Notlösung angesichts der Schwierigkeiten bei der Arbeit an dem ambitionierten Buch gewählt, das sie „nur beenden konnte, indem sie sich und am Ende auch ihren Lesern einredete, dass es nur ein ‚Leitfaden' war, kein abschließendes Urteil über Hegel."[80] Das mag stimmen oder nicht, Shklar spricht über das Buch stets mit einer gewissen Ambivalenz. Es zu schreiben sei eine interessante Erfahrung gewesen, sagt sie später, die sie nicht noch einmal machen müsse (OH V,2).

Spätestens in den Siebzigerjahren hat sich Shklar als angesehene Politiktheoretikerin etabliert. Darin liegt Auszeichnung und Bürde zugleich. Die Anfragen, Gutachten, Artikel und Reden zu verfassen, werden stetig mehr, und neben den Anforderungen der Gremienarbeit in der Universität nimmt sie eine Reihe von Ämtern an, die ihr immer weniger Zeit für ihre eigene Arbeit lassen. Seit der Gründung der Zeitschrift *Political Theory* 1972 ist Shklar Mitglied des *board of editors*, im selben Jahr wird sie Mitherausgeberin von *Daedalus*, dem prestigeträchtigen Organ der American Academy of Arts and Sciences, die sie zwei Jahre zuvor als Fellow aufgenommen hatte. Sie ist Vizepräsidentin der American Society for Political and Legal Philosophy, engagiert sich in der American Political Science Association und schreibt trotz aller Verpflichtungen etwa zwei bis drei wissenschaftliche Aufsätze und fünf Rezensionen pro Jahr.

Die zunehmende Anerkennung kann nun auch das Department nicht weiter ignorieren, und spätestens als 1971 die Emeritierung Carl Joachim Friedrichs ansteht, erhält die Frage nach einer ordentlichen Professur neue Dringlichkeit. Shklar ist Friedrichs erste Wahl: „Für ihn war ich der ideale Nachfolger, was fraglos daran lag, dass ich für ihn keine Konkurrenz darstellte. Der Gedanke an einen jüngeren Mann, und vielleicht besonders einen amerikanischen Juden, wie etwa Michael [Walzer], war ihm unerträglich. [...] Und wie viele Männer seines Typs, die sich für große Männer halten, überlassen sie ihr Erbe lieber einer Frau, einer Tochter als dem Sohn oder einem männlichen Zögling, da dieser als Konkurrenz gewertet wird; mit einer Frau identifizieren sie sich hingegen nicht." (OH IV,26) Shklar, die ihre Lecturer-Position bislang als halbe Stelle ausgeübt hatte, macht es zur Bedingung, auch als Professorin nicht Vollzeit arbeiten zu müssen. Gerade durch Friedrichs Präferenzbekundung für sie gerät die Lehrstuhlnachfolge jedoch zum Zankapfel zwischen den Cliquen des Departments, und Shklars Forderung wird von manchen als unangemessen zurückgewiesen. Erneut sieht sich Shklar zum bloßen Spielball fremder Interessen herabgesetzt und reagiert, in solchen Situationen für sie bereits typisch, mit einer Mischung aus Distanznahme und dem Willen, die eigene Würde zu bewahren: Friedrich „war dagegen, dass ich mich aus dieser Schlacht zurückziehe, was mich nur mehr dazu ermutigte, es zu tun." (OH IV,26)

Dass sie am Ende die Professur doch erhält, verdankt sich schließlich auch nicht ihrem eigenen Engagement. „Der Lehrstuhl kam zustande, weil einige meiner männlichen Kollegen das Gefühl hatten, dass es ungerecht war, Frauen mit einer Halbtagsstelle die Professur zu verweigern, weil ihnen ein akademischer Aufstieg so für immer vorenthalten bliebe, sollten sie nicht den ganzen Tag arbeiten. Und dies stand wiederum sehr konträr zu jeder Art der Familienfürsorge." (OH V,3–4) Als Harvard dann 1971 einen neuen Präsidenten bekommt, setzt er eine Kommission ein, die keinen Grund finden kann, der gegen Teilzeitprofessuren spricht. Mit 43 Jahren endlich wird Shklar *professor of government.* Sie ist die erste Frau des Departments in einer solchen Position und erst die sechste im Bereich der Geisteswissenschaften, in dem zu dieser Zeit 738 männliche Professoren lehren. Wie radikal diese Veränderung für eine so konservative Institution wie Harvard ist, kann man daran ersehen, dass Frauen bis 1968 gar keine Mitgliedschaft im Faculty Club erhielten und bis 1970 einen anderen Eingang nehmen mussten als ihre männlichen Kollegen.[81] Die Folge ihrer Ernennung ist, dass die männlichen Kollegen ihr „kostbares Bewusstsein der eigenen Wichtigkeit verloren. Ein Harvard-Professor zu sein, versprach nun einfach nicht mehr einen so großen Statusgewinn, wenn jemand, der so ‚non-U', so wenig *upperclass* ist wie eine Frau, diesen Status ebenfalls erreichen konnte. [...] Sie fühlten sich wirklich degradiert. [...] Es war, als habe sich der Wert ihrer Immobilie verringert, weil nebenan eine schwarze Familie eingezogen ist, genau die gleiche Reaktion. [...] Ich beobachtete dies, und ich muss zugeben, dass meine Beobachtungen klinisch kalt waren. Nach all meinen einigermaßen tragischen Erfahrungen berührte mich ihre Situation weder im Guten noch im Schlechten." (OH V,6)

Immer die erste Frau: Feministin wider Willen

Shklars klinische Distanz gilt nicht nur dem verwundeten Stolz eines überkommenen Patriarchats. Auch für die feministische Gegenbewegung der

Siebziger- und Achtzigerjahre und vor allem ihre institutionellen Auswirkungen, die in Form der *affirmative action* die Universität erreichen, bringt sie zunächst wenig Verständnis auf. „Das Problem mit den Gleichstellungsmaßnahmen ist, dass diejenigen, die ihre direkten Nutznießer sein sollen, sehr unter ihnen zu leiden haben." (OH V,11) Shklar bemerkt mehr als einmal, dass die Reduzierung auf das Geschlecht, die eigentlich bekämpft werden soll, nur noch verstärkt werde.[82] Persönliche Selbstachtung sowie ihre Zugehörigkeit zu anderen Gruppen sind wichtiger für Shklar: „Ich glaube, dass ich, was die Rechte und Freiheiten von Frauen anging, nie sehr ideologisch war; ich habe allerdings einen stark entwickelten Sinn für meine eigene Würde, was wahrscheinlich mehr mit meinen Erfahrungen des Antisemitismus zu tun hatte als damit, eine Frau zu sein." (OH III,22)

Ihr Emigrant:innenstatus macht ebenfalls einen großen Unterschied. Um zu verstehen, warum sie in den Fünfzigerjahren in Harvard nicht mehr Diskriminierung ausgesetzt gewesen sei, müsse man in Erinnerung behalten: „Ich war ein komischer Kauz. Es war leicht, für mich eine Ausnahme zu machen. Ich war Europäerin, ich war verheiratet, ich war ein Flüchtling. [...] Ich wurde nicht in erster Linie als Frau betrachtet." (OH IV,10–11) Andererseits war es in der snobistischen Atmosphäre Harvards „für Frauen leichter als für Männer, Intellektuelle zu sein, denn da man ohnehin nicht zählte, konnte man auch das tun, was einem lag. [...] Wenn man ganz außerhalb des Gesetzes steht, ist man eben sehr frei". (OH IV,1) Die einzigen, die ihr damals Probleme bereiteten, waren die Frauen der Professoren. „Sie führten unglückliche Leben. Sie waren von allem, was sie in Harvard interessierte, ausgeschlossen, und sie waren genauso klug wie ihre Ehemänner. Ich glaube, viele von ihnen hegten selbst intellektuelle Ambitionen, weshalb sie auch Professoren geheiratet hatten. Und in gewisser Weise hatten sie resigniert, doch ihre Resignation war durch mich zutiefst bedroht." (OH IV,10) Shklar reagiert, indem sie jeden Umgang mit ihnen meidet. „Aus der Rückschau bin ich über meine Unfähigkeit, ihre wirkliche Situation zu verstehen, entsetzt. Ich erkannte nur ihre Feindseligkeit, aber nicht ihre Selbstaufopferung." (LL 269)

Im Gegensatz zu dieser längst vergangenen Zeit schlägt Shklars Außenseiterposition in den Achtzigerjahren, nicht selten zu ihrem Verdruss, in eine Vorreiterrolle um. „Es ist nicht besonders schmeichelhaft, ständig wie eine Jahrmarkttrophäe als die ‚erste' Frau herumgereicht zu werden, die dieses oder jenes getan hat. Der zwangsläufig verinnerlichte Druck, besser abzuschneiden als alle anderen, zehrt Kräfte und unterhöhlt alles Selbstbewusstsein, das man sich im Laufe der Jahre vielleicht erworben hat."[83] Seyla Benhabib, die Shklar 1988 kennenlernt, fasst ihre wesentlichen Einwände gegen den Feminismus in den Worten zusammen, „dass die Frauenbewegung einige Grenzen zwischen dem Persönlichen und dem Politischen überschreite, und dass sie, was wesentlicher ist, die Opfer romantisiere".[84] Shklar fürchte, meint Benhabib, Frauen könnten zu den Wilden Rousseaus werden, zu fiktiven Idealen, die nicht mehr durch die Wirklichkeit einzuholen seien. „Zudem war sie [...] sehr skeptisch, dass die Kategorie ‚Frau' die zwischen Frauen herrschenden Unterschiede überbrücken könne."[85] In der Tat schreibt Shklar, sie sei keine „echte Feministin", weil ihr „einer Bewegung beizutreten und sich einer kollektiven Glaubenslehre unterzuordnen als Verrat intellektueller Werte" erscheine (LL 271). „Ich definiere mich als Außenseiter, und wenn ich je irgendwo Mitglied bin, bemerke ich es schlicht nicht. Ich fühle mich keiner Gruppe zugehörig als meiner Familie." (OH V, 4) Aber trotz aller Kritik ist sich Shklar bewusst, dass sich ohne Maßnahmen wie die *affirmative action* die alte männliche Selbstzufriedenheit schnell wieder einstellen würde. „Wie zweifelhaft und wie dünn die positiven Anzeichen auch gesät sein mögen, wenn man meint, es verbessere die Situation der folgenden Generation, dann ist es das wert." (OH VI, 11)

Mag Shklar allerhöchstens eine Feministin wider Willen sein, bleibt sie doch stets eine Liberale. „Soweit die Frauenbewegung sich für Gerechtigkeit und Gleichheit einsetzte, war sie natürlich dafür",[86] stellt auch Benhabib fest. Und es gibt einige Anzeichen, dass Shklar ihre Meinung gegen Ende ihres Lebens ändert. In *Über Ungerechtigkeit* und *Wählen und Verdienen* werden dezidiert gegen Frauen gerichtete Ungerechtigkeitserfahrungen sowie die Leistungen Frauenbewegung gewürdigt und Shklar plant für die Vorlesungsreihe über Ideologien, die sie mit Stanley Hoffmann abhielt, auch eine Sitzung über Feminismus zu entwerfen (ÜU 110).[87] Sobald Shklar aber meint, dass Gleichheit und Gerechtigkeit selbst für eine gute Sache auf der Strecke bleibt, verliert sich auch ihre Unterstützung. Das illustriert eine kurze, universitäre Intervention von 1982: Eine Gruppe von Abtreibungsgegnerinnen hatte im Princeton Women's Center eine Task Force gegen Abtreibung einrichten wollen, was ihr verwehrt worden war, und hatte nun bei der Universitätsleitung Beschwerde eingelegt. Shklars Antwort auf den Rundbrief des Frauenzentrums kann als Musterbeispiel liberaler Argumentation gelten:

„Um alle Missverständnisse zu vermeiden, muss ich vorausschicken, dass ich eine große Befürworterin der Rechte von Frauen auf Abtreibung, ja aller Bürger auf anständige medizinische Versorgung bin. Allerdings scheinen mir das alles sehr kontroverse Fragen zu sein, und ich glaube, dass Frauen, die nicht meine religiösen und politischen Überzeugungen teilen, jedes Recht haben, ihre Stimme, *und zwar als Frauen*, im Namen eines erheblichen Anteils der gebärfähigen Bevölkerung zu erheben. Ich verstehe nicht, warum man sie aus einem Frauenzentrum ausschließt. Sie nähern sich diesem Thema nicht als feindlich gesinnte Fremde. Es sind Frauen mit Ansichten über ihre Stellung in der Welt, die nicht den meinen entsprechen. Es scheint mir eine intellektuelle Pflicht zu sein, sich ihrer nicht bloß anzunehmen, sondern sie auch in das eigene Diskursuniversum aufzunehmen; als Lehrende in einer Universität nicht weniger denn als Mitglied der hiesigen Gesellschaft von Frauen. Ganz abgesehen von der Frage, ob diese Frauen ein Recht haben, ihre Meinung zu äußern und nach ihrem Gewissen zu handeln, was ich aus Mill'schen Gründen bejahe, gibt es da noch die Frage, mit welcher Legitimität überhaupt irgendjemand für alle Frauen sprechen kann. Ob X mich nun repräsentieren mag oder nicht, ohne Deliberation und Diskussion aller relevanten Angelegenheiten kann nicht endgültig bestimmt werden, für wen X spricht, und im Zweifelsfall lautet die Antwort: für niemanden außer für X und ihre Freunde. Ich glaube daher, dass Ihre ausgrenzenden Taktiken sowohl unklug wie repressiv sind und ich Sie daher nicht unterstützen kann, auch wenn ich mit Ihnen in der konkreten Frage zutiefst übereinstimme."[88]

Ganz normale Laster: Grausamkeit an erste Stelle setzen

Nach Abschluss des Hegel-Buchs fühlt sich Shklar „für den Moment ‚ausgeschrieben'".[89] Wieder ist sie bereit, sich neuen Themen zu widmen. War sie bisher als Expertin für die politische Theorie der Aufklärung, der Romantik und des deutschen Idealismus in Erscheinung getreten, macht sie nun eine Kehrtwende fort von Europa. Nachdem Louis Hartz, der amerikanische politische Theorie lehrte, 1977 das Department verlassen hat, soll sie seine Kurse übernehmen. Sie nutzt ein Sabbatjahr, um noch einmal die politische Geschichte Amerikas zu studieren. „Es tat sich eine ganz neue Welt auf. Sie hat den exotischen Charme einer fremden Kultur, und ich habe an ihr meine Freude." (OH V,3) Vor allem die Rolle der Sklaverei dominiert für sie dabei die Geschichte und das politischen Denken der Vereinigten Staaten, worin ein radikaler Unterschied zu der Entwicklung in Europa besteht. Die Frucht dieser Beschäftigung mit der amerikanischen Geschichte wird allerdings erst im Laufe der Achtzigerjahre sichtbar werden. In Wirklichkeit vollzieht sie alles andere als eine Abkehr von den Themen, die sie an der europäischen Erfahrung so fesseln, ihr Denken kreist weiter um die politischen Ausprägungen von Gewalt und Unterdrückung, die in der Geschichte der USA keine geringere Rolle spielen. Um dieses Bewusstsein zu präzisieren, wendete sie sich bereits Ende der Siebzigerjahre vor allem Montaigne zu, jenem „Musterbeispiel eines wahren Essayisten, der den experimentellen Stil meisterhaft beherrscht, indem er sich seinem Thema annähert und sich wieder entfernt, anstatt den Leser mit dem Holzhammer zu traktieren."[90] In den Schriften Montaignes und Montesquieus meint Shklar die aufrichtigsten und intensivsten Auseinandersetzungen mit dem Problem der Gewalt und der Grausamkeit zu entdecken, weshalb sie den vagen Plan fasst, dem von den beiden völlig unmetaphysischen Denkern entwickelten Begriff des Bösen nachzuforschen.[91] Daraus entsteht bald eine Abhandlung über säkulare Laster: „Während ich Montaigne las, wurde mir klar, dass er keine Tugenden predigte, sondern über unsere Laster nachdachte, vor allem über Grausamkeit und Verrat. Wie, dachte ich, sähe eine gewissenhaft durchdachte politische Theorie aus, die ‚Grausamkeit an erste Stelle setzt'? Als Ausgangspunkt diente die Überzeugung, dass die willentliche Zufügung von Schmerz ein uneingeschränktes Übel ist, und ich nahm mir vor, eine von Grund auf formulierte liberale Theorie der Politik zu entwerfen. [...] Das Buch, das um diese Ideen herum entstand, *Ganz normale Laster*, ist überaus tastend, eher eine Erkundung als eine Verkündung, eher ein Versuch der Sorge als der Tröstung." (LL 277)

Noch während der Arbeit an diesem Buch erläutert sie 1981 ihre Schreibmethode, die sich von ihren früheren Büchern durch einen höheren Grad an

Freiheit unterscheidet: „Zu Illustrationszwecken verwende ich fast ausschließlich Beispiele aus Literatur und Philosophie, weil ich der Meinung bin, dass Literatur nichts anderes ist als eine gesteigerte und abgeschirmte Version der Dinge, die in der Welt als Ganzer vor sich gehen." (OH V,13) Shklar wendet sich der Literatur zu, weil sie moralische Intuitionen abbilden kann, die sehr viel weniger klar zu artikulieren sind und daher seltener im Zentrum philosophischer Betrachtung stehen als die durch freischwebende Denkübungen geprägte Moralphilosophie oder die Themen jener großen ‚idealistischen' Theorien, die in der Folge von John Rawls' einflussreichem Buch *Eine Theorie der Gerechtigkeit* entstanden. Beiden wohnt die Tendenz inne, sich durch allzu große Abstraktion von der Wirklichkeit zu entfernen.[92] „Heute neigen Philosophen dazu, die Dilemmata moralischer Entscheidungen zu erläutern, statt den Charakter zu beschreiben, der fähig ist, mit diesen Entscheidungen zu leben",[93] fasst Michael Ignatieff seinerzeit die Situation der Moralphilosophie zusammen, während laut Katrina Forrester die Mehrzahl der politischen Philosoph:innen die „Prinzipien auf logischer Grundlage deduziert, anstatt dem Rousseau'schen Prinzip zu folgen, die ‚Menschen so zu nehmen, wie sie sind, und die Institutionen so, wie sie sein könnten'; sie begannen also mit den Prinzipien der Gerechtigkeit und beschrieben erst danach, wie die Individuen sein müssten, die diesen Prinzipien entsprächen."[94]

Shklar geht den umgekehrten Weg und beginnt weder bei idealen Institutionen noch bei auf Ausschließlichkeit hin konstruierten Entscheidungssituationen. Statt sich den Tugenden zuzuwenden und die Laster lediglich für deren Gegenteil zu halten, nimmt sie die einen ganzen Charakter bestimmenden Schwächen und Untugenden der Menschen selbst in den Blick. In *Ganz normale Laster*, das 1984 erscheint, bestimmt sie den Liberalismus als die Doktrin, die Grausamkeit für das Schlimmste hält, was Menschen einander antun können,[95] und zeigt, welche politischen Konsequenzen sich ergeben, wenn man die Laster in eine andere Reihenfolge bringt. In dieser Reihe von *essais* verbindet sie die Themen ihrer früheren Bücher: Dem Rousseau-Buch entstammt die Idee, in der politischen Theorie vor allen sonstigen normativen Grundannahmen die Rolle der Moralpsychologie und des persönlichen Charakters zu beachten; aus *Legalism* übernimmt sie die Verteidigung des Liberalismus als Rechtsprozeduralismus und die Notwendigkeit, den Pluralismus zu verteidigen und seine Schwierigkeiten zu ertragen; wie in *Freedom and Independence* macht sie sich gegen eine heroische Auffassung von Politik stark; und nicht zuletzt übernimmt sie aus *After Utopia* die Überzeugung, dass Politik „ein rein menschliches Urteil über menschliches Verhalten" ist (GnL 17), in dem religiöse, metaphysische oder geschichtsteleologische Erwägungen nichts zu suchen haben. Neu ist, dass sie die direkte Erfahrung von Furcht und Grausamkeit zur Grundlage aller weiteren Überlegungen macht und der Idee der Gerechtigkeit, die sie zu Anfang ihrer Karriere wegen eines Mangels an politischer Hoffnung noch für nicht mehr theoretisierbar erklärte, wieder größere Wichtigkeit einräumt. Trotz allem Minimalismus, der das Buch mit seiner scheinbar so pessimistischen Auffassung von

Politik auszeichnet, ist es doch von der Hoffnung beflügelt, eine „Demokratie des täglichen Lebens" und ein „negativer Egalitarismus" mögen im modernen liberalen Staat den Sieg davontragen – freilich immer im Wissen, dass man sich nie, aristotelisch, auf die Tugend der Bürger verlassen kann, sondern, kantisch, von ihren Lastern ausgehen muss (GnL 92, 39). „Der Grund, warum ich so viel Aufhebens um die ‚Teufel' aus dem *Ewigen Frieden* mache, ist, dass ich diese Sicht liberaler Regierungsführung verteidigen will",[96] schreibt sie ihrem Freund Rawls, der ihren offensiv unanalytischen Ansatz dafür gelobt hatte, Phänomene in den Blick zu bekommen, die ihm entgangen waren. Wie Kant ist sie der Meinung, eine gute Regierungsform müsse „selbst für ein Volk von Teufeln" zu begründen sein, auch dann, wenn manche Charaktere der Demokratie zuträglicher sein mögen als andere.[97]

Shklar schreibt *Ganz normale Laster* unter anderem in Oxford, am All Souls College, wo sie das Kapitel über den Verrat fertigstellt. Dort kann sie ihre alte Bekanntschaft mit Isaiah Berlin wieder auffrischen, der sie als Gastprofessorin eingeladen hat. Es ist das erste Mal, dass sie eine solche Einladung annimmt. Aber Shklar, die oft erklärte, in ihrem Leben genug gereist zu sein,[98] und die ihre Ferien meistens auf der Farm in New Hampshire verbringt, die sie mit ihrem Mann Anfang der Sechzigerjahre gekauft hatte, fällt es nun schwerer, sich den Folgen ihrer zunehmenden Popularität zu entziehen. In den Achtzigerjahren häufen sich Aufenthalte an Auslandsuniversitäten: Sie kommt auf Einladung John Dunns 1983 nach Cambridge, wo sie sich unter anderem mit dem Historiker Quentin Skinner und dem Philosophen Bernard Williams anfreundet, kehrt im selben Jahr und erneut 1986 nach Oxford zurück und hält 1987 und 1988 Vorlesungen in Jerusalem und Tel Aviv. „Ich habe aufgehört, marginal zu sein“, beklagt sich Shklar bereits Anfang der Achtzigerjahre, und spätestens mit dem Erhalt des mit 264 000 Dollar dotierten *Genius-Grant* genannten Fellowship der MacArthur-Stiftung im Jahr 1984 und der Wahl zur Präsidentin der 10 500 Mitglieder starken *American Political Science Association* (APSA) im Jahr 1989 kann sie die von ihr als natürlich betrachtete Außenseiterposition[99] endgültig nicht mehr für sich in Anspruch nehmen.

Späte Schlüsselwerke: Über Furcht, Ungerechtigkeit und Staatsbürgerschaft

Die Achtzigerjahre sind für Shklar wieder eine Phase höchster Produktivität. Neben *Ganz normale Laster* und einer 1987 erscheinenden kurzen Einführung in das Leben und Werk Montesquieus, dessen Verbindung aus psychologischem Vermögen und robustem Prozeduralismus sie auch indirekt als Heilmittel gegen den von ihr oft geschmähten Kommunitarismus empfiehlt,[100] schreibt sie vor allem eine unüberschaubare Anzahl von Aufsätzen und Rezensionen. Unter ihren Essays, von denen George Kateb einmal sagte, dass sie sich zu einem eigenen Werk summieren,[101] wird „Der Liberalismus der Furcht“ von 1989 die Rezeption ihrer Schriften wohl am nachhaltigsten bestimmen. Hier führt Shklar ihr radikal minimalistisches Konzept eines Liberalismus fort, der nicht von einem höchsten Gut, sondern einem schlimmsten Übel ausgeht, nämlich der Grausamkeit, der Furcht vor ihr und schließlich der Furcht vor der Furcht selbst.

Der enorme Erfolg dieses Textes birgt auf lange Sicht die Gefahr, ihr Denken auf diesen Negativismus zu reduzieren und ihn als Plädoyer für den Nachtwächterstaat libertären Zuschnitts zu halten. Ein Jahr später hat Shklar in einer weiteren Publikation Gelegenheit zu zeigen, welche positiven Folgen und staatlichen Anforderungen ein solcher nur scheinbar allen Vorannahmen entsagender Ansatz zeitigen kann. *Über Ungerechtigkeit*, das das Argumentationsmuster von *Legalism* auf die Gerechtigkeitstheorie anwendet, führt *Ganz normale Laster* fort und bietet gleichzeitig eine Präzisierung des Liberalismus der Furcht. Shklar beginnt damit, Ungerechtigkeit nicht einfach als das Gegenteil der Gerechtigkeit zu betrachten, wie es in der Tradition der politischen Philosophie üblich war, sondern sie als eigenständiges Phänomen anzuerkennen. Sobald man sich aber vom analytisch-lebensfernen, an der Metapher des objektiv urteilenden Gerichtshofs orientierten „gewöhnlichen Modells von Gerechtigkeit" (ÜU 31–33) abwendet und die Erfahrung der Ungerechtigkeit aus der Perspektive der Leidenden zum Ausgangspunkt nimmt, erweist sich die Grenze dessen, was ungerecht ist, als beweglich: Was vor hundert Jahren noch ein Unglück war, wie etwa eine Naturkatastrophe, kann heute zu einer Ungerechtigkeit werden, wenn die Gesellschaft, obwohl sie die technischen Mittel dazu besitzt, keine Hilfe leistet. Shklar findet für diese Fehlleistungen den Begriff „passive Ungerechtigkeit" (ÜU 67–83), in die wir immer wieder verwickelt werden, die sich ein Staat mit wirklich demokratischem Ethos aber eigentlich nicht erlauben darf. Der Liberalismus der Furcht wird hier keineswegs aufgehoben, sondern konsequent und im Bewusstsein der Charakterstudien aus *Ganz normale Laster* weiterentwickelt. Denn einerseits impliziert die Vermeidung der als grausam verstandenen passiven Ungerechtigkeit potenziell wohlfahrtsstaatliche Konsequenzen, und andererseits verlangt sie unter Umständen eine besondere „Staatsbürgerschaft der Wachsamkeit",[102] die ein ganz eigenes Charakterprofil voraussetzt.

Dass Staatsbürgerschaftsfragen eine immer wichtigere Rolle für Shklar spielen, liegt nicht zuletzt auch an ihrer langanhaltenden Beschäftigung mit dem politischen Denken der USA. In zahlreichen Essays behandelt sie die Legitimität einer genuin amerikanischen politischen Theorie. Lange Zeit hatte die Politikwissenschaft dazu tendiert, das amerikanische politische Denken entweder im Vergleich zum europäischen als nachgeordnet und unoriginell zu betrachten oder sich in vereinheitlichende Erklärungsmuster zu flüchten, die sich in der Annahme eines amerikanischen Exzeptionalismus und eines unangefochtenen liberalen Konsens in den USA niederschlugen, wie sie auch Shklars Lehrer Louis Hartz noch vertreten hatte. Bei ihrer Beschäftigung mit den Originalquellen aus der Zeit der ersten Unabhängigkeitsbestrebungen bis zur *Reconstruction* nach dem Bürgerkrieg stellt Shklar schnell die Borniertheit solcher Ansätze fest. Sie deutet das amerikanische politische Denken vor allem als einen Konflikt um Rechte, dem die schwarze Besitzsklaverei ihre besondere Schärfe verlieh und sich darin früh von der europäischen Entwicklung mit ihrem erfolgreichen Abolitionismus zu Beginn der Neuzeit abhebt. Die Formulierung eines Liberalismus der Rechte, den Shklar bei Jefferson seinen Ausgang nehmen sieht, stellt ein ideengeschichtliches Novum dar. Schließlich sei amerikanisches politisches Denken eben kein „sonderbares lokales Phänomen, ‚ein übel aussehend Ding, aber mein eigen', sondern in der Tat an sich bedeutsam. Selbst wenn man von der frühen Errichtung einer repräsentativen Demokratie und dem Fortbestand der Sklaverei absieht, ist das amerikanische politische Denken ganz einfach ein integraler Bestandteil der modernen Geschichte als ganzer." (LL 277) Daher fordert sie in ihrer Rede als Präsidentin der APSA 1990 programmatisch, „die amerikanische politische Theorie zu erlösen" – von dem Stigma nämlich, dass „unsere kleinlichen intellektuellen Zänkereien im Vergleich zum ‚wirklich Entscheidenden', den aus Feudalismus und Klassenkampf geborenen ideologischen Schlachten Europas, ein bloßes Schattenfechten" seien.[103]

Dass sie diesen Aufruf selbst ernst nimmt, beweist sie, indem sie sich der besonderen Auffassung von Staatsbürgerschaft widmet, die aus dieser amerikanischen Tradition hervorgegangen ist. Ihr schmales Buch *Wählen und Verdienen* behandelt zu Beginn die Gefahr der Sklaverei, die den marginalisierten Gruppen, die ihre vollen staatsbürgerlichen Rechte einklagten, in den USA sehr viel plastischer vor Augen stand als in Europa. Zusammen mit den proklamierten Rechten der Verfassung erzeugte diese Angst eine produktive Spannung, aus der sich alle politischen Emanzipationsbestrebungen bis in die Gegenwart speisten: „Von Anfang an wurden die radikalsten Forderungen nach Freiheit und politischer Gleichheit als ein Kontrapunkt gegen die Besitzsklaverei vorgebracht, jener extremsten Form von Knechtschaft, deren Folgen uns auch heute noch zusetzen." (AC 1) Die Besonderheit besteht für Shklar nun darin, dass sich der Kampf für gleiche Rechte in den USA nicht nur als Forderung nach politischen Partizipationsmöglichkeiten artikuliert, sondern dass die Stellung von Staatsbürger:innen stets auch von deren Beteiligung an der von Hegel so bezeichneten „bürgerlichen Gesellschaft" abhängt. Dazu gehört ganz wesentlich „die Vision von ökonomischer Unabhängigkeit, von selbstbestimmtem ‚Verdienen' als dem ethischen Fundament demokratischer Staatsbürgerschaft" (AC 67). Die volle Mitgliedschaft an der Gesellschaft der USA ergibt sich erst durch die Möglichkeit, aber nicht notwendig durch die Ausübung von politischer Teilhabe und Partizipation am Arbeitsmarkt; Wählen und Verdienen bilden für Shklar die beiden wesentlichen Merkmale amerikanischer Staatsbürgerschaft.

Amerikanischer Staatsbürgerschaft – denn von dem allgemeineren Status, überhaupt Bürger:in eines Staates zu sein, jenem „Recht, Rechte zu haben", das Hannah Arendt so eindringlich beschwor,[104] spricht Shklar hier nicht. Sie ist sich dessen vollauf bewusst. Staatsbürgerschaft bedeute, „dass eine Person Mitglied eines Staates ist, sei sie nun dort geboren oder eingebürgert. Eine solche Staatsbürgerschaft ist nicht trivial." Flüchtlingen und Exilant:innen bleibt diese grundlegende Anerkennung oft verwehrt. „Staatenlos zu sein", schreibt Shklar, „ist eines der schlimmsten politischen Schicksale, denen man in der modernen Welt ausgesetzt sein kann." (AC 4)

Das letzte akademische Projekt: Exil und Verpflichtung

Judith Shklar kannte die Leiden des Exils. Als Staatenlose im amerikanischen Auffanglager in Seattle hatte sie erfahren, was es bedeutet, in jenem Limbus zu schweben, der so oft das Schicksal von Flüchtlingen bestimmt, die vom eigenen Land verstoßen wurden und im fremden unerwünscht sind. Und gleichzeitig konnte sie fünfzig Jahre später als Bürgerin dieses Landes Bücher schreiben, die sie als Anhängerin seiner politischen Kultur ausweisen, für deren so uneuropäische Trennungen der Nationalität von der Staatsangehörigkeit, der gemeinschaftlichen Loyalitäten von den politischen Verpflichtungen, des *éthnos* vom *dēmos* sie tiefste Bewunderung verspürte. „Es gibt nur wenige neue amerikanische Bürger", erklärt Shklar zu Beginn von *Wählen und Verdienen*, „die sich dazu entschlossen haben, ihre Einbürgerungspapiere fortzuwerfen." (AC 4) Man darf annehmen, dass auch sie nicht dazu gehörte. Sie war so sehr Amerikanerin, wie sie Emigrantin blieb, was sie in eine Position versetzt, über beide mit mehr Autorität sprechen zu können als die amerikanischen Alteingesessenen oder die europäischen Nostalgiker:innen.

Ihr letztes Publikationsprojekt ist von der Absicht geprägt, sich dezidiert mit den Rechten und Pflichten von Exilant:innen zu beschäftigen. Von *Exiles*, wie das Buch hätte heißen sollen, kennen wir lediglich Vorarbeiten; neben Seminarnotizen für einen Kurs über politische Verpflichtungen – die inzwischen ediert vorliegen[105] – können uns nur die zwei überlieferten Vorlesungen eine Idee dieser Arbeit geben, in der die doppelte Perspektive als Emigrantin und Staatsbürgerin wohl ihre fruchtbarste Wirkung entfaltet hätte. „Exilanten können nicht, wie die meisten anderen, ihre politischen Verpflichtungen und Loyalitäten als einfache Gewohnheiten akzeptieren", schreibt sie 1992 im Manuskript der zweiten, nicht mehr gehaltenen Vorlesung.[106] Denn Verpflichtungen und Loyalitäten sind keineswegs dasselbe, was vor allem Vertreter:innen des Kommunitarismus mit ihrem Lob gemeinschaftlich geteilter Werte übersehen. Die politische Verpflichtung dem neuen Staat gegenüber, erklärt Shklar, liegen für Exilant:innen potenziell mit anderen emotionalen Loyalitäten in Konflikt, was in ihren Gastländern oft Misstrauen erwecke. Selbst Einwanderungsländer wie Kanada oder die USA errichteten daher nicht selten zu hohe Hürden, die Neuankömmlingen oft mehr abverlangten als nur Recht und Gesetz zu folgen. „Aber diese Hürden sind nichts im Vergleich zu jenen, denen Gastarbeiter, Lagerbewohner und dauerhaft als Flüchtlinge lebende Gruppen gegenüberstehen, die jeder staatsbürgerlicher Bindung und Hoffnung beraubt sind und mehr schlecht als recht in Ländern überleben, die nie jemandem außer den Angehörigen ihren eigenen Nationalität die Staatsbürgerschaft gewähren werden. Dies ist das Ergebnis, wenn man politische Verpflichtung von nationaler und ethnischer Gruppenzugehörigkeit und Loyalität abhängig macht." Und wie als Mahnung an den ‚Staatsbürger' Walzer setzt die ‚Exilantin' Shklar hinzu: „Wo Menschen ausgeschlossen werden, die dem Gesetz gehorchen würden, aber eine fremde Sprache sprechen, zeigen sich die primären und unüberwindlichen Defekte, die aus den tatsächlichen Folgen von gemeinschaftlichem Zusammenhalt erwachsen, der sonst so sehr als einziger belastbarer Grund für politischen Widerstand oder politischen Gehorsam gelobt wird. Es ist der Pfad der Ungerechtigkeit." (VLE 52–53)

Wie dieser Ungerechtigkeit zu entgehen und wie Abhilfe für das Fehlen eines „geteilten Sinns für das politisch Richtige" (VLE 54) zu schaffen ist, das wollte Shklar in den folgenden Vorlesungen ausführen, die 1993 als Seeley Lectures in Cambridge gehalten werden sollten. Shklar hatte vor, die noch verbleibenden drei Texte im Herbst 1992 in Angriff zu nehmen. Währenddessen wollte sie sich ihrem zweiten Buchprojekt zur Geschichte der amerikanischen politischen Theorie widmen, einen Vortrag in Paris halten und nach Siena und Padua reisen, wo sie in der Cappella degli Scrovegni noch einmal Giottos allegorische Abbildung der sieben Laster zu sehen beabsichtigte.[107] Dazu kam es nicht mehr. Am 11. September 1992 erlitt Judith Shklar, im Sommerhaus ihrer Familie in New Hampshire an ihrem Schreibtisch sitzend, einen Herzinfarkt. Sie wurde in ein Krankenhaus in Concord gebracht und zwei Tage darauf nach Boston verlegt. Ohne je ihr Bewusstsein wiederzuerlangen, starb sie dort am Morgen des 17. Septembers, eine Woche vor ihrem 64. Geburtstag und fast auf den Tag genau 53 Jahre, nachdem sie das Exil antrat, das wohl auch für sie die tiefste und unmittelbarste Erfahrung ihres Lebens war.

3. Shklar heute

Wenn es ein Wort gibt, das mit Judith Shklar am ehesten in Verbindung gebracht wird, dann lautet es: Liberalismus. Das liegt vor allem an dem Essay, den sie 1989 schrieb und der ihre Rezeption überproportional bestimmen sollte. „Der Liberalismus der Furcht“ eröffnete einen Sammelband, der das von der liberalen Theorie oft vernachlässigte „moralische Leben“ politischer Ordnungen zu kartieren suchte. Shklars Beitrag darin wurde bekannt, weil er eine andere Lesart der liberalen Tradition vorschlug, die vielen von linken und rechten Liberalismuskritiker:innen und Antiliberalen erhobenen Vorwürfen begegnete. Ende der Achtzigerjahre wollten vor allem die Vertreter:innen des sogenannten Kommunitarismus dem liberalen Individualismus – angeblich jeglichen moralischen Lebens beraubt – eine neue Gemeinschaftlichkeit entgegensetzen. Aber auch Adept:innen des eben wiederentdeckten Carl Schmitt, für den das Wesen des Politischen im Kampf zwischen Freund und Feind besteht, positionierten sich gegen den von ihnen als quietistisch geziehenen Liberalismus.

Der letzte Essay des Bandes, Stephen Holmes' „Die durchgehende Struktur antiliberalen Denkens“, stellte die ganze Liste der Vorwürfe auf, die Antiliberale von de Maistre bis Schmitt gegen den Liberalismus vorgebracht hatten. Holmes attestierte diesem Anschuldigungskatalog, sich bis in die Gegenwart kaum verändert zu haben:

> Sie klagten den Liberalismus an für seinen atomistischen Individualismus, seinen Mythos eines vorgesellschaftlichen Individuums, seine Indifferenz gegen Gemeinschaft, seine Leugnung, dass der Mensch einem größeren Ganzen zugehört, seinen Glauben an das Primat von Rechten, seine Flucht vor ‚dem Politischen', seine unkritische Feier ökonomischer Kategorien, seinen moralischen Skeptizismus (oder gar Nihilismus), seine Entscheidung, abstrakten Prozessen und Regeln gegenüber substantiellen Werten und Verpflichtungen den Vorzug zu geben, und schließlich sein heuchlerisches Vertrauen in den Schwindel, den man die „Neutralität des Rechts" nennt.[1]

Shklar hätte fast allen diesen von Holmes referierten Einwänden widersprochen: Ihr Liberalismus war nicht an ein bestimmtes Wirtschaftssystem gebunden, und sie schrieb sogar ein ganzes Buch über den Legalismus, die fragwürdige Ideologie der Neutralität des Rechtssystems. Zudem leugnete sie weder den Konflikt als Grundbedingung der Politik noch hielt sie Menschen für frei von kulturellen Prägungen. In vielen anderen Punkten nahm sie eine sehr viel nuanciertere Position ein: Obwohl sie sich zum Individualismus als Kernprinzip liberalen Denkens bekannte, dachte sie ihn nie atomistisch, sondern bettete ihn, wie wir noch ausführen werden, intersubjektiv in eine Vorstellung „verstrickter Freiheit" ein. Und obwohl „Gemeinschaft" ihr ein Reizwort war,[2] wusste sie doch um die Notwendigkeit und den Wert sozialer Gruppen in pluralistischen Gesellschaften. Weil Liberalismus oft eher eine Karikatur ist, die von ihren Gegner:innen gezeichnet wird, oder sich auf einige wenige kanonische Fälle bezieht – bis heute ist das vor allem John Rawls' Hauptwerk *Eine Theorie der Gerechtigkeit*,[3] das als maßgebliche Verteidigung des Liberalismus verstanden wird –, war es nicht die geringste Leistung Shklars, auf die Feinheiten aufmerksam zu machen, die liberales Denken jenseits seiner zahlreichen Zerrbilder aufweist.

Ihre konsequente Pluralisierung des Liberalismus – der ihr zufolge „eine Tradition von Traditionen" ist (GnL 10) –, knüpft an die plurale Verwendung des Begriffs selbst an.[4] Denn als Liberale bezeichnet man gemeinhin sowohl John Locke, der durch Kapitalanlagen vom Sklavenhandel profitierte, als auch die aus heutiger Sicht reaktionären Whigs des 19. Jahrhunderts, sowohl die radikal antikommunistischen *Cold War liberals* Karl Popper und Friedrich von Hayek als auch den eher links zu verortenden Richard Rorty.[5] Kaum weniger unklar als der Kanon des Liberalismus selbst ist auch seine kulturelle Herkunft. So sind die Vereinigten Staaten als das Land, das am ehesten mit dem Liberalismus als in seiner Geschichte vorherrschenden Kraft in Verbindung gebracht wird, erst spät zu ihm gelangt. Wie die Historikerin Helena Rosenblatt gezeigt hat, müsste man seinen Ursprung eher in Europa, genauer in Frankreich und Deutschland suchen – und dort eher als moralische denn als ökonomische Doktrin: Den frühen Liberalen ging es weniger um das Recht des atomistischen Individuums auf einen freien Arbeitsvertrag, sondern um die sittlichen Grundlagen eines Gemeinwesens, das nicht allein auf Selbstinteresse aufgebaut sein kann.[6] Damit ist auch die klassische Gegenüberstellung von Liberalismus und

Republikanismus – einer um Individuen und ihre Rechte zentrierten und einer auf gemeinschaftliche politische Verantwortung gebauten politischen Theorie – gar nicht so eindeutig; beide hatten ursprünglich viele Berührungspunkte.[7]

Solche Streitigkeiten um Genealogie und Ahnentafel des Liberalismus sind so alt wie die Diskussionen um seine Definition. Auch Judith Shklar hat sich an ihnen beteiligt und eine Reihe von Spielarten mit je eigener Geschichte beigefügt. Sie hat aber auch eine Linie liberalen Denkens freigelegt, die vor ihr noch unentdeckt war und die zu ihren denkwürdigsten Begriffsprägungen gehört: den Liberalismus der Furcht. Dessen einfach erscheinende Prinzipien, vorgetragen in klarer Sprache, besitzen für viele Leser:innen Shklars sofortige Überzeugungskraft: „Der Liberalismus hat nur ein einziges übergeordnetes Ziel – diejenigen politischen Bedingungen zu sichern, die für die Ausübung persönlicher Freiheit notwendig sind." Oder: „Jeder erwachsene Mensch sollte in der Lage sein, ohne Furcht und Vorurteil so viele Entscheidungen über so viele Aspekte seines Lebens zu fällen, wie es mit der gleichen Freiheit eines jeden anderen erwachsenen Menschen vereinbar ist." Und zentral: Der Liberalismus „bietet ganz sicher kein *summum bonum*, nach dem alle politischen Akteure streben sollten, sondern geht von einem *summum malum* aus, das wir alle kennen und nach Möglichkeit zu vermeiden trachten. Dieses Übel ist die Grausamkeit und die Furcht, die sie hervorruft, und schließlich die Furcht vor der Furcht selbst." (LdF 26–27, 43)

Der Kern der Shklar'schen Neubeschreibung des Liberalismus besteht demzufolge darin, kein höchstes Gut zu verfolgen, sondern ein höchstes Übel zu vermeiden: Grausamkeit und die systematische Furcht vor ihr. Die unmittelbare Plausibilität dieses Gedankens verleitet jedoch zu einer verengten Lektüre, wenn darüber der Rest ihres Werkes vergessen wird. Wer meint, dass mit dem Prinzip der Grausamkeitsvermeidung schon alles gesagt ist, was über den Liberalismus der Furcht zu sagen wäre, wird sowohl den normativen Gehalt als auch den Denkstil von Judith Shklar verfehlen. Wenn sie fordert, Grausamkeit an die erste Stelle der menschlichen Laster zu stellen, ist damit weniger eine direkte (und erschöpfende) Handlungsempfehlung für liberale Politik formuliert, sondern eine Umorientierung unseres Denkens und Argumentierens in politischen Dingen verlangt. Wir möchten zunächst diesen Denkstil würdigen, um auf dieser Grundlage dann das normative Profil des Liberalismus der Furcht zu skizzieren.

Zu Shklars Denkstil gehört erstens und ganz wesentlich ihr *Schreibstil*. Vor allem im Vergleich zu deutschen akademischen Satzgirlanden ist Shklars Prosa von eleganter Einfachheit. Das macht die Lektüre ihrer Texte zu einer Freude, kann aber gelegentlich auch über die Subtilitäten ihrer Argumentationsgänge hinwegtäuschen. Shklar geht es nie darum, ein analytisches Denkgebäude zu errichten, dessen Elemente deduktiv aus unzweifelhaften Grundsätzen hergeleitet werden. Stattdessen ist ihr Schreiben sehr viel tastender – sowohl skeptischer, was die Gewissheit letzter Überzeugungen angeht, als auch aufmerksamer, was die Vielgestaltigkeit der Phänomene betrifft, denen sie sich nähert. Ein typischer Shklar-Text ist, wie sie in *Ganz normale*

Laster formuliert, eher „ein Streifzug [...] als ein entschlossener Marsch auf ein Ziel hin", „eher eine Führung durch Verwirrungen, als ein Führer für Unschlüssige" (GnL 13, 249). Vergisst man das, kann man sich schnell dazu hinreißen lassen zu meinen, ihre eigene Position bereits entziffert zu haben, wo sie doch nur die erste von einer Reihe möglicher Haltungen durchgespielt hat, und die Einfachheit des Stils für inhaltliche Seichtigkeit zu halten. Genau das Gegenteil ist der Fall.

Denn zweitens spielt gerade die *genaue Beobachtung* in allen von Shklars Texten eine wichtige Rolle. Sie hat sie den Abstraktionen der analytischen Philosophie einmal als „eine weniger regelgebundene Phänomenologie" (ÜU 49) gegenübergestellt. Diese Offenheit für Phänomene, die von verschiedenen Seiten und vor allem aus verschiedenen Perspektiven beschrieben werden, erlaubt ihr eine Nuancierung, die kein Argument erreicht, das schlicht von Definitionen ausgeht und sie anschließend anwendet. Dabei greift sie auf ein breites historisches und literarisches Wissen zurück, aus dem sie ihre Beispiele zieht. Nicht zuletzt wird so das Geschichtenerzählen zu einer Methode, die Komplexität der Wirklichkeit vor den Kategorien einer nivellierenden Analyse zu bewahren. Das Besondere zu erhalten, auch da, wo es als Teil eines Allgemeinen fungiert, ist aber nichts anderes als ein Plädoyer für eine politische Urteilskraft.

Wie auch Hannah Arendt zielt Judith Shklar auf eine politische Theorie ab, die „von unten her, aus der behutsamen Verallgemeinerung von exemplarischen Einzelfällen und typischen Begebenheiten, ein Weg zu Bestimmungen [bahnt], die sich dann als tragfähige Basis einer normativen Theorie erweisen" sollen, wie Axel Honneth beobachtet hat.[8] Dabei würde eine Shklar'sche Konzeption politischer Urteilskraft sich allerdings durchaus von der von Arendt vertretenen abheben. Bei Arendt dient der Urteilsprozess gerade einer Reinigung der nur subjektiven Merkmale von politischen Urteilen, die den Filter der „Publizität", der öffentlichen Mitteilbarkeit, passieren sollen. Shklar dagegen besteht darauf, den Stimmen der wirklichen und möglichen Opfer der Grausamkeit und aller weiteren unserer „ganz normalen Laster" Gehör zu schenken, egal wie laut oder leise, bedacht oder ungestüm, unparteilich oder parteilich sie auftreten. Shklars liberale Urteilskraft weist individuellen Perspektiven gerade in ihrer Subjektivität einen zentralen Platz in der liberalen Theorie und Praxis zu.[9]

Shklars Liberalismus der Furcht und ihre liberale Urteilskraft sind aber nicht nur „weniger regelgebunden", sondern basieren drittens auch auf einer *negativen Phänomenologie*. Der Liberalismus der Furcht nimmt seinen Ausgangspunkt nicht bei hehren Zielen wie republikanischer Gemeinschaftlichkeit, aristotelischer Eudaimonia oder der romantischen Selbstentfaltung der eigenen Persönlichkeit. Stattdessen setzt Shklar wieder beim Konkreten an – und weniges ist konkreter als die Affekte der Abwehr, die Situationen der Furcht und der Grausamkeit, die uns in Geschichte und Geschichten so zahlreich vor Augen stehen. Negative Phänomene sind, so kann man Shklar verstehen, in ihrer Phänomenalität klarer zu fassen als positive. Dazu kommt, dass sie in den Abstraktionen der Philosophie und politischen Theorie oft unsichtbar gemacht werden. Ihre Entscheidung, sich statt der Gerechtigkeit der *Un*gerechtigkeit zuzuwenden, ist Folge der Beobachtung, dass negative Phänomene nicht einfach das Gegenteil ihres positiven Begriffs sind – so als ginge es hier nur um das logische Negationszeichen, das vor einen Ausdruck gesetzt werden muss. Stattdessen haben sie – nicht nur der Schmerz, sondern auch das individuelle Gefühl erfahrener Ungerechtigkeit – ihre eigene Wirklichkeit und Besonderheit (ÜU 34).

Man könnte all das Shklars Konkretismus nennen: Statt positiver Abstraktion wendet sie sich der negativen Konkretion zu. Auch das ist Teil der liberalen Urteilskraft. Dahinter steht nicht zuletzt die Überzeugung, dass Individuen, nicht verallgemeinerte Ideale, Gegenstand der Politik sind. Der Liberalismus ist dadurch keinesfalls leer – so, als sei er nur der Rahmen, innerhalb dessen man eben tun kann, was man will.[10] Auch Shklar glaubt an liberale Tugenden und wiederholt nennt sie Weltoffenheit, Toleranz, Großzügigkeit und den Einsatz für die Schwächsten. Doch diese Tugenden sollten politisch höchstens ermutigt, aber nie erzwungen werden – hier lauert wieder Grausamkeitspotential.

Die besondere Aufmerksamkeit für die Kontextgebundenheit unserer politischen Urteile mündet bei Shklar allerdings nicht in eine relativistische Position. Stattdessen bringt sie ihre weniger regelgebundene und negative Phänomenologie zu einer Haltung, die man viertens einen *universalistischen Kontextualismus* nennen könnte. Dieser paradox anmutende Titel will sagen, dass Shklar weder relativistisch argumentiert – auch wenn sie stets auf die Kontingenz aller Werturteile hinweist – noch absolute Allgemeingültigkeit beansprucht – auch wenn sie sich durchaus in einer kosmopolitischen Tradition sah, deren Prinzipien tendenziell überall gelten sollten. Stattdessen verfolgte sie ein recht komplexes Modell abgestufter Wertquellen.[11] Deren erste war tatsächlich so etwas wie Schmerz und Furcht als anthropologische, für alle Menschen geltende Größen, die liberale Politik, von allen kulturellen Differenzen abgesehen, vermeiden soll. Kontextuell wird diese Wertquelle aber, wenn sie die historisch wandelbaren Gründe für Furcht berücksichtigt, die eben andere und komplexere als körperlicher Schmerz und physische Grausamkeit sein können. Und schließlich sind diese beiden Wertquellen nicht absolut, sondern haben eher die Funktion von Lückenbüßern, die immer dann einspringen, wenn die Betroffenen nicht gehört werden können. Als dritte und wahrscheinlich wichtigste Quelle muss daher die Stimme der Opfer gelten sowie der Imperativ, sie hörbar zu machen.

Denn auch wenn Shklar keine Positivistin war, so wandte sie sich doch gegen jene interpretative Sozialwissenschaft, die für eine ganze Kultur oder Gruppen als geschlossenes Ganzes spricht und damit die Perspektive und Selbstdeutungen der advokatorisch vertretenen Einzelnen zu übertönen droht. Shklar widersetzt sich solchen usurpatorischen Interpretationen, die alternative Auslegungen, und damit eine öffentliche und pluralistische Diskussion unterminiert. Hinter dieser Haltung steht eine normative demokratische Theorie: Keine Interpretation, so Shklar, darf der Selbstaussage der Betroffenen Gewalt antun, was sie vielen ihrer Kolleg:innen – zumal denen, die auf eine übergeordnete Gemeinschaft verweisen – immer wieder vorwarf. Das Verstummenlassen ist ein spezifisch demokratisches Übel, denn in einer Demokratie muss jede Stimme gehört werden.

Fünftens schließlich zeichnet Shklars Denkstil aus, dass sie unumwunden die ideologische Einbettung ihrer Theorie zugibt, statt Neutralität zu reklamieren. Dabei arbeitet sie mit einem starken, aber zugleich *deflationären Ideologiebegriff.* So ist Ideologie bei Shklar kein „falsches Bewusstsein", kein absoluter „Verblendungszusammenhang", dem nur berufene Interpret:innen – die von ihm selbst merkwürdigerweise nicht berührt sind – entgehen und den sie demaskieren können. Ideologie als übermächtige Determinante und zugleich durchschaubarer Schleier erschien ihr widersprüchlich, wie sie vor allem in ihrer frühen Kritik an Karl Mannheims Wissenssoziologie ausführte.[12] Dem setzt sie Ideologie als schlichte epistemische Notwendigkeit entgegen: Politische Überzeugungen (die freilich weniger fein verästelt in das Leben der Einzelnen eingreifen als es etwa die Kritische Theorie annimmt) sind nichts als notwendige Orientierungen für das Denken und Handeln in einer unübersichtlichen Welt. Sie gelten für jeden – niemand ist selbst unideologisch, auch politische Theoretiker:innen nicht.

So geht es Shklar um die grundsätzliche Anerkenntnis der eigenen ideologischen Bindungen in den Geisteswissenschaften, die aber den Objektivitätsanspruch der Sozialwissenschaften keineswegs unterläuft, solange sie offen sind für die Standortgebundenheit von politisch sich artikulierenden Stimmen. Nur eine solche Reflexivität kann zeigen, wie mit dem unauflöslichen intellektuellen Pluralismus, der Vielzahl gleichzeitig existierender Überzeugungen in modernen säkularen Gesellschaften, auch praktisch umzugehen ist.[13] Die liberale Perspektive Shklars ist sich überdies darüber im Klaren, welche Gefahren von nicht-reflexiven Ideologien ausgeht, die diesen Pluralismus leugnen oder überwinden wollen, Harmonie predigen statt Widerspruch anerkennen, und so in scheinbarer Beilegung von Konflikten in Wirklichkeit der Repression und Exklusion den Boden bereiten.[14]

All diese Aspekte von Shklars Denkstil – das narrativ-tastende Moment ihres Schreibens, ihre weniger regelgebundene und negative Phänomenologie, der universalistische Kontextualismus und der deflationäre Ideologiebegriff – beruhen wiederum auf einer Grundüberzeugung: Shklars Skeptizismus. Auch er ist nuanciert. Nie geht es ihr darum, eine eindeutige Lösung zu präsentieren. „Das Bedürfnis, ein Fazit zu ziehen, erscheint mir ehrlich gesagt ein wenig kindisch, und ich denke, das Verlangen nach einem Märchenende ist einem [...] nicht abschließbaren Diskurs nicht angemessen." (VLE 54) Alles Denken ist Zweifeln. Aber dieser Zweifel ist doch nicht total, sein Gegenstand nicht Wissen und Erkenntnis überhaupt, sondern eher die Folgen bestimmter Handlungsentscheidungen und Organisationsformen: Ihr Skeptizismus ist politisch, nicht epistemisch.[15]

Welches normative Profil gibt diese dezidiert politische Skepsis dem Liberalismus der Furcht? Wir begnügen uns hier mit einigen Stichpunkten, die dann in den folgenden drei Kapiteln anhand konkreter politischer Themen ausbuchstabiert werden. Wichtig ist uns dabei: Entgegen anderslautender Vermutungen ist das normative Profil von Shklar nicht das eines minimalistischen, konservativen Liberalismus, der die Aufgaben und Möglichkeiten politischer Gestaltung allein auf die Herstellung von Sicherheit beschränken will und sonst keinerlei positive Inhalte aufweist.[16]

Das wird schon an dem Gewicht deutlich, das Shklar dem „negativen Egalitarismus“ gibt, einem Prinzip, das für sie mit der Vermeidung von Grausamkeit verbunden ist und das wir im folgenden ersten Kapitel genauer einführen werden. Weil übermäßige Ungleichheit grausame Handlungen begünstigt, muss sie politisch auf Distanz gehalten werden – und zwar ohne der Versuchung zu erliegen, absolute Gleichheit zu einem erstrebenswerten Ideal zu erklären. Wie Ungleichheit ist auch Intoleranz ein Grund für Grausamkeit. Daher ist der Liberalismus der Furcht auf die „fraglose Akzeptanz kultureller Vielfalt“ aufgebaut (GnL 36). Das gilt insbesondere im heute in so gut wie allen westlichen Staaten herrschenden Pluralismus, den Shklar treffend als Merkmal einer „Gesellschaft von Fremden“ bezeichnet – einer Gesellschaft, deren unterschiedliche Gruppen von keiner übergeordneten Loyalität zusammengehalten werden.[17] Die Freiheit von der Furcht, um die es dem Liberalismus der Furcht zu tun ist, kann, so Shklar, weder losgelöst von ihren gesellschaftlichen Ermöglichungsbedingungen gedacht werden, noch von der politischen Aufgabe, diese Bedingungen aktiv zu gestalten.

Diese Gestaltung aber, das wird in Shklars späten Schriften immer deutlicher, ist keine Sache kluger und wohlwollender Eliten, die etwa allein eine besondere Sensibilität für die Gewaltgeschichte insbesondere des 20. Jahrhunderts an den Tag legen. Vielmehr können die konkreten und sich wandelnden Bedingungen der Freiheit von Furcht und die Hindernisse, die ihnen entgegenstehen, nur in einem demokratischen Prozess „von unten" sichtbar gemacht und auf die politische Tagesordnung gesetzt werden. Wenn man Shklars Schriften der 1980er und frühen 1990er Jahre dabei aus der Perspektive der Demokratietheorie liest, wird deutlich, dass sie demokratischen Prozessen mehr Raum für (auch negative) Affekte und die mit ihnen verbundenen Konflikte zugesteht, als es andere vergleichbare Theoretiker:innen tun. Aus diesem Grund ist Shklar jüngst auch als liberale Vertreterin einer „agonalen" Demokratietheorie charakterisiert worden. Statt das stete Hinarbeiten auf Konsens und Verständigung, gar mit dem Ziel umfassender gesellschaftlicher Harmonie, betont sie eher die eine demokratische Gesellschaft auszeichnenden Konflikte, die völlig aufzulösen kaum möglich, aber auch kaum wünschenswert ist.[18] Wir stimmen dieser Charakterisierung zu – solang sie nicht vergessen macht, dass Judith Shklar uns zwar dazu auffordert, politischen Dissens und die damit verbundenen Aushandlungsprozesse auszuhalten, uns aber nie verspricht, dass der politische *agon* seine Kosten und Risiken je aufwiegt; weder mit der „Freude, sich auszuzeichnen" (Arendt) noch mit dem lustvoll emanzipatorischen Handeln, das andere agonistische Theoretiker:innen metaphorisch mit dem spielerischen Wettkampf des *agon* in Verbindung bringen.

Diese Merkmalsliste ist nur als erste Orientierung gedacht, die wir in den folgenden Kapiteln mit

Leben füllen wollen. In ihnen diskutieren wir die Frage, wie man heute im Sinne des Liberalismus der Furcht Politik denken kann, an drei kontroversen, unsere Gegenwart bestimmenden Beispielen: dem Sprechen mit und für die Opfer – das in der Diskussion um soziale Gerechtigkeit und Identitätspolitik eine stete Rolle spielt –, der Ungerechtigkeit als Folge von Nichthandeln – wie sie für die Klimapolitik immer wichtiger wird – und schließlich der Verpflichtungen von Staatsbürger:innen gegenüber politischen Gemeinwesen – die gerade im Kontext globaler Flucht- und Migrationsbewegungen aufgeworfen wird. Bei all diesen Beispielen scheint es zunächst fraglich, ob ausgerechnet der Liberalismus etwas zu ihnen beitragen kann. Er kann, meinen wir, wenn man ihn mit Shklar versteht: nicht als Handlungsrezept, sondern als eine bestimmte, einzuübende Form liberaler Urteilskraft. Sie macht Shklar auch heute, für unsere Gegenwart relevant.

3.1. Aus Sicht der Opfer: Mit ihnen, über sie und für sie sprechen

Judith Shklars Liberalismus der Furcht betrachtet Grausamkeit als *summum malum*, als das höchste zu vermeidende Übel, und „die Schwachen und die Mächtigen" als „die Grundeinheiten des politischen Lebens" (LdF 40–41). Und weil die Schwachen stets Gefahr laufen, der Grausamkeit der Mächtigen anheim zu fallen, spielt für Shklars Theoriearchitektur die Figur des Opfers eine herausragende Rolle. Darin erweist sie sich einerseits als Kind ihrer Zeit: Ihre politische Theorie trägt der Gewaltgeschichte des 20. Jahrhunderts Rechnung, die sie am eigenen Leib erlebte. Andererseits aber lässt sie die Entscheidung, politische Fragen aus dem Blickwinkel der Opfer von Grausamkeit und Ungerechtigkeit zu denken, als geradezu ihrer Zeit voraus erscheinen. Ihr Werk antizipiert Phänomene, die heute oft mit besorgtem Unterton unter den Schlagworten „Opferkult" oder „Opferkonkurrenz" diskutiert werden.[1] Tatsächlich ist das Opfer – als Konzept, das nicht nur die Toten, sondern auch die Lebenden bezeichnet – ein Schlüsselbegriff sowohl des 20. wie des beginnenden 21. Jahrhunderts. Es verbindet die Aushandlung geteilter Erinnerungen an historische Gewalterfahrungen und gegenwärtige Grausamkeiten mit Debatten über Diskriminierung, soziale Teilhaberechte und Traumata,[2] die, wo sie als ‚identitätspolitische' geführt werden, heute zutiefst politisiert und emotionalisiert sind. Weil Shklars Theorie das Opfer derart ins Zentrum rückt, erlaubt sie es, beide Bedeutungen im Blick zu behalten, ohne die jeweils andere zu trivialisieren.

Die Opfer ganz normaler Laster

Die französische Feministin Caroline Fourest beginnt ihre Streitschrift *Generation beleidigt* mit der folgenden Anekdote: Die Graphic Novel *Noire. La Vie méconnue de Claudette Calvin*, verfasst von der mit Fourest befreundeten Schriftstellerin Tania de Montaigne, sollte ins Englische übersetzt werden. Der amerikanische Verlag hatte Bedenken, den Titel mit „Black" zu übersetzen: Die Zeichnerin ist weiß und der Band könne den Vorwurf der „kulturellen Aneignung" auf sich ziehen.[3] Fourests Befund: Hier solle einer Künstlerin wegen ihrer Hautfarbe verboten werden, sich in aufklärerisch-kritischer Absicht mit dem Thema Rassismus zu befassen. Sie gelangt zu der mahnenden Zeitdiagnose:

> Weit davon entfernt, die ethnisierenden Kategorien der suprematistischen Rechten in Abrede zu stellen, bestätigt die identitäre Linke sie und schließt sich selbst darin ein. Statt Vielfalt und Mischung zu erstreben, zerteilt sie unser Leben und unsere Debatten in ‚rassifiziert' und ‚nichtrassifiziert', bringt die einen Identitäten gegen die anderen auf und setzt schließlich die Minderheiten in Konkurrenz zueinander. Statt sich eine neue, mannigfaltigere Welt vorzustellen, ergeht sie sich in Zensur. Das Ergebnis ist ein geistiges und kulturelles Ruinenfeld, das den Nostalgikern der Herrschaft zu Gute kommt.[4]

Um den Opfern von Rassismus Gerechtigkeit widerfahren zu lassen, würden also bewusst neue, unschuldige Opfer geschaffen: Opfer von Zensur, Sprach- und sogar Denkverboten – Phänomene, die das Herz einer freiheitlichen Gesellschaft bedrohen. Auch wenn man den Alarmismus von Fourest nicht teilen mag, die das republikanische Frankreich als letzte Bastion gegen einen linksidentitären amerikanischen Kulturimperialismus darstellt, ist die Situation vertrackt.

Shklar verstand sich auf vertrackte Situationen. Um den Mechanismus von Opferidentifikation und -produktion zu durchdringen, lohnt ein Blick auf jene „ganz normalen Laster", die Shklar beschrieb – jene kleinen Charakterschwächen und Verfehlungen im Umgang mit unseren Mitmenschen, die uns im Alltag regelmäßig begegnen, bei ehrlicher Betrachtung auch selbst unterlaufen. Ihre abwägende Analyse gibt auch Aufschluss auf die Fragen, die hinter Fourests Einspruch stehen: Kann man – und wenn ja, wer – für die Opfer sprechen? Oder führt das nur zu neuen Ausschlüssen und Ungerechtigkeiten?

Zu diesen alltäglichen Lastern zählt etwa die Heuchelei, um deren Fallen es auch in der von Fourest geschilderten Anekdote und in vielen identitätspolitischen Debatten geht: Wer ist wirklich aufrichtig, wenn er oder sie sich auf gut klingende Prinzipien wie etwa „Anti-Rassismus" beruft, und wer stellt diese Werte nur zur Schau, um aufmerksamkeitsökonomische oder tatsächliche Gewinne zu erzielen? Auch ein anderes von Shklar als alltäglich bezeichnetes Laster wird in identitätspolitischen Kontroversen regelmäßig verhandelt, nämlich der Snobismus. Kann es in einer liberalen Demokratie legitim sein, unsere Zugehörigkeit zu bestimmten Gruppen in der Öffentlichkeit auszuspielen, indem wir eine herausgehobene Diskursposition reklamieren oder unser Gegenüber unsere in unserer Gruppenzugehörigkeit gründende Überlegenheit in anderer Weise spüren lassen? Die Frage ist auch, ob man beides, das Laster der Heuchelei und jenes des Snobismus, überhaupt gleichzeitig umgehen kann. Denn die Vermeidung gruppenspezifischer Überheblichkeiten kann uns unversehens zu Heuchler:innen machen, die falsche Bescheidenheit vorgeben.

Eine Welt ohne diese „ganz normalen Laster" ist deswegen kaum vorstellbar. Oft können wir über sie hinwegsehen und versuchen, es beim nächsten Mal besser zu machen. Doch ab wann werden sie für das Zusammenleben von Bürger:innen in einer liberalen Demokratie zum Problem? Und, für Judith Shklar mindestens genauso wichtig: Wann sind sie, obwohl sie ärgerliche Laster sind, gerade *kein* Problem, sondern eine wichtige Ressource liberaler Demokratien? Wenn wir Grausamkeit an erste Stelle setzen, so Shklars Überlegung, können wir beide Fragen differenziert beantworten. Und solche differenzierten Antworten sind heute gefragt: Wer zählt als Opfer? Verdienen alle Opfer sozialer Exklusion gleichermaßen unsere Sympathie und unsere Unterstützung? Was bedeutet es überhaupt, Opfer zu „unterstützen", und in welche Fallen können wir dabei treten? Auf der anderen Seite: Welche Debatten, gegenseitigen Anschuldigungen, welche Politisierungen des Privaten mögen uns zwar manchmal auf die Nerven fallen, vielleicht gar den Rahmen eines gepflegten Austausches von guten Argumenten und noch besseren Gegenargumenten sprengen – aber dennoch etwas sein, was wir als Einwohner:innen eines demokratisch regierten Landes (gern) aushalten?

Was bedeutet es, Grausamkeit an erste Stelle zu setzen?

Spricht Shklar von Opfern, dann geht es ihr in erster Linie um Opfer von *Grausamkeit* – erst danach spielen die Opfer jener ganz normalen Laster eine Rolle, denen wir tagtäglich begegnen. So gesehen ist Grausamkeit gleich auf zweifache Weise besonders: Einmal als das, was als *summum malum* um jeden Preis zu vermeiden ist (GnL 16); keine Politik, die sich der Grausamkeit bedient oder sie willentlich in Kauf nimmt, ist aus einer liberalen Perspektive hinnehmbar. Darüber hinaus aber wird in Shklars Liberalismus die Grausamkeit auch zu einem Kriterium des politischen Urteilens, das als absolutes Übel die Beurteilungsgrundlage aller anderen Vergehen bildet.

Shklar versteht unter Grausamkeit, „einem schwächeren Wesen willentlich körperlichen Schmerz zuzufügen, um Furcht und Leid zu erzeugen."[5] Drei Aspekte dieser Definition verdienen, hervorgehoben zu werden: Erstens bestimmt Shklar Grausamkeit als ein Phänomen, das durch ungleich verteilte soziale oder politische Macht begünstigt wird – zu Grausamkeiten kommt es im Verhältnis zwischen „stärkeren" und „schwächeren" Lebewesen.[6] Zweitens geschieht Grausamkeit „willentlich" und ist nicht bloß eine nicht-intendierte Nebenfolge anderer Handlungen. Und drittens bezieht Shklar ihre Definition von Grausamkeit zunächst auf Angriffe gegen die *körperliche* Unversehrtheit von Lebewesen. In *Ganz normale Laster* merkt sie an, dass es auch „moralische Grausamkeit" gibt, nämlich die „willentliche und anhaltende Demütigung, an deren Ende die Unfähigkeit des

Opfers steht, weder sich noch anderen zu vertrauen“ (GnL 48). Die physisch versehrende Grausamkeit bleibt aber immer der ausschlaggebende Referenzpunkt ihrer Argumentation.[7]

Die Vermeidung von Grausamkeit als politische Forderung führt Shklar dabei nicht in eine minimalistische Politikkonzeption, die staatliches Handeln allein auf die Sicherung körperlicher Unversehrtheit beschränken will – auch, wenn dies leider ein anhaltendes Missverständnis in der Shklar-Rezeption bleibt. Dass sie den Kern von Shklars politischer Theorie verfehlt, machen zwei politische Prinzipien deutlich, die daraus folgen, die Vermeidung von Grausamkeit zum Kriterium politischer Urteile zu machen: ein „negativer Egalitarismus“ einerseits und die „fraglose Akzeptanz von kultureller Vielfalt“ andererseits (GnL 36). Beide Prinzipien begründet Shklar nämlich im Rekurs auf die Grausamkeit.

Soziale Ungleichheit, erklärt Shklar, zieht ungleich verteilte Macht nach sich. Die Differenz zwischen Starken und Schwachen wiederum macht grausame Handlungen wahrscheinlicher. Aus diesem Grund sind alle Formen von sozialer Ungleichheit kritisch zu beobachten und extreme Ungleichheitsverhältnisse zu verhindern – das ist ihr „negativer Egalitarismus“. Er entspringt der „Furcht vor den Folgen der Ungleichheit und vor allem vor der blendenden Wirkung der Macht, die den, der sie besitzt, aller Zurückhaltung beraubt“. (GnL 39) Wichtig für Shklar ist hierbei: Der Umkehrschluss, demzufolge Gleichheit ein erstrebenswertes Ideal ist, ist für die Konsistenz dieser Argumentation nicht nötig (GnL 38). Im Gegenteil, staatlich verordnete und durchgesetzte Gleichheit hat die Tendenz, wieder selbst zur Quelle von Grausamkeit zu werden. Hier zeigt sich die für Shklar typische Strategie der Rechtfertigung *ex negativo*: Statt ein Begründungsfundament auf positive Prinzipien zu errichten, also etwa dem der Gleichheit, zieht sie ihre Schlüsse aus den Konsequenzen negativer Phänomene, die es zu verhindern gilt.

Ähnlich präsentiert sich auch Shklars Argumentation für die „fraglose Akzeptanz kultureller Vielfalt" – also Pluralität –, die sich einer generalisierenden hierarchischen Rangfolge von Kulturen und Milieus in einer Gesellschaft enthält. Der Gedanke dahinter lautet, dass die Behauptung kultureller Überlegenheit, die stets die alte Dichotomie von „zivilisiert" versus „barbarisch" fortschreibt, nur allzu oft dazu dient, Grausamkeit unsichtbar zu machen oder gar zu rechtfertigen (GnL 36).

Die Grausamkeit an erste Stelle zu setzen begründet also zwei Prinzipien, zwischen denen sich auf den ersten Blick ein Widerspruch aufzutun scheint: Die Kritik der Ungleichheit mag die fraglose Akzeptanz kultureller Vielfalt zuweilen erschweren. Die notorischen Debatten um das Kopftuch im Islam sind hier ein gutes Beispiel: Sehen wir in ihm ein Symbol regressiver Geschlechternormen, die zur Unterdrückung der Frau beitragen, oder ein Symbol der freien Ausübung religiöser Überzeugungen? Eine Kritik der Ungleichheit scheint die erste Perspektive nahezulegen, die fraglose Akzeptanz kultureller Vielfalt die zweite. Doch der vermeintliche Zielkonflikt erweist sich in Wirklichkeit nur als Auftrag zu einer differenzierten Urteilsbildung: Die erste Sichtweise taugt aus der Perspektive eines Liberalismus der Furcht nicht zum Argument, weil sie in einer derartigen Allgemeinheit tatsächlich nur negative gesellschaftliche Stereotype verstärkt, die bereits heute zur Alltagsdiskriminierung von muslimischen Frauen wesentlich beitragen.[8] Auch die zweite Sichtweise bietet gerade dann kein gutes Argument, wenn sie im Zeichen übermäßiger Nachsicht für bestimmte soziale Gruppen die Kritik von konkreten Ungleichheitsverhältnissen verunmöglicht. Wenn wir unsere Urteile an der Maxime der Vermeidung von Grausamkeit orientieren, können wir unseren Blick nicht pauschal auf bestimmte soziale Gruppen lenken, sondern müssen konkrete Akteur:innen und ihre Handlungen in den Blick nehmen. Grausamkeit an erste Stelle zu setzen hilft, in „einem gegebenen Moment das Opfer zu identifizieren" (GnL 32) – aber dies entledigt uns nicht der Zweifel und Widersprüche der gesellschaftlichen Realität.

Der Sinn für Ungerechtigkeit artikuliert sich

Die Fokussierung des Liberalismus der Furcht auf willentlich grausame Handlungen bedeutet allerdings nicht, dass er gegenüber strukturellen Problemen blind wäre. Dies wird deutlich, wenn man das Verhältnis zwischen Grausamkeit und Ungerechtigkeit genauer betrachtet – ein weiterer zentraler Begriff des Liberalismus der Furcht. Grausamkeit und Ungerechtigkeit wirken in der spezifischen Weise zusammen, in der der Liberalismus der Furcht politische Urteile fällt.[9]

Hannah Arendt schrieb in *Das Urteilen*, ihren posthum veröffentlichten Reflexionen über die politische Urteilskraft, dass für diese ein „Kriterium" und ein „Maßstab" des Urteilens zu benennen seien. Das Urteilskriterium scheidet diejenigen Handlungen, die wir billigen, von jenen, die wir missbilligen. Mit dem Urteilsmaßstab meint Arendt das Vermögen, das es uns erlaubt, das Kriterium in der politischen Wirklichkeit überhaupt „messbar" zu machen.[10] Arendt selbst schlug, inspiriert von Kants Konzeption der ästhetischen Urteilskraft, vor, dass das Kriterium des politischen Urteilens die Mitteilbarkeit sei – demnach sollte man nur solche Geschmacksurteile billigen, die der Öffentlichkeit bedürfen, um ihren Zweck zu erreichen. Der Maßstab des Urteilens, der es uns überhaupt erst erlaubt, die Mitteilbarkeit oder Nicht-Mitteilbarkeit eines Geschmacksurteils zu bewerten, ist Arendt zufolge der „Gemeinsinn" oder *sensus communis* – ein Sinn, der „auf die Vorstellungsart jedes andern in Gedanken (a priori) Rücksicht nimmt" und, in vorgestellter Gemeinschaft aller, ihre möglichen Urteile abwägt.[11]

Judith Shklar konnte mit Arendts Interpretation von Kants *Kritik der Urteilskraft* nur wenig anfangen – sie schien ihr gegen alle Regeln der ideengeschichtlichen Interpretationskunst zu verstoßen.[12] Dennoch ist auch Shklar eine Theoretikerin, die weniger nach universalen Begründungen als nach klugen politischen Urteilen, weniger die felsenfeste Regel als die der Situation angemessene Bewertung sucht.[13] Und so lässt sich auch die Arendt'sche Differenzierung zwischen einem Kriterium des politischen Urteilens und einem Maßstab, anhand dessen man einen bestimmten Wert als wünschenswert oder problematisch bemisst, auch auf Shklars Liberalismus der Furcht übertragen: Wenn Grausamkeit als schlimmstes Laster das Urteilskriterium bildet, dann ist der „Sinn für Ungerechtigkeit" der Maßstab des Liberalismus der Furcht, das heißt das Vermögen, das es erlaubt, mögliche grausame Handlungen überhaupt zu erkennen.[14]

Als Sinn für Ungerechtigkeit bezeichnet Shklar den „Zorn, den wir dann empfinden, wenn man uns versprochene Vorteile vorenthält und wir nicht bekommen, was uns unserer Meinung nach zusteht. Es ist der Verrat, den wir erfahren, wenn andere die Erwartungen enttäuschen, die sie in uns geweckt haben." (ÜU 137) Shklar geht davon aus, dass wir diesen Sinn ab einem bestimmten Alter schlicht besitzen. Sie folgt hierin Rousseau, in dessen pädagogischem Roman *Émile* der titelgebende Knabe eine urtümliche Wut verspürt, als ein Gärtner den von ihm gepflanzten und gehegten Bohnenstock einfach ausreißt (ÜU 144). Dass diese Einsicht in ein intuitives Ungerechtigkeitsgefühl auch von entwicklungspsychologischen Untersuchungen unterstützt wird, ist für Shklar nur die Bestätigung des Offensichtlichen: Wir können gar nicht anders, als die Handlungen anderer unmittelbar und anhand ausgesprochener oder unartikulierter Erwartungen zu bewerten.

Während die Grausamkeit einen objektiven Referenzpunkt besitzt – die körperliche Unversehrtheit eines Lebewesens –, hat der Ungerechtigkeitsbegriff eine dezidiert subjektive Dimension. Ungerechtigkeit ist auch deswegen der offenere der beiden Begriffe, weil er anders als die Grausamkeit nicht nur willentliche Handlungen umfasst. Auch nicht-intendierte Wirkungen menschlichen Handelns und strukturelle Effekte können berechtigten Ungerechtigkeitsvorwürfen Anlass bieten. Das wird auch am Konzept der *passiven* Ungerechtigkeit deutlich, das wir im nächsten Kapitel behandeln.

Zu Ungerechtigkeiten kommt es überdies nicht nur im asymmetrischen Verhältnis von Stärkeren und Schwächeren, sondern auch zwischen Personen, die auf Augenhöhe interagieren. Wir sind daher schnell dabei, uns über die Ungerechtigkeit der anderen zu beschweren, so wie der jugendliche Gärtner Émile – selbst, wenn wir dabei nicht unbedingt sagen könnten, welcher Idee von *Gerechtigkeit* wir genau folgen. Darin besteht für Shklar der Clou: Ungerechtigkeit ist nicht einfach die Abwesenheit von Gerechtigkeit, sondern ein ganz eigenständiges Phänomen, ja der Gerechtigkeit sogar vorgängig. Und weil es ein so intuitives Gefühl ist, sind nicht alle Empfindungen von Ungerechtigkeit auch berechtigt, mögen sich oft sogar widersprechen. Das Kriterium der Grausamkeitsvermeidung erlaubt es aber, in das weite und unübersichtliche Feld der vielen Ungerechtigkeitserfahrungen einen Komparativ einzuführen: Je wahrscheinlicher Ungerechtigkeitsverhältnisse die Entstehung von Grausamkeit machen, umso problematischer sind sie und umso mehr muss ihnen politisch begegnet werden.

Die Rangfolge der Laster

Auf dieser Grundlage lassen sich unsere eingangs angesprochenen „ganz normalen Laster“ differenziert bewerten und in eine Rangfolge bringen. Nehmen wir etwa die Heuchelei und den Snobismus, also zwei Laster, über die in den Kontroversen über ‚Identitätspolitik‘ wieder viel gestritten wird, wie wir am Beispiel von Caroline Fourest gesehen haben.

‚Heuchelei' ist ein altes Wort für ein sehr alltägliches Phänomen. Der Heuchler „gibt vor, einwandfreie Motive und Absichten zu haben und einen untadeligen Charakter zu besitzen, obwohl er weiß, wie kritikwürdig sie eigentlich sind." (GnL 59) Es gibt Heuchler:innen aller politischer Couleur. „Wenn etwa ein antikapitalistischer Aktivist", so merkt die Politikwissenschaftlerin Nikita Dhawan kritisch an, „auf seinem unter zutiefst ausbeuterischen Bedingungen im globalen Süden produzierten iPad twittert, erscheint das Phantasma einer Subversion des Kapitalismus als surrealer Moment einer privilegierten Jouissance, als eine Erotik des Widerstandes, deren Kennzeichen eine neue internationale Arbeitsteilung ist."[15]

Dhawan kreidet hier nicht nur einen Selbstwiderspruch an, sondern stellt auch die eigennützigen, lustorientierten Motive („Jouissance") hinter einer nur vermeintlich am Schicksal der Mitmenschen orientierten Kritik infrage. Beides, so die entlarvende Pointe, verrate die „feudale Einstellung"[16] eines nicht geringen Teils der globalisierungskritischen Proteste im globalen Norden. Natürlich wäre es erfreulich, wenn antikapitalistische Tweets von fair und nachhaltig produzierten Endgeräten aus abgesetzt würden (was allerdings ebenso für verschwörungstheoretische Beiträge auf Telegram oder den per SMS verschickten Geburtstagsgruß an die Großmutter gilt). Heucheleien politischer Akteur:innen sollten ans Licht geholt werden. Doch als wie schwerwiegend sollten wir ihren Fehler gewichten? Folgt aus ihnen, dass nur „aufrichtige", sich im eigenen Verhalten makellos widerspiegelnde Kritik berechtigte Kritik ist?

Shklar argumentiert, dass sowohl Heuchelei als auch ihre Entlarvung ein manchmal anstrengender, aber normaler Teil des öffentlichen Diskurses in einer liberalen Demokratie sind: „Ohne Ahnenverehrung oder göttliche Vorsehung, auf die man sich zurückziehen könnte, besitzt die moderne liberale Demokratie zu ihrer Erhaltung nichts außer ihrer moralischen Versprechen." Es sind diese Versprechen, auf die sich politische Handlungen beziehen, die aber, werden sie heimlich gebrochen, wie es bei der Heuchelei der Fall ist, besonderen Zorn hervorrufen. Aus diesem Grund bringt die liberale Demokratie „das Wechselspiel aus Heuchelei und lautstarker Antiheuchelei hervor" (GnL 84).[17]

Shklar gibt darüber hinaus aber auch zu bedenken, dass „durch die Struktur des offenen politischen Wettbewerbs die Bedeutung und Verbreitung der Heuchelei überzeichnet [wird], weil sie das Laster ist, dessen sich alle Parteien leicht bezichtigen können und dies auch nur zu gern tun." (GnL 29) Wir sollten daher beides – die Heuchelei und ihre Kritik – als gewöhnliche Elemente des politischen Lebens akzeptieren; nur durch sie kann es gelingen, die immer unerfüllten Versprechen liberaldemokratischer Politik am Leben zu halten. Der Vorwurf der Heuchelei hat schließlich nur dadurch Kraft, dass es überhaupt Ideale gibt, denen man zuwiderhandelt – allein absolute Zyniker:innen müsste sich keine Heuchelei vorhalten lassen, weil sie überhaupt keine ethischen Prinzipien ihr Eigen nennen, gegen die sie verstoßen könnten.

Aus der Perspektive eines Liberalismus der Furcht ist die Heuchelei also kaum weiter schlimm und sicher nicht das erste der ganz normalen

Laster. Problematisch sind nur zwei Dynamiken, die aus ihr hervorgehen können: Für Heuchler:innen ist es unter Umständen einfacher, grausam zu sein (GnL 21); und umgekehrt kann die Heucheleifeindschaft, wird sie überzogen, moralischer Grausamkeit Vorschub leisten (GnL 102). In diesen Momenten sind aber weder Heuchelei noch Antiheuchelei der Kern des Problems, sondern ihre potenziell grausamen Konsequenzen. Auf das unter ungerechten Arbeitsbedingungen erzeugte Tablet und den globalisierungskritischen Tweet aus dem obigen Beispiel bezogen, wäre dann eher die Ungerechtigkeit der Arbeitsbedingungen das Hauptproblem – und der geheuchelte Tweet Zeichen einer unvorteilhaften Charaktereigenschaft, die gern kritisiert werden darf, aber nicht von der Hauptsache ablenken sollte.

Ähnlich argumentiert Shklar auch in Bezug auf den Snobismus, also die Gewohnheit, „Ungleichheit schmerzhaft spürbar zu machen" (GnL 103). Zentral ist dabei für sie zunächst die Unterscheidung zwischen „primärem" und „sekundärem Snobismus". Primäre Snobs gründen ihre Überlegenheit auf Eigenschaften, die ihnen von Geburt an zukommen, wie etwa die adelige oder ethnische Herkunft. Überlegenheitsansprüche aufgrund des biologischen Geschlechts oder der Abwesenheit angeborener körperlicher Beeinträchtigungen würden ebenfalls in diese Kategorie fallen. Als negative Egalitaristin verdammt Shklar den primären Snobismus als „direkte[n] Angriff auf die Gleichheit", der unverträglich mit einer demokratischen politischen Kultur ist (GnL 118, 107). Als direkter Ausfluss einer aristokratischen Kultur sind seine Überbleibsel in modernen Gesellschaften ärgerlich, aber zugleich auch so offensichtlich antidemokratisch, dass ihre Verurteilung ein Leichtes ist.

Der sekundäre Snobismus – ein „Snobismus von Cliquen", die andere ausschließen – ist ein ungleich ambivalenteres Phänomen, da er die Begleiterscheinung einer in viele unterschiedliche Gruppen differenzierten Gesellschaft ist. So schätzt Shklar ihn nüchtern als eine der „ungewollten Folgen der Freiheit" ein: Er ist „die Folge jeder Art von Pluralismus und geht mit der schieren Mannigfaltigkeit von Gruppen einher, die Menschen um eines gemeinsamen Ziels willen ein- oder ausschließen, das ihren Mitgliedern erstrebenswert erscheint. Fast alle Gruppen sind selektiv, und das heißt, dass sie Insider und Outsider schaffen und ihre Gepflogenheiten snobistisch erscheinen mögen." (GnL 134) Sekundäre Snobs wenden sich von anderen nicht der eigenen Herkunft wegen ab, sondern weil man unter „Seinesgleichen" sein will.

Sind sekundäre Snobismen für Demokrat:innen zwar bedauernswert und sollten vermieden werden, so gehören sie doch zur politischen Kultur einer liberalen, pluralistischen Demokratie, in der es jedem freisteht, sich einer Vielzahl von Gruppen anzuschließen, ohne umgekehrt zur Mitgliedschaft in einer einzigen gezwungen zu sein. Deswegen ist der sekundäre Snobismus für Shklar ein privates Laster, aber eine wichtige öffentliche Ressource – denn er hält eine aktive Zivilgesellschaft am Leben. Shklar schwebte immer eine „madisonianische Lösung für die Exklusivität von Gruppen" vor: Die Gruppen müssten vervielfältigt werden, denn wenn jeder von manchen Gruppen aus-, von anderen aber eingeschlossen wird, ist der sekundäre Snobismus leichter auszuhalten (GnL 156). Shklar gibt zwei Gründe dafür an: Für Menschen, die für gewöhnlich zu dauerhaften Mehrheiten gehören, sei die Erfahrung der ausgeschlossenen Minderheit eine „heilsame und lehrreiche Erfahrung“,[18] da erst sie das ermögliche, was Shklar mit der südafrikanischen Literaturnobelpreisträgerin Nadine Gordimer eine Haltung der „rationalen Empathie“ nennt (dazu später mehr).[19] Für Angehörige von dauerhaften Minderheiten ist sekundärer Snobismus geradezu unerlässlich. Denn „Gleichheit, Intimität und Brüderlichkeit erleben wir am authentischsten in einer ‚Clique‘ – das heißt, in einer ausschließenden Gruppe gleichgesinnter Menschen“ (GnL 154). Nur sie kann der Ausgangspunkt des Stolzes sein, mit dem Minderheiten dem niemals ganz zu bändigenden Snobismus trotzen können.

Auf das Eingangsbeispiel von Caroline Fourest bezogen: Dass Minderheitengruppen sich gelegentlich das Recht auf sekundären Snobismus herausnehmen, ist eben nicht dasselbe wie die Unterdrückung, die von einer Mehrheit ausgeht. Die Opfer von Rassismus und die Opfer von vermeintlichen „Denkverboten“ sind nicht äquivalent. Im Gegenteil, gerade weil es sich um Minderheiten handelt, kann es in bestimmten Kontexten durchaus wichtig sein, dass sie die Mehrheit ausschließen – es sind Resilienzhandlungen für die einen, für die anderen im besten Fall „heilsame und lehrreiche Erfahrungen“.

Wer sind die Opfer?

Das *summum malum* der Grausamkeit und der Fokus auf den Sinn für Ungerechtigkeit rücken den Begriff des Opfers also ins Zentrum von Shklars politischer Theorie. Nehmen wir uns einen Moment Zeit, uns diesen Begriff genauer anzuschauen. Opfer, so definiert Shklar sinnfällig, „sind schlicht Menschen, die sich zur falschen Zeit am falschen Ort in der falschen Gesellschaft wiederfanden" (ÜU 60). Genauere Charakteristika ließen sich nicht angeben; jeder und jede kann zum Opfer werden. Dass Shklar hier mit einem sehr weiten Opferbegriff arbeitet, dürfte unmittelbar deutlich sein. Aus heutiger Perspektive und einem Abstand von fast vierzig Jahren der Theoretisierung von und der empirischen Forschung zu Opfern mögen die Ränder dieses Begriffs schwerer zu fassen sein. Deswegen lohnt ein Seitenblick auf die wandlungs- und spannungsreiche Geschichte des Opferbegriffes, die zuletzt Svenja Goltermann nachgezeichnet hat.[20]

Shklars Ausarbeitung des Liberalismus der Furcht in den 1980er und frühen 1990er Jahren fiel mit einer Kristallisationsphase des Konzepts eines passiven, am eigenen Leiden nicht mitschuldigen Opfers zusammen. Prägend dafür war auch die Konsolidierung und Radikalisierung der in den 1950er Jahren aus der Kriminologie entstandenen Viktimologie, der Opferforschung. Die frühe Viktimologie hatte ihre Aufmerksamkeit auf Opfer konzentriert, die vom Recht als solche anerkannt waren, und sie hatte diese Opfer vor allem aus ihrer Beziehung zu den Täter:innen verstanden. Weil zur Ausgestaltung einer sozialen Beziehung immer Zwei gehören, führte dieser Ansatz rasch zur Vorstellung eines an der Tat mitverantwortlichen Opfers. Ab den 1970er Jahren wurde dieser negativ behaftete Blick auf Opfer zunehmend kritisiert und zugleich der enge legalistische Fokus auf Verbrechensopfer in Frage gestellt.[21] Der „formalen Viktimologie" wurde eine „informelle Viktimologie" gegenübergestellt,[22] die auch all jene in den Blick zu nehmen gedachte, die unter den Effekten dauerhaft ungleich verteilter sozialer Macht zu leiden hatten – Umständen also, bei denen weder ein kodifiziertes Verbrechen vorliegt, noch sich einzelne Täter:innen identifizieren lassen.

Shklars Charakterisierung des Opfers nimmt diese Bedeutungsverschiebungen auf, indem sie nicht automatisch von dessen Mitschuld ausgeht und den Begriff von allen negativen Konnotationen befreit. Dabei löst die Trias von „falscher Zeit, falschem Ort und falscher Gesellschaft" das Opfer zwar aus einer selbstgeprägten und die eigene Mitverantwortung begründende Beziehung zu Täter:innen (GnL 103, 26); allerdings bleiben, wie im vorigen Abschnitt ausgeführt, Opfer von Grausamkeit oder Ungerechtigkeit immer in gesellschaftlichen Strukturen von Ungleichheiten und gegenseitigen Erwartungen verortet. Mit diesem Ansatz nimmt Shklars Ausweitung des Opferbegriffes die grundsätzlichsten und radikalsten Gedanken der viktimologischen Kritik der 1970er und 1980er Jahre auf. Nicht nur verbindet ihr Grausamkeitsbegriff schon 1984 wie selbstverständlich zivile und Menschenrechtsverbrechen. Er geht auch davon aus, dass die Kategorie des Opfers immer breiter ist als ihre legale Definition.[23] So erklärt Shklar die Viktimologie bereits 1990 nur zu einer Phase einer zeitgenössisch beobachtbaren Aufwertung der Opferperspektive (ÜU 62).

Dass Shklar den Opferbegriff derart weit fassen konnte, liegt auch daran, dass sie ihm als Theoretikerin eine größere Ambivalenz und Dynamik zugestehen kann, als es die meisten der an konkreten Rechtspraktiken und Entschädigungsverfahren interessierten Viktimolog:innen vermochten. Und tatsächlich ist das Opfer bei Shklar ein zutiefst „widerspenstiger" Begriff (GnL 26). Diese Ambivalenz ist zunächst ein Produkt des Umstands, dass Opfer und Täter:in schnell die Rollen wechseln: Die Opfer sind „oft nicht besser als ihre Peiniger. Sie warten nur darauf, mit ihnen die Plätze zu tauschen" (GnL 28). Das bekannteste Beispiel der jüngeren Geschichte für diese Ambivalenz ist sicherlich der Ugander Dominic Ongwen, der im Frühjahr 2021 vom Internationalen Strafgerichtshof in den Haag wegen Kriegsverbrechen und Verbrechen gegen die Menschlichkeit zu fünfundzwanzig Jahren Haft verurteilt wurde. Die Lord's Resistance Army, zu deren Anführer er aufgestiegen war, hatte ihn einst entführt und zu einem Kindersoldaten gemacht. Dass Täter und Opfer in seiner Person zusammenfallen, hatte die den Prozess begleitenden Debatten geprägt.

Ein weiterer Grund für die unüberwindbare Ambivalenz des Opferbegriffes ist, dass die Zuerkennung des Opferstatus stets auch mit der Frage nach Entschädigung verbunden ist. Er provoziert die Frage nach Opferrechten. Täter:innen zu bestrafen macht schließlich weder die Tat ungeschehen noch kompensiert sie den entstandenen Schaden. Nimmt man aber die Ansprüche von Opfern ernst und gibt ihnen mehr Aufmerksamkeit, ergibt sich der widersprüchliche Befund, dass es plötzlich *mehr* Ungerechtigkeit zu geben scheint, was man mit Shklar das „Paradox der offiziellen Gerechtigkeit“ nennen kann: „[G]erade die Existenz juristischer Institutionen trägt dazu bei, dass wir uns vieler Ungerechtigkeiten, die unter uns geschehen, überhaupt erst bewusst werden. Staatliche Gerechtigkeit ist ihrem Wesen nach paradox: Je besser sie ihre Aufgaben erfüllt, umso größer wird das öffentliche Bewusstsein für Ungerechtigkeit; und mit diesem Bewusstsein gehen dann auch zunehmend Forderungen nach effektiver Rache sowie nach mehr Rechtsleistungen einher. Es ist ein politisches Wettrennen, das die juristischen Institutionen niemals gewinnen können.“ (ÜU 81)

Der Opferbegriff ist also zugleich uneindeutig und politisch selbstverstärkend. Hinzu kommt noch, wie wir im nächsten Kapitel ausführlicher zeigen werden, dass auch historisch wandelbar ist, wer überhaupt als Opfer bezeichnet werden kann und wer nicht. Damit erweist er sich tatsächlich als „widerspenstig“.

Es scheint daher nur plausibel, von einer politischen Theoretikerin wie Shklar zu erwarten, Kriterien für die Legitimität von Opferansprüchen zu formulieren: Wie unterscheidet man tatsächliche Opfer von nur behaupteten? Schließlich ist nicht jeder angemeldete Anspruch gleich plausibel. Shklar aber will diese Frage gar nicht entscheiden. Das kann nur in der politischen Auseinandersetzung geschehen, denn diese Entscheidung liegt jenseits dessen, was eine skeptische politische Theorie leisten kann. Was sie allerdings zu leisten vermag, ist uns gute Gründe dafür zu geben, warum sich das aktive Führen und das Aushalten dieser politischen Auseinandersetzung für Bürger:innen einer liberalen Demokratie lohnt.

Wie die Stimmen der Opfer hören?

Tatsächlich bezieht Shklar eine so deutliche wie grundsätzliche Position: „Die Stimme des Opfers – des Menschen, der angibt, ungerecht behandelt worden zu sein – darf [...] in einer Demokratie prinzipiell nicht zum Schweigen gebracht werden." (ÜU 60) Shklar begründet dies allerdings nicht moralisch – Opfer sind gerade keine besseren Menschen –, sondern demokratietheoretisch. Es gehöre zum „demokratischen Ethos", dass die Vorstellungen, die die Bürger:innen von ihren Rechten haben, von Bedeutung sind – und zwar für alle Bürger:innen gleichermaßen (ÜU 60). Die Stimme der Opfer muss somit gehört werden, weil sie eine Stimme *wie jede andere* ist. Ihr normatives Grundgerüst verordnet Demokratien also nicht nur, sich dem Sinn für Ungerechtigkeit empfänglich gegenüber zu zeigen; die Demokratie ist selbst Quelle eines immer anspruchsvolleren Sinnes für Ungerechtigkeit. In einer Demokratie bedeutet die Opfer zu ignorieren daher, eine dreifache Ungerechtigkeit zu begehen: Einmal jene, an der sie spezifisch leiden, dann die, in ihrem Status als Bürger:innen verletzt zu werden, und schließlich die Beschädigung der Demokratie als eine alle gleich behandelnde Institution selbst.

Aus demselben Grund muss die Stimme der Opfer aber auch gehört werden, weil sie eine Stimme *wie keine andere* ist. Denn die Gleichheit demokratischer Bürgerschaft zu sichern setzt voraus, von Ungleichheiten überhaupt erst einmal zu erfahren. Genau darin, meint Shklar, liegt oft das Problem – Opfer sind vor allem jene, die nicht einmal die Chance erhalten, ihre Ungleichbehandlung zu beklagen, weil sie gar nicht gehört werden, und das Wissen über herrschende Ungerechtigkeiten gar nicht vor die Augen der demokratischen Mehrheit tritt. Opfer besitzen also ein *besonderes Wissen* von dem, was dem vermeintlich neutralen Blick der Mehrheitsgesellschaft entgeht. Opfersein ist bei Shklar daher weniger eine moralische als eine *epistemische* Kategorie. Wie Bernard Yack im Anschluss an Shklar angemerkt hat, haben Opfer „Einsichten in die schädlichen Folgen öffentlicher Handlungen, die wir aus keiner anderen Quelle beziehen können".[24] Denn möglicherweise enthält das, was unsere Institutionen und Regelsysteme als „berechtigte Erwartungen" qualifizieren, blinde Flecke.

„Die Stimmen der Opfer müssen immer zuerst gehört werden, nicht allein um herauszufinden, ob ihnen offiziell anerkannte gesellschaftliche Erwartungen verweigert worden sind, sondern auch, um ihrer Interpretation der Situation Gehör zu schenken. Müssen die öffentlich gebilligten Ansprüche geändert werden? Sind die Regeln von der Art, dass die Opfer ihnen hätten zustimmen können, wären sie gefragt worden?" (ÜU 132–133)

Auch hier argumentiert Shklar mit dem demokratischen Ethos, das davon ausgeht, dass geltende Regeln auf der Zustimmung der von ihnen Betroffenen beruhen. Erwartungen gelten also nicht nur für alle gleichermaßen, sondern müssen unter Umständen auch neu ausgehandelt werden.

Doch was genau bedeutet es, den Stimmen der Opfer Gehör zu schenken? Die Frage, wie laut und wie deutlich sie zu vernehmen sind, hängt auch davon ab, auf welche Weise sie aufgenommen werden. Zuzuhören ist nämlich kein simpler Prozess, bei dem Zuhörer:innen einen bloß passiven Part spielen. Die Philosophin Miranda Fricker, die sich auf Shklar beruft, hat eine Typologie epistemischer Ungerechtigkeitseffekte aufgestellt – solcher, die uns in unserer Eigenschaft als Wissende betreffen – und die diesen Umstand zu verstehen hilft. Als „Zeugnisungerechtigkeit" bezeichnet sie die Neigung, aufgrund von Vorurteilen die Aussagen von bestimmten Gruppen für weniger glaubwürdig zu halten.[25] „Es gibt weibliche Intuition, und es gibt Fakten", zitiert Fricker mit der Figur des Herbert Greenleaf aus *Der talentierte Mr. Ripley* ein Beispiel klassischer Misogynie.[26] Frauen sind dieser Vorstellung zufolge zu emotional, um objektiv zu sein, weshalb ihre Aussagen weniger glaubwürdig erscheinen. Damit sind sie aber auch keine vollwertigen Mitglieder einer Demokratie, deren Stimme Gewicht hat. Solche Vorurteile bewusst zu machen und gegen sie anzuarbeiten ist daher nicht zuletzt auch eine Form demokratischer Selbsterziehung.

Ein komplizierterer Fall dagegen ist das, was Fricker „hermeneutische Ungerechtigkeit" nennt. Auch wenn man Opfern zuhört, statt ihre Rede von vornherein beiseite zu wischen, kann es sein, dass ihnen die expressiven Werkzeuge, Begriffe und Beschreibungen fehlen, um ihre Erfahrungen in Worte zu fassen. Ihre kulturell marginale Position – weil ihre Lebenswelt nicht in die Sprache der Mehrheit Eingang findet – bringt es mit sich, „dass in den vorhandenen hermeneutischen Ressourcen mitunter dort eine Leerstelle klafft, wo eigentlich die Bezeichnung einer bestimmten sozialen Erfahrung stehen sollte."[27] Und was man nicht auf eine intersubjektiv verständliche Weise benennen kann, lässt sich nur schwer anprangern. Fricker gibt auch dafür ein klassisches Beispiel aus der Geschichte des Feminismus. Die von vielen Frauen geteilte Erfahrung unerwünschter körperlicher Übergriffe hatte lange keinen Namen, konnte daher entweder als bloß subjektiver Eindruck abgetan werden, der als solcher kein politisches Gewicht zu entfalten vermag, oder war für viele überhaupt nicht als einheitliches Phänomen greifbar. Erst als in den Siebzigerjahren der Begriff „sexuelle Belästigung" (*sexual harrassment*) für dieses Phänomen geprägt wurde, besaßen Frauen einen gemeinsamen Begriff, um den sie sich versammeln und den sie zu einer politischen Sache machen konnten.[28] Der Besitz von Worten für Erfahrungen ist schlicht die Voraussetzung für ihre Diskussion – und darüber nicht zu verfügen ist eine Art sekundärer Unhörbarkeit.

Fricker buchstabiert in vielerlei Hinsicht aus, was bei Shklar bereits angelegt ist (in der Tat beginnt sie ihr Buch mit einem langen Zitat aus *Über Ungerechtigkeit*). Auch bei Shklar lässt sich die Aufmerksamkeit für die Stimmen von möglichen und tatsächlichen Opfern als wesentlich politische Tätigkeit ausmachen, und aus ihren Schriften kann man vier Ansprüche an ein angemessenes Zuhören rekonstruieren, das sowohl Zeugnisungerechtigkeit wie hermeneutischer Ungerechtigkeit entgegenarbeitet.

Einen *ersten* Aspekt hat Bernard Yack identifiziert. Auch wenn es kontraintuitiv scheinen mag:

Als gute Zuhörer:innen sollten wir nicht unparteiisch sein. Denn im Zweifelsfall, so argumentiert Yack, ist in der „unparteiischen" Perspektive die Perspektive der Mehrheit und der Mächtigen überrepräsentiert. Deswegen sollten wir, wenn wir der Stimme von Menschen begegnen, die sich als Opfer von Ungerechtigkeit oder Grausamkeit sehen, die Perspektive des Opfers bewusst priorisieren. „Unsere Aufgabe", so Yack, „ist es, die Stimmen der vormals stummen Opfer zu verstärken".[29] Das bedeutet, den Opfern zunächst erst einmal Glauben zu schenken, und sei es nur heuristisch, denn es kann immer sein, dass wir unbewusst eine testimoniale Ungerechtigkeit begehen, indem wir ihre Stimmen übergehen. Später kann sich immer noch herausstellen, dass ihre Forderungen unberechtigt sind, doch darf so eine Schlussfolgerung keine bereits ausgemachte Sache sein.

Damit zusammenhängend ist es *zweitens* notwendig, Formen demokratischen Zuhörens zu entwickeln, die der ständigen Gefahr entgegenwirken, bewusst oder unbewusst Opfer zum Schweigen zu bringen. Shklar würde nicht so weit gehen wie Fricker, die eine Tugend der „Zeugnis*gerechtigkeit*" fordert,[30] weil sie der Idee skeptisch gegenübersteht, Ungerechtigkeit und Gerechtigkeit als Spiegelbilder zu betrachten. Der damit gemeinten Haltung, das Gegenüber nicht zu entmutigen und in der Fähigkeit, eine plausible und relevante Aussage zu tätigen, zu verunsichern, würde freilich auch sie folgen, aber noch weiter gehen. Shklar fordert ein intensiviertes, ergebnisoffenes Zuhören, das man *epistemische Aufmerksamkeit* (im Sinne des englischen Wortes *attentiveness*) nennen könnte. Epistemische Aufmerksamkeit wäre mehr als nur die Entscheidung, den Stimmen der Opfer einen Vertrauensvorschuss zu geben und damit „testimonialer Ungerechtigkeit“ entgegenzuarbeiten, sondern wendete sich auch gegen „hermeneutische Ungerechtigkeit“. Sie hätte zum Ziel, Räume und Strukturen zu ermöglichen, die die Artikulation marginaler Erfahrungen überhaupt erst erlauben. Das mag bei der bloßen Entscheidung beginnen, die eigene Lebenswelt nicht als fraglose Referenz für die Erfahrungen anderer zu nehmen, schlösse aber vereinfachte institutionelle Beschwerdewege ebenso sehr ein wie Formen von *affirmative action* (LL 271).

Aus diesem Punkt folgt dann auch *drittens* die Aufforderung, sekundären Snobismus – also die Berufung auf exklusive soziale Gruppenzugehörigkeiten der sich selbst als Opfer von Ungerechtigkeit darstellenden Minderheit – erst einmal auszuhalten. „Aushalten“ meint dabei auch, ihn nicht mit dem sekundären Snobismus der Mehrheit oder einer starken Minderheit gleichzusetzen.[31] Die Journalistin Ciana-Sophia Hoeder schildert etwa das Beispiel eines weißen Ehepaars, dass sich diskriminiert fühlte, weil ihnen der Zutritt zu einem Workshop über Afrohaare versagt blieb.[32] In so einem Fall ist der sekundäre Snobismus von Minderheiten kein ‚umgekehrter Rassismus‘, sondern eine Abgrenzung gegen die Mehrheitsgesellschaft und ihre Normen, die oft auch eine Sprache und Weltsicht vorprägen, aus der sich zu befreien eine gemeinsame Arbeit voraussetzt. „Bescheidenheit ist keine demokratische Tugend“, erinnert uns Shklar daher (GnL 154). Mitglieder von *sticky minorities*, oder, wie Shklar es nannte, „permanenten Minderheiten“

(L 244) haben selbst vielfältige Erfahrungen mit den sozialen Ausschlussmechanismen des primären oder sekundären Snobismus gemacht, und gegen Snobismus sei Stolz die beste Verteidigung (GnL 154).[33] Wenn auf die Erfahrung des Ausschlusses mit der Bildung einer „ausschließenden Gruppe gleichgesinnter Menschen" geantwortet wird, ist dies erstens eine positiv zu wertende Vervielfältigung von Gruppen und zweitens in sozialpsychologischer Hinsicht eine wichtige Ressource eines basalen persönlichen Selbstwertgefühls (GnL 154–155).

Von besonderer gegenwärtiger Relevanz scheint uns eine *vierte* Anforderung an diejenigen zu sein, die Shklars Aufruf, den Stimmen der Opfer Gehör zu schenken, Folge leisten wollen. Auch sie stammt von Bernard Yack. Oftmals werde die Bereitschaft, den Opfern zuzuhören, an eine zusätzliche Bedingung geknüpft: Sie sollen nicht nur klagen, sondern gleich eine neue, vollständigere Vorstellung von Gerechtigkeit mitliefern.[34] Yack dagegen meint, dass gute Zuhörer:innen im Sinne des Liberalismus der Furcht ihre Sympathie und Aufmerksamkeit von der Forderung nach gangbaren Alternativen abkoppeln sollten.

Die Opfer von dem Anspruch zu befreien, eine alternative, vollständigere Gerechtigkeitskonzeption mitzuliefern – das klingt zunächst vage. Er ist aber ein sehr häufig anzutreffender Reflex, den wir beispielsweise in dem kontroversen Zeitungsessay beobachten können, den der ehemalige Bundestagspräsident Wolfgang Thierse zum Thema ‚Identitätspolitik' verfasst hat: Zwar sei das Bestreben, auf die Diskriminierungserfahrungen von Minderheiten mit dem Kampf um gleiche Teilhabe und gleiche Rechte zu beantworten, legitim. Doch wo die Grenze zwischen berechtigten politischen Anliegen und ihrer problematischen Umsetzung ziehen? Thierse hat darauf eine sehr klare Antwort:

„Darüber hinaus aber muss es die immer neue Verständigung darüber geben, was uns als Verschiedene miteinander verbindet und verbindlich ist in den Vorstellungen von Freiheit, Gerechtigkeit, Solidarität, Menschenwürde, Toleranz, also in den unsere liberale, offene Gesellschaft tragenden Werten und ebenso auch in den geschichtlich geprägten kulturellen Normen, Erinnerungen, Traditionen."[35]

Solange diejenigen, die Ungerechtigkeit ankreiden, dabei keine neue Gerechtigkeitskonzeption artikulieren, mithin keine vollständigere Vision von Gemeinwohl, ist ihre Kritik entweder illegitim oder gar potenziell gefährlich. So argumentiert auch Caroline Fourest: Während die Linke von 1968 noch einem universalistischen Rationalismus verpflichtet war, verfolgten die „DNA-besessenen" Linken von heute nur partikularistische Ziele. Man muss sich gar nicht auf die Diskussion der Richtigkeit solcher Behauptungen einlassen: Für skeptische Liberale der Furcht gibt es gute Gründe, die Kosten solcher „Eintrittskarten" in den politischen Diskurs abzulehnen und daran zu erinnern, dass Korrekturen von geteilten Gerechtigkeitsvorstellungen am Ende von konfliktreichen politischen Lernprozessen stehen, und nicht an ihrem Anfang.

Wenn Opfer stumm bleiben: Können wir für die Opfer sprechen?

Doch nicht alle Opfer erheben selbst die Stimme. Grausamkeit an erste Stelle zu setzen kann deshalb auch bedeuten, anstelle der und für die Opfer zu sprechen und ihre Erfahrungen von Ungerechtigkeit und Grausamkeit in der Öffentlichkeit sichtbar zu machen. Shklar hielt eine solche Stellvertretung für möglich und nötig (ÜU 66): „Für die meisten Menschen ist der Ruf nach Rechten unmöglich. Er muss von anderen erhoben werden. Denn traditionelle Unterdrückung, revolutionäre Regierungen, langwierige Kriege, Militärputsche und dergleichen lassen selbst den Schmerzensschrei verstummen."[36] Dasselbe gelte unabhängig von der Regierungsform in bestimmten Situationen auch für Kinder, Kranke oder Menschen mit geistigen oder körperlichen Beeinträchtigungen.

Stellvertretend für die Opfer von Ungerechtigkeit und Grausamkeit zu sprechen setzt voraus, dass man ihre Erfahrungen verstehen kann. Wie aber der Begriff der hermeneutischen Ungerechtigkeit gezeigt hat, ist das nicht immer möglich – nicht nur, weil man sich schlicht nicht in jede Person und ihre Situation hineinversetzen kann, sondern auch, weil gerade aus der Perspektive des Zentrums die Erfahrungen an der Peripherie oft epistemisch unverfügbar sind.[37] Im Verstehensanspruch, der in diesem advokatorischen Sprechen immer miterhoben wird, liegen daher Fallstricke für das Sprechen für und über Opfer. Shklar thematisiert sie an ganz unterschiedlichen Stellen ihres Werkes. Ihre vergleichende Analyse hilft uns umgekehrt zu verstehen, worin die Anforderungen an ein ‚gutes' Sprechen für und über Opfer aus der Perspektive des Liberalismus der Furcht bestehen.

Die Grenzen des Sprechens für Opfer sind in Shklars erstem Beispiel dann auch in der Illusion zu suchen, diese epistemische Distanz überbrücken zu können. Sie demonstriert das anhand der US-amerikanischen Studierendenorganisation *Students for a Democratic Society* (SDS), die sich in den Sechzigerjahren partizipatorischen Demokratieidealen und einer Kritik gesellschaftlicher Hierarchien verschrieben hatte. Die Mitglieder des SDS, so Shklar, sahen „eine natürliche Verbindung zwischen dem oberen und dem unteren Ende der amerikanischen Gesellschaft. Wenn sie nur ihre demokratischen Sitten und ihre antielitären Überzeugungen bewiesen, würde sich auch die Distanz zwischen diesen beiden Extremen auflösen." (GnL 153) Während der vorlesungsfreien Sommermonate sollten SDS-Mitglieder diese These in Sozialprojekten in ärmeren Vierteln an der Wirklichkeit überprüfen – doch das Gegenteil trat Shklar zufolge ein: Sie „wurden verachtet und zurückgewiesen. Sie begriffen nicht, dass, ganz gleich, wie sie sich verhielten, sie immer noch von der Spitze der Gesellschaft zu ihrem Grund vorstießen und dass all dies ‚den Menschen' kaum entging – ganz besonders nicht, weil die SDS-Mitglieder im Herbst zurück ans College gingen." (GnL 153) In ihrem Glauben an tatsächliche, nicht nur prinzipielle Gleichheit und ihrer Vorstellung von alle Klassenschranken überschreitender Solidarität erwies sich die politische Ideologie des SDS für Shklar als derart anti-snobistisch, dass sie selbst zur Quelle neuer Ungerechtigkeiten werden konnte. Die Studierenden identifizierten sich mit den Opfern und idealisierten sie als der entfremdeten Mehrheit der Menschen überlegen – ein problematischer Kurzschluss, den Shklar auch dem von ihr sonst zutiefst verehrten Montaigne attestiert, der aus psychologischer Notwendigkeit die Opfer als moralisch bessere Menschen betrachten wollte. (GnL 37)

Auch in der erbitterten Kontroverse, die sich um Hannah Arendts Bericht *Eichmann in Jerusalem* entspann, identifiziert Shklar zwei verfehlte Weisen, über Opfer zu sprechen. Arendt hatte in diesem Buch unter anderem die Rolle der osteuropäischen Judenräte kritisiert, die ihrem pauschalen Urteil zufolge zu leichtfertig mit dem nationalsozialistischen Regime kollaborierten, anstatt Widerstand zu leisten.[38] Diese Darstellung traf auf scharfe öffentliche Kritik, die bis zu Vorwürfen des Antisemitismus reichte. Auf beiden Seiten der Kontroverse findet Shklar problematische Arten, über Opfer von Grausamkeit zu sprechen. Die jüdischen Amerikaner:innen, die der deutschstämmigen Jüdin Arendt Verrat und Illoyalität vorwarfen, hätten sich auch aus selbstbezogenen Gründen mit den Opfern identifiziert, und zwar aufgrund der empfundenen „Schuld vieler amerikanischer Juden, weniger als möglich getan zu haben, um den Europäern zu Hilfe zu kommen; daraus folgte die anschließende Überidentifikation mit den tatsächlichen Opfern."[39] Es kann, so bemerkt Shklar an anderer Stelle, „den Opfern gegenüber ungerecht sein, so zu denken. Sie werden als ein Mittel missbraucht, unser Selbstwertgefühl zu steigern und unsere eigenen Ängste zu beherrschen, und dazu gezwungen, den Bedürfnissen der Zuschauer zu dienen." (GnL 26)

Doch auch Shklar kritisiert Arendts Urteile über die osteuropäischen Opfer des Holocaust. Die Hellas-Nostalgikerin Arendt habe von ihnen erwartet, sich „wie homerische Helden“ [40] zu verhalten – und zwar auch deshalb, weil sie einen genauen Blick in die Geschichte der unterschiedlichen jüdischen Bevölkerungen Osteuropas durch die holzschnittartige Einteilung aller Jüdinnen und Juden entweder in assimilationshungrige „Parvenus“ oder widerstandsbereite „Parias“ ersetzen zu können glaubte.[41] In ihrer Parvenu-Mentalität trugen die jüdischen Opfer Osteuropas bei Arendt eine Mitverantwortung für ihr Schicksal. Auch Arendt idealisiert dabei die Figur des „wahren“ Opfers – allerdings nicht als ‚einfach‘ und ‚moralisch unverbraucht‘ wie der SDS, sondern als idealerweise mutig, heldenhaft und zum Märtyrertum bereit. Sowohl für den SDS als auch für Arendt werden die Opfer Figuren auf einem gesellschaftstheoretischen Spielbrett – sie werden einer vordefinierten Gruppe zugeschrieben, aufgrund deren Eigenschaften sie dann entweder idealisiert oder kritisiert werden.

In Shklars Aufsatz „Squaring the Hermeneutic Circle“ („Die Quadratur des hermeneutischen Kreises“) kann man nachlesen, welche grundsätzlicheren Überlegungen hinter dieser Kritik stehen. Shklar fragt hier, was „verstehen“ in der sozialen Welt bedeutet und konturiert ihren Standpunkt insbesondere durch eine Kritik an dem kommunitaristischen Philosophen Charles Taylor. Taylor gehe davon aus, dass sich in der Interpretation der Vielfalt sozialer Praktiken bestimmte „geteilte Bedeutungen“ erschließen ließen:

„Sie mag eine gemeinsame Tradition, Religion oder Sprache sein, aber es ist mehr, als sie [die sozialen Akteure] in ihrem gegenwärtigen Bewusstsein ihrer gegenseitigen Unterschiede verstehen können. Die Aufgabe der Sozialwissenschaft ist es, diese Unterstellung von Vielfalt zu widerlegen und zweifelsfrei zu zeigen, dass es einen ‚intersubjektiven' Sinn gibt, der in Wahrheit die Praktiken einer Gesellschaft bestimmt, auch wenn keiner der Akteure oder Sozialwissenschaftler in ihnen sich dessen bewusst zu sein scheint."[42]

Shklar verbindet zwei Kritikpunkte, die sich trotz sehr unterschiedlicher ideologischer Voraussetzungen auch auf die Beispiele des SDS und Hannah Arendts *Eichmann in Jerusalem* übertragen lassen: Das Verstehen der anderen ist bei Taylor, dem SDS und Arendt Teil einer theoriegeleiteten Selbstvergewisserung der *Einheit* der sozialen Welt. Dem Einheit verbürgenden Prinzip der sozialen Welt – ob es nun das intersubjektive Bewusstsein Taylors oder die entweder marxistisch oder kulturpessimistisch angehauchte Entfremdungstheorie des SDS und Arendts ist – entspricht die Möglichkeit der Übereinkunft, der *Einigkeit* als allgemeines Ziel der Analyse. Doch „was um alles in der Welt soll an Einigkeit und Einheit so beeindruckend sein?", fragt Shklar (L 101).[43] Sie von vornherein als Ziel vorauszusetzen, sieht in gesellschaftlicher Harmonie bereits einen Zweck an sich. Dabei ist es sehr viel wahrscheinlicher, dass sich gesellschaftliche Vielfalt nicht auf diese Weise auflösen lässt, dass gar diese „Ideologie der Einigkeit" selbst wieder gefährlich ist, weil sie Differenzen unterdrückt und Konformität erzwingt. Ein solches Ziel zu formulieren, das ist Shklars zweiter Kritikpunkt, bedeutet immer, diejenigen, die wir zu verstehen suchen, bestimmten Gruppen zuzuordnen, die mit ihrer eigenen Gruppenzuordnung nicht in Einklang zu bringen sind.

Ein Verstehen, das die Einebnung von Unterschieden und die Glättung sozialer Vielfalt voraussetzt, ist aus Shklars Perspektive also zum Scheitern verurteilt. Daraus lässt sich umgekehrt erkennen, dass das Zugeständnis *sozialer Distanz* die wichtigste Bedingung des Sprechens für andere ist. Ich kann die Person, für die ich mich einsetze, möglicherweise nie völlig verstehen – aber ich muss es auch nicht, um die gegen sie begangene Ungerechtigkeit anzuklagen. Und tatsächlich lassen sich in Shklars Werk zwei Positivbeispiele für das Sprechen über und für Opfer von Ungerechtigkeit und Grausamkeit finden, für die eine solche Distanz wesentlich ist.

Das erste Beispiel ist die Menschenrechtsorganisation Amnesty International, für die Shklar sich auch selbst engagierte. In dem Aufsatz „Injustice, Injury, and Inequality" („Ungerechtigkeit, Verletzung und Ungleichheit") würdigt Shklar die Arbeit der Organisation explizit:

> „Wenn sie [die Rechte Gefangener] einfordert, wenn sie Gerechtigkeit vor einem fairen Tribunal fordert, dann verlangt sie von uns allen, die wir dazu in der Lage sind, ‚im Namen derer zu sprechen, die nicht sprechen können'. Wir werden, in Nadine Gordimers Worten, zu Akten ‚rationaler Empathie' aufgerufen. Wir sollen ihre Situation anerkennen, als wäre es unsere eigene,

ohne jedoch jemals in Sentimentalität und das falsche Gefühl zu verfallen, Opfer zu sein, während wir – amerikanische Wissenschaftler – in Wirklichkeit frei und in jeder Hinsicht privilegiert sind."[44]

Shklar verweist hier auf mindestens zwei andere Texte, die helfen, ihre Aussage genauer auszubuchstabieren. Im letzten Satz nimmt sie auf einen kurzen Text von Hans Magnus Enzensberger Bezug, den dieser auf einem Kongress in Toronto zur Rolle von Schriftsteller:innen im Kampf um Menschenrechte gehalten hatte. Unter der Überschrift „A Situation of Privilege" (eine privilegierte Situation) warnt Enzensberger, dass im Sprechen für andere genau jene Ungleichheits- und Abhängigkeitsverhältnisse perpetuiert werden können, die zur Situation des Nicht-Sprechen-Könnens beitragen:

„Viele Intellektuelle, viele Schreibende, haben den aufrichtigen Wunsch, anderen zu helfen. [...] Die Position des Helfers hat jedoch etwas Problematisches, vor allem, wenn der Helfer im Namen anderer spricht. Das ist unvermeidlich, wenn der andere nicht in der Lage ist, für sich selbst zu sprechen, aber es führt auch zu einer gewissen Zweideutigkeit, denn niemand wird so gut sprechen wie derjenige, der selbst und für sich selbst spricht. Wie wir im Sozialstaat sehen können, sind viele Helfer Bürokraten, und viele Bürokraten werden für ihre Arbeit bezahlt, weil sie als Helfer angesehen werden. Wir sollten also sehr darauf achten, die Art der Hilfe, die wir – wenn überhaupt – als Schriftsteller anbieten

> können, von der des Aufsehers oder Verwalters zu unterscheiden."[45]

Wer für die Opfer der Grausamkeit und Ungerechtigkeit spricht, so kann man schlussfolgern, darf dabei keine Mittel einsetzen – bestimmte Rhetoriken, eine spezifische Werteordnung, oder andere „kollektive hermeneutische Ressourcen" –, die ein Teil jener Strukturen sind, die Ungerechtigkeit hervorbringen und Grausamkeit begünstigen. Wer advokatorisch spricht und handelt, muss sich daher in eine wohlüberlegte Distanz zur Mehrheitsgesellschaft setzen, für deren Realisierung es keine ideologische Blaupause geben kann.

Dies ist auch bereits ein Teil der Haltung der „rationalen Empathie" – ein Ausdruck, der sich im zweiten Verweis des Shklar-Zitates findet. Auf demselben Kongress, auf dem Enzensberger vortrug, hatte auch die Schriftstellerin Nadine Gordimer über die Stellung weißer Schriftsteller:innen im Südafrika der 1980er Jahre reflektiert. Gordimer, eine scharfe Kritikerin des Apartheid-Regimes, deren Bücher in ihrem Heimatland regelmäßig der Zensur zum Opfer fielen, vergleicht darin die Art und Weise, wie das Schaffen von schwarzen und weißen Künstler:innen von der Mehrheitsgesellschaft geprägt wird, von der sie sich entfremdet fühlen. Für schwarze Künstler:innen besteht die Herausforderung darin, die gesellschaftliche Erfahrung der Unterdrückung zum Ausdruck zu bringen und darin ein „neues Selbstsein" (*new selfhood*) zu realisieren, und zwar ohne dabei auf eine weiße Werteordnung zurückzugreifen. Kriterium des künstlerischen Gelingens ist die Resonanz der eigenen Gruppe. Weiße Künstler:innen, die nicht Teil einer von Apartheid regierten Gesellschaft sein wollen, müssen einen anderen Weg wählen, wenn sie für die Opfer und gegen die ihnen widerfahrene Ungerechtigkeit und Grausamkeit das Wort erheben wollen. Auch sie müssen die Werteordnung der weißen Mehrheitsgesellschaft ablegen, können sich aber anders als schwarze Künstler:innen nicht im positiven Sinne auf eine eigene, alternative Werteordnung berufen. Als Antwort führt Gordimer die Haltung der „rationalen Empathie" ein:

> „Die Ausbeutung durch die Weißen, die die Schwarzen als ihre Realität erleben, ist etwas, das der weiße Künstler ablehnt – er weigert sich, deren Akteur zu sein. Sie steht außerhalb seiner selbst; er erfährt sie als stellvertretendes Opfer durch eine moralische Haltung und rationale Empathie. Die Schaffung eines neuen Selbst beruht also auf einer Realität, die er als Weißer nicht für sich beanspruchen kann und die ihm auch nicht dienen könnte, da sie nicht seiner Erfahrungsordnung entspricht."[46]

Wer in einer Haltung der rationalen Empathie für und über die Opfer von Ungerechtigkeit und Grausamkeit spricht, trägt einer doppelten Distanz Rechnung: Sie oder er distanziert sich aktiv von der Mehrheitsgesellschaft, die Grausamkeiten und Ungerechtigkeiten toleriert oder gar ausübt. Diesem Prozess der *Des*identifikation entspricht aber keine positive Identifikation mit einer *neuen* sozialen Gruppe, denn zur rationalen Empathie gehört auch die Einsicht, dass die Opfer eine:n nicht als eine:n der Ihren anerkennen können. Wichtig für Shklar ist dabei: Rationale Empathie erlaubt es auch, der von ihr so betonten Ambivalenz der Opferkategorie Rechnung zu tragen. Wer für die Opfer spricht, ohne sich mit ihnen identifizieren zu wollen, braucht sie auch nicht zu idealisieren oder in ihnen moralische Held:innen zu sehen und dann im Umkehrschluss einige Opfer als „nicht würdig“ oder „keine wirklichen Opfer“ zurückzuweisen.[47]

In ihren späten Schriften bestimmt Shklar den Ort, von dem aus Einsprüche im Namen der Opfer vorgetragen werden, als den Standpunkt der Rechte. Für Shklar waren Rechte keine vorpolitischen Instanzen, sondern ein Gut, das aus politischen Kämpfen entstanden ist und in diesen auch erhalten werden muss.[48] Die Sprache der Rechte, und nicht die Sprache einer bestimmten politischen Ideologie oder einer erst noch zu schaffenden, distanzlosen „Neuerfindung von Gemeinschaftlichkeit“,[49] erlaubt es aus der Perspektive des Liberalismus der Furcht, für die Opfer von Ungerechtigkeit und Grausamkeit zu sprechen, ohne sie idealisieren zu müssen oder eine unmögliche Identifizierung zu vollbringen. In den nächsten zwei Kapiteln werden wir am Beispiel der zeitgenössischen Debatten über Klima- und Migrationspolitik genauer erläutern, welche Stellung Rechte für den Liberalismus der Furcht einnehmen, und weitere Vorschläge unterbreiten, wie sich Shklars politisches Denken in unsere Zeit und in unsere politischen Breitengrade übertragen lässt.

3.2. Passive Ungerechtigkeit in Zeiten des Klimawandels

Als der Erste Senat des Bundesverfassungsgerichts am 24. März 2021 sein „Klimaurteil" verkündete, war er zwar nur Nachzügler ähnlicher Entscheidungen in den Niederlanden und Frankreich, Aufsehen erregte er damit aber doch. Denn das Gericht erklärte das seit 2019 in Deutschland geltende Bundesklimaschutzgesetz in Teilen für verfassungswidrig. Dieses schreibt fest, dass Deutschland seine CO_2-Emissionen bis 2030 gegenüber 1990 um 55% reduzieren muss. Das im Pariser Klimaschutzabkommen von 2015 festgehaltene Ziel, die Erderwärmung auf 2° C oder besser noch 1,5° C zu begrenzen, um die schlimmsten Folgen des Klimawandels abzuwenden, ist aber nach Ansicht von Kritiker:innen im globalen Maßstab nur zu erreichen, wenn nach 2030 auf *alle* weiteren Emissionen verzichtet wird. Doch was nach 2030 geschehen soll, darüber schwieg das Gesetz sich aus. Der Erste Senat urteilte, dass damit vor allem die Angehörigen der jüngeren Generation in ihren Freiheitsrechten bedroht sind: Man bürde ihnen die wirtschaftlichen, gesellschaftlichen und politischen Lasten der nach 2030 noch ausstehenden Emissionsminderung auf, die dann so radikal und kurzfristig erbracht werden müssten, dass sie in der Ausübung ihrer grundrechtlich geschützten Freiheitsrechte stark eingeschränkt würden.[1]

Wegweisend war das Urteil, weil es mit ihm und vielen ähnlichen nun möglich wird, künftige Gesetzesvorhaben ebenfalls auf ihre Vereinbarkeit mit den Zielen der Emissionsreduktion hin zu überprüfen. Damit öffnet sich dem Klimaschutz der Rechtsweg. In der Tat wurden weltweit bereits knapp zweitausend solcher Prozesse angestrengt.[2] „Climate litigation" nennt sich die Strategie, die Klimagerechtigkeit juristisch durchsetzen will. Ein wichtiger Präzedenzerfolg wurde 2015 vor einem niederländischen Gericht errungen, das der Regierung strengere Klimaziele auferlegte. „Zum ersten Mal", schrieb das Wissenschaftsmagazin *Nature*, hatte seinerzeit „ein Gericht bestätigt, dass eine Regierung die Fürsorgepflicht für ihre Bürger verletzt, wenn sie zu wenig gegen Emissionen unternimmt."[3]

Tatsächlich haben die meisten dieser Verfahren gemein, dass sie Regierungen für etwas in die Verantwortung nehmen, was sie *nicht* tun. Das ist etwas anderes als ein simpler Verstoß gegen eine Regel, sei es ein explizites Gesetz oder auch nur ein implizites moralisches Verbot. „Climate litigation" richtet sich, würde Judith Shklar sagen, gegen *passive* Ungerechtigkeit. Diese ist der Widerpart zur aktiven Ungerechtigkeit, die von einem Staat, einer Körperschaft oder einer Person ausgehen kann. Der Begriff trägt dem Umstand Rechnung, dass Ungerechtigkeit nicht immer die Folge einer Handlung sein muss, sondern auch durch Unterlassung in die Welt kommen kann: Wer nichts tut, obwohl er oder sie etwas tun könnte, um Ungerechtigkeit zu verhindern oder das Ausmaß ihrer Folgen zu mindern, verhält sich passiv ungerecht (ÜU 68).

Das, was als Ungerechtigkeit gilt, ist aber wandelbar und die Erfahrung von passiver Ungerechtigkeit zeigt sich oft in Form enttäuschter Erwartungen an, die man als Bürger:in einer liberalen Demokratie plausiblerweise an seine Mitbürger:innen und staatliche Akteur:innen stellen kann. Dazu gehört die Erwartung, dass andere beherzt eingreifen, wenn sie Ungerechtigkeiten sehen, selbst, wenn sie nicht dazu verpflichtet sind. Shklar versteht passive Ungerechtigkeit daher als „spezifisch staatsbürgerliches Versagen, privaten und öffentlichen Akten der Ungerechtigkeit Einhalt zu gebieten" (ÜU 14). Es ist ein Vergehen gegen die eigenen Mitmenschen, das aus Desinteresse folgt: „Als Bürger sind wir auf passive Weise ungerecht, wenn wir Verbrechen nicht anzeigen, beiseite schauen, wo wir Betrügerei und kleinere Diebstähle sehen, wenn wir politische Korruption tolerieren und schweigend Gesetze akzeptieren, die wir für ungerecht, unklug oder grausam halten." (ÜU 14)

Aber auch Akteur:innen staatlicher Behörden sind oft passiv ungerecht, wenn sie sich strikt an ihre Amtspflichten halten, selbst, wenn sie mehr tun könnten. Als Bürger:in kann man etwa erwarten, vor Katastrophen geschützt zu werden oder Hilfe zu bekommen, wenn sie eintreten; die Säumigkeit staatlicher Stellen steht dem ebenso entgegen wie das Verschleppen von Maßnahmen, Missmanagement oder schlicht Fahrlässigkeit. Dabei ist passive Ungerechtigkeit zu suchen nicht dasselbe wie die Schuldigen zu identifizieren. Statt zu viele Ressourcen darauf zu verschwenden, die Verantwortlichen ausfindig zu machen, sollte es – ganz im Sinne des Liberalismus der Furcht – viel eher darum gehen, den Opfern zu helfen. Sie leiden auch, wenn nicht das Tun, sondern das Nichtstun katastrophale Auswirkungen hat und selbst Grausamkeit, Leid und Unfreiheit hervorbringt – und dazu zählt auch, wie das Verfassungsgericht feststellte, ein uneingehegter Klimawandel.

Der „Sinn für Ungerechtigkeit“ (ÜU 135–201), der jedem Menschen von Natur aus zukommt, ist für Shklar von zentraler epistemischer Wichtigkeit, wie wir im letzten Kapitel gezeigt haben. Er erlaubt es, die blinden Flecken einer Mehrheitsmeinung über gesellschaftliche Zustände offenzulegen, indem er die Stimme der Opfer hört und hörbar macht. So leiden etwa gerade marginalisierte Gruppen unter den Folgen von Umweltverschmutzung und Erderwärmung, weil dadurch entweder bereits bestehende Ungerechtigkeiten verschärft oder neue geschaffen werden.[4] Der Sinn für Ungerechtigkeit bricht sich zum Beispiel Bahn in den ausdauernden Protesten der Standing Rock-Sioux im Jahr 2016 und 2017 gegen den Bau der Dakota Access-Ölpipeline, die durch ihr Reservat geleitet worden wäre und ihr Trinkwasser gefährdet hätte.[5] Oder, auf globaler Ebene, in der Rede, die der Außenminister von Tuvalu vor der UN Klimakonferenz 2021 in Glasgow hielt, während der er knietief im Meerwasser stand, um zu zeigen, dass der steigende Meeresspiegel den pazifischen Inselstaat in Zukunft unbewohnbar zu machen droht.[6] Der Sinn für Ungerechtigkeit ist damit sowohl aktive Protestform wie auch epistemische Ressource für politische Veränderung – ohne ihn wären Missstände schwerer zu identifizieren oder würden gar nicht gehört.[7]

Der Ursprung der blinden Flecken jeder Mehrheitsmeinung liegt in dem, was Shklar das „gewöhnliche Modell von Gerechtigkeit“ nennt – jene expliziten und impliziten Weisen, über Gerechtigkeit zu sprechen, die in den westlichen Denktraditionen vorherrschend sind (ÜU 31).[8] Von Aristoteles bis

John Rawls wurde bis auf wenige Ausnahmen in der Geschichte der Philosophie Ungerechtigkeit schlicht als *Abwesenheit* von Gerechtigkeit verstanden – als sekundäres, von der eigentlichen Sache nur abgeleitetes Phänomen. Mit erstaunlicher Selbstverständlichkeit hat man daher unzählige Theorien der Gerechtigkeit entwickelt, die Ungerechtigkeit aber nie als selbstständiges Phänomen betrachtet – obwohl ein Sinn für Ungerechtigkeit eigentlich, so Shklar, jeder ausgearbeiteten Konzeption von Gerechtigkeit vorausgeht. Im täglichen Leben sagt man regelmäßig, etwas sei ungerecht, während es den meisten Menschen schwerfallen würde, spontan Beispiele von Gerechtigkeit beizubringen.

Das gewöhnliche Modell, dem die meisten Gerechtigkeitstheorien folgen, geht davon aus, dass Bürger:innen Ansprüche an den Staat und aneinander haben, und dass diese Ansprüche in einem geordneten Satz expliziter Regeln niedergelegt werden können. Shklar nennt dies „primäre Gerechtigkeit". Sie organisiert in einer Gesellschaft die Verteilung von Dingen, Lasten oder Vorteilen (ÜU 33). Da Ungerechtigkeit hier nur als Abwesenheit der so definierten Gerechtigkeit gelten kann, ist das gewöhnliche Modell ein allzu grobes Sieb, das eigentlich nur zwei Arten von Ungerechtigkeiten aufzufangen vermag: Entweder, es wird eine Regel verletzt – wenn etwa ein großes Unternehmen gesetzliche Umweltnormen nicht einhält –, oder aber, es wird eine bestehende Regel auf kriminelle Weise nicht angewandt – wenn etwa eine diesem Unternehmen wohlgesinnte Regierung ein Auge zudrückt und den Verstoß gar nicht weiter verfolgt. Beide Formen sind in etwa durch das Straf- bzw. Zivilrecht und durch das öffentliche Recht abgedeckt. Immer aber wird angenommen, dass nur solche Ansprüche verletzt werden können, die einmal positiv formuliert worden sind, und dass solche Verletzungen tendenziell aktive Handlungen darstellen müssen.[9] Alles, was keine explizite Ungerechtigkeit ist, erscheint schlicht als Unglück – bedauerlich, aber niemandem anzulasten, denn keine Regel wurde gebrochen.[10] Wer trotzdem leidet, hat schlicht und einfach „Pech gehabt".

Dass genau das aber nicht immer der Fall ist, dass so nur ein kleiner Teil der Masse möglicher Ungerechtigkeiten überhaupt erfasst ist, lässt Shklar Einspruch gegen das gewöhnliche Modell der Gerechtigkeit erheben. Denn im gesellschaftlichen Zusammenleben existieren noch viele andere, oft nur implizit formulierte Ansprüche, die erst zu Bewusstsein kommen, wenn sie enttäuscht werden. Aus diesem Grund achtet Shklar immer auf die ausgesprochenen oder unbewussten *Erwartungen*, die Bürger:innen in einer liberalen Demokratie aneinander und an ihre Regierung stellen. Sie sind selten kodifiziert, leiten aber den täglichen Umgang von Bürger:innen miteinander sowie das Verhältnis zwischen ihnen und ihren Institutionen; zudem sind sie historisch wandelbar, wären also auch niedergelegt immer wieder zu aktualisieren.

Wie immer geht es Shklar in ihrer Kritik eher um die Übung der Urteilskraft als um die Anwendung von Regeln. Regelgeleitete Gerechtigkeitstheorien setzen, wie Katrina Forrester ausführt, zu sehr auf einen schon bestehenden Konsens darüber, worin gerechtfertigte Erwartungen genau bestehen. Shklar zieht es vor, den Prozess, das je gerechter- und gerechtfertigterweise zu Erwartende im gegebenen Fall festzustellen, schon mit der Aushandlung und Artikulation der entsprechenden Erwartungen beginnen zu lassen. Gewöhnliche Gerechtigkeitstheorien haben daher immer einen ausgeprägten Vertragscharakter, so als ob sich alle Handlungsgründe auf bloß abstrakte Ja/Nein-Entscheidungen herunterbrechen ließen, statt vor allem Beziehungen zwischen leidensfähigen Menschen, zwischen Starken und Schwachen, eben zwischen Bürger:innen mit Erwartungen aneinander zu sein.[11] Die Bedeutung dieser Erwartungen besteht dabei in ihrer normativen Kraft: Selbst, wenn man ihnen in der Praxis oft nicht gerecht wird, bleibt die Überzeugung lebendig, dass sie idealerweise erfüllt werden *sollten* – und jede Abweichung von dieser Norm ruft den Sinn für Ungerechtigkeit auf den Plan. Je demokratischer eine Gesellschaft ist, aber auch je enger ihre Funktionen miteinander verzahnt sind, desto umfassender können diese Erwartungen werden; je autoritärer dagegen ein Staat ist, desto geringer die Kraft positiver Erwartungen – in einer Willkürherrschaft gäbe es gar keine, die daher auch kaum enttäuscht werden können (ÜU 69).

Liberaldemokratische Gesellschaften hängen deshalb davon ab, dass über Kernerwartungen debattiert wird und sie in diesem Prozess gefestigt werden. Genau diesem Erfordernis trägt der Begriff der passiven Ungerechtigkeit Rechnung: Wer passiv ungerecht ist und einfach wegschaut, wenn möglicherweise berechtigte Erwartungen der Mitbürger:innen verletzt werden, verletzt selbst die allererste demokratische Erwartung, nämlich dass jede Stimme gehört wird. Die Beschreibung einer passiven Ungerechtigkeit, die sich auf staatsbürgerliches Verhalten bezieht, ist dabei keine neue Idee, und Shklar zitiert Ciceros *De officiis* als älteste Belegstelle, deren Einsicht allerdings in kaum eine Gerechtigkeitstheorie aufgenommen worden ist: „Wer dem Schlechten nicht entgegentritt oder es verhindert, hat er die Macht dazu, ist ebenso schuldig, unrecht gehandelt zu haben, als verriete er sein Vaterland", schreibt Cicero und plädiert für eine republikanische Politik, in der die politische Identifikation mit dem Staat bis ins Private hineinreicht (ÜU 68).[12] Für republikanische Bürger:innen ist Untätigkeit, die ein Schlechtes zu geschehen erlaubt, auch ohne die Verletzung von Regel, Gesetz und Norm ungerecht, ja wesentlich unpatriotisch. Das gilt sowohl für das Handeln von Regierungsstellen als auch für die Handlungen der Bürger:innen, weshalb Charakter und internalisierte Tugend wichtige Vokabeln des Republikanismus sind. Sie entsprechen einer ganz bestimmten Vorstellung von Staatsbürgerschaft, die jener des Liberalismus entgegenzustehen scheint. So hat etwa der Philosoph Michael Sandel moniert, der Liberalismus kenne kein gemeinsames bürgerschaftliches Engagement, da er Gesellschaft nur als bloßes Konglomerat „ungebundener Selbste" denke, die einander durch keinerlei Verpflichtungen verbunden seien und nur nach uneingeschränkter Wahlfreiheit strebten.[13] Die Pflichten, die *officia*, von denen in Ciceros Titel die Rede ist, wären so betrachtet nichts anderes als Einschränkungen der staatsbürgerlichen Freiheit und gerade nicht ihr Kern.

Für Shklar gibt die republikanische Idee von Staatsbürgerschaft gleich in mehrfacher Hinsicht Anlass zu Skepsis. Republikanismus neigt dazu, der liberalen „fraglosen Akzeptanz kultureller Vielfalt" zu widersprechen, homogenisierend und fremdenfeindlich zu sein.[14] Überdies sind Bürger:innen hier oft in einem solchen Maße in das politische Leben eingebunden, dass die Unterscheidung zwischen dem Öffentlichen und dem Privaten, die im Liberalismus so zentral ist, annähernd hinfällig wird (AC 34f.; LdF, 33). Dennoch kennt und schätzt auch Shklars Liberalismus aktive Staatsbürger:innen: Sie erheben die Stimme, wenn Dritte ungerecht behandelt werden, achten auf deren Freiheit und Freiheitsbedingungen und engagieren sich für das Funktionieren ihrer demokratischen Institutionen. Das ist die „Demokratie des täglichen Lebens", die ihren Ausdruck findet „in den Gebräuchen der Gleichheit und in der Gegenseitigkeit gewöhnlicher Verpflichtungen zwischen Staatsbürgern" (ÜU 72).[15]

Egal ob sie von staatlichen Stellen oder privaten Bürger:innen ausgeht: Passive Ungerechtigkeit ist die im gewöhnlichen Modell nicht vorgesehene Verletzung einer spezifisch demokratischen Kernerwartung – dass jede Stimme zählt und deswegen gehört werden muss. Sie ist in gewisser Weise eine *Erwartungserwartung*, denn sie begleitet den Umgang mit unseren anderen Erwartungen, seien sie nun rechtlich kodifiziert oder nicht, in denen sich die Anerkennung als demokratischer Staatsbürger:in ausdrückt. Shklar gibt eine Reihe von Beispielen, in denen diese Erwartungserwartung zum Tragen kommt: Der Anspruch, Grausamkeit zu vermeiden und vor ihr geschützt zu sein, wäre das Minimum, auf das Bürger:innen eines funktionierenden liberalen Staates zählen können. Zur weitergehenden Forderung nach Anerkennung gehört, garantierte Partizipationsmöglichkeiten in diesem Staat und gleiche

Rechte zu besitzen wie alle anderen, aber auch, keine Diskriminierung zu erfahren. Und schließlich ist das Gehörtwerden selbst eine Erwartung in einer Demokratie, die schmerzt, wenn sie enttäuscht wird, wie wir im letzten Kapitel gezeigt haben.

In einem 1992 gehaltenen Vortrag, in dem Shklar noch einmal ihren Liberalismus der Furcht erläutert, klärte sie darüber hinaus auf, dass sich Erwartungen auch ändern und anpassen können: „[D]ie Einhegung aller Quellen vermeidbarer Furcht" sei ein fortschreitender Prozess, der in der Gegenwart auf die „Verringerung jeder Form von sozialer Ungleichheit" abziele.[16] In ihrem letzten Buch *Wählen und Verdienen* aus demselben Jahr, das im englischen Original *American Citizenship* heißt, zeigt Shklar anhand der amerikanischen Gesellschaft ihrer Gegenwart, dass zur vollgültigen Staatsbürgerschaft in den USA neben dem (kodifizierten) Wahlrecht auch die (nicht kodifizierte) Stellung als Lohnempfänger:in gehört. Die geteilte Erwartung, den eigenen Lebensunterhalt durch Arbeit bestreiten zu können, um als Staatsbürger:in vollgültig anerkannt zu sein, begründet für Shklar ein informelles *Recht auf Arbeit*. Dieses Recht „mag kein Recht mit Verfassungsrang sein [...], aber es sollte doch eine Annahme sein, die unsere politischen Entscheidungen leitet".[17] Die jeweiligen Erwartungen, die die Mitglieder einer demokratischen Gesellschaft plausiblerweise an ihre Institutionen wie auch aneinander richten, sind also historisch variabel. Sie hängen von Faktoren ab, die selten explizit niedergelegt sind: Der Stand der verfügbaren Technik spielt hier ebenso eine Rolle wie eben die Quellen von gesellschaftlicher Stellung oder die Vorstellung von Staatsbürgerschaft, die in einer Gesellschaft herrscht. Ein nicht unwesentlicher Teil der politischen Theorie besteht für Shklar daher darin, diese unausgesprochenen Erwartungen offenzulegen und zu explizieren (GnL 249). Von ihnen hängt ab, ob sich der Sinn für Ungerechtigkeit auch dann erhebt, wenn kein Gesetz gebrochen oder gegen keine Norm verstoßen, sondern eine passive Ungerechtigkeit begangen wurde.

Ein Recht auf Zukunft

Sind gesellschaftliche Erwartungen veränderbar, muss sich auch die größte Veränderung in der Geschichte der Menschheit auf sie auswirken. Der Klimawandel, darauf zielte das Urteil des Bundesverfassungsgerichts, schürt Erwartungen an die Schutzpflicht des Staates – und zwar, was neu ist, *in der Zeit*. Es dürfe, heißt es da, „nicht einer Generation zugestanden werden [...], unter vergleichsweise milder Reduktionslast große Teile des CO_2-Budgets zu verbrauchen, wenn damit zugleich den nachfolgenden Generationen eine – von den Beschwerdeführenden als ‚Vollbremsung' bezeichnete – radikale Reduktionslast überlassen und deren Leben schwerwiegenden Freiheitseinbußen ausgesetzt würde."[18] So wie Shklar in *Wählen und Verdienen* aus den kulturellen und historischen Standards einer Zeit ein Recht auf Arbeit herausliest, könnte man im Geist dieses Rechtsspruchs von einem implizit artikulierten *Recht auf Zukunft* sprechen. An dieser Stelle zeigt sich freilich wieder der Unterschied zwischen dem gewöhnlichen Modell und der Shklar'schen Ungerechtigkeitskonzeption. Das Gericht vermag die passive Ungerechtigkeit nicht einzuholen und ist dazu ja als regelförmige Institution gar nicht in der Lage. Zudem geht das Urteil nicht so weit, wie es die Shklar'sche Ungerechtigkeitstheorie erlaubte. So stellten die Karlsruher Richter:innen explizit keinen Gesetzesverstoß (und also noch nicht einmal eine *juristische* oder *aktive* Ungerechtigkeit) in der Vergangenheit fest – weder gegen Artikel 20a des Grundgesetzes, das sogenannte Klimaschutzgebot, noch gegen die Artikel 2 und 14, in denen die grundrechtliche Schutzpflicht des Gesetzgebers festgelegt ist. Das wäre nur dann der Fall gewesen, so das Urteil, wenn gar kein Konzept zur Klimaneutralität vorgelegen hätte. Statt um eine bereits begangene Ungerechtigkeit ging es in dem Beschluss also um die Verhinderung einer zukünftigen, und so wurde der Gesetzgeber lediglich zur Nachbesserung im Sinne „intertemporale[r] Freiheitssicherung“ aufgefordert.[19]

Jenseits des Rechts, aber mit einem Blick auf die Erwartungen einer Gesellschaft, wären hingegen weitergehende Forderungen abzulesen. Die Protestbewegungen der letzten Jahre, etwa *Fridays for Future* und neuerdings *Die letzte Generation*, sowie die klimapolitische Debatte allgemein zeigen, dass die gesellschaftliche Selbstverständigung über ein solches Recht auf Zukunft in Teilen unserer öffentlichen Diskussionen und sozialen Praktiken bereits eine Realität geworden ist, sich aber noch nicht übergreifend durchgesetzt hat. In diesem diskursiven Schwebezustand ist das Urteil des Bundesverfassungsgerichts nur eine, wenngleich gewichtige Stimme unter anderen. Es ist, anders gesagt, einerseits juristisch relevant – innerhalb des Rechts als einem klar von allen anderen gesellschaftlichen Bereichen isolierten Regelsystem –, zugleich aber auch ein Teil der sehr viel umfassenderen gesamtgesellschaftlichen Verständigung über genuin politische Fragen; in der Tat sind Politik und Recht in vielen Fällen nicht zu trennen, weshalb es falsch wäre, das Urteil *nur* unter legalistischen Aspekten zu betrachten.[20]

Ein Recht auf Zukunft wäre dagegen „kein Recht mit Verfassungsrang", sondern hätte vor allem politischen Status und müsste im Anschluss an Shklar aus gesellschaftlichen Erwartungen abgelesen werden. Es wäre das Recht, die Veränderungen in den Lebensbedingungen kommender Generationen nicht größer werden zu lassen als unbedingt nötig und sie nicht noch fahrlässig zu verstärken. Diese Idee erinnert an das vom Philosophen Hans Jonas formulierte *Prinzip Verantwortung*, das explizit davon ausgeht, dass sich mit der Reichweite menschlichen Handelns – in seinem Fall der zunehmenden Umweltverschmutzung, der sich abzeichnende Klimawandel war bei Erscheinen des Buches 1979 nur ein Randthema – auch die Reichweite von Ethik verändert. Sie umfasst nun nicht nur den zeitlichen und räumlichen Nahbereich, sondern erhebt zudem die Forderung, uns ferne Gruppen ebenso zu berücksichtigen wie zukünftige Generationen.[21] Auch Jonas spricht davon, eher von einem „*summum malum*", einem höchsten Übel statt einem höchsten Gut auszugehen.[22] Dabei hat die Konzentration auf dieses Übel bei ihm vor allem heuristische Funktion: In der Vorstellung des zu Verlierenden wird das Bewahrenswerte überhaupt erst sichtbar. Man muss sich die Folgen einer verheerten Natur erst ausmalen, um daraus die Motivation zum Handeln zu erhalten. Wenn

Jonas von einer „Heuristik der Furcht" spricht,[23] liegt es daher fast auf der Hand, ihn mit dem „Liberalismus der Furcht" kombinieren zu wollen.

Es ist hilfreich für die Gewinnung einer Shklar'schen Perspektive auf die Klimapolitik – die sie freilich selbst nie so formuliert hat[24] –, die Unterschiede zu Jonas zu benennen. Zum einen ist der Status von Furcht heute ein anderer. Jonas war seinerzeit davon ausgegangen, dass die Furcht immer nur eine um die noch Ungeborenen sein könne, weshalb er so sehr darauf pochte, durch möglichst drastische Szenarien die politische Vorstellungskraft anzuregen und „uns zu der passenden Furcht anzuhalten".[25] Heute sind es bereits die Mitlebenden, die von den Folgen des Klimawandels betroffen sind. Furcht ist hier kein heuristisches Mittel mehr, sondern immer mehr eine Tatsache, die als „climate anxiety" bereits psychopathologischen Rang erlangt hat.[26] Schon die jetzt erwachsenen Generationen haben seine Folgen vor Augen, vom Verlust von 28 Billionen Tonnen Eis in den letzten vier Jahrzehnten[27] bis zur Tatsache, dass die vergangenen sieben Jahre die in Folge wärmsten seit Beginn der Wetteraufzeichnungen waren, mit neuen Hitzerekorden im Sommer 2023.[28] Zugleich aber hat die Furcht um die zukünftigen Generationen nicht abgenommen, ist nur näher in die Gegenwart gerückt. Ein Kind, das 2019 geboren wurde, würde die vier Grad Erderwärmung eines ungebremsten Klimawandels – unter denen kein normales Leben mehr möglich wäre – spätestens zu seinem 70. Geburtstag am eigenen Leib spüren.[29] Aus diesem Grund waren die Kläger:innen in Karlsruhe als unmittelbar Betroffene auch Kinder und Jugendliche.

Im Unterschied zu Shklar hat Jonas aber nicht nur ein *summum malum*, sondern auch weiterhin ein *summum bonum* im Blick. Er besitzt eine sehr genaue Vorstellung nicht nur von einem gelungenen Leben, sondern auch vom Wert des Lebens überhaupt. Aus diesem Grund bietet er eine ganze naturphilosophische Metaphysik auf, mit der erst die Frage geklärt werden muss, wieso Menschen überhaupt in der Welt sein sollen, um aus der „Pflicht zum Dasein" auch eine Pflicht zur Erhaltung der Menschheit zu schließen.[30] Die Pflicht zum Dasein ist nicht nur sehr viel voraussetzungsvoller als eine Vermeidung von Furcht und Grausamkeit als *summum malum*, sondern auch philosophisch folgenreicher. Sie entzieht die Entscheidung über Handlungsoptionen vollends aller Politik und macht sie zur Sache eines „Seins", einer Ontologie. Aus Einsicht in ein wie immer geartetes Sein Handlungsanweisungen abzuleiten, ist, wie Hans Blumenberg es genannt hat, politischer „Platonismus"[31] – es gemahnt an die Philosophenkönige aus Platons *Republik*, in der eine kleine Elite mit unumstößlichem Wissen der Wahrheit die Staatsgeschäfte führt, und zwar auch um den Preis der Täuschung der großen Masse.

Aus der Perspektive des skeptischen Liberalismus der Furcht ist ein solcher politischer Platonismus zu vermeiden. Shklars nur von einem *summum malum* her entwickelter Ansatz verfügt nicht über die Gewissheiten eines Hans Jonas und plädiert daher eher für eine *Politisierung* von Gerechtigkeitsfragen, statt sie mit Verweis auf unbestreitbare Tatsachen zu depolitisieren. Für Wissenschaft heißt das, dass ihre Ergebnisse – selbst im Fall des Klimawandels – nie unmittelbare politische Folgen zeitigen können, sondern immer erst politisch diskursiviert werden müssen. Schließlich ginge selbst aus einer eindeutigen Faktenlagen nicht eindeutig hervor, auf welche Weise, mit welchen Mitteln, unter welcher Verteilung von Lasten und Vorteilen gehandelt werden soll. Diese Differenz zwischen Wissenschaft und Politik ignoriert Jonas und es ist daher nicht verwunderlich, dass er – der sich selbst als „Fremdling" in der „Zwielichtzone des Politischen" bezeichnet – am Ende „eine wohlwollende, wohlinformierte und von der richtigen Einsicht beseelte Tyrannis" als politisch wünschbar beschreibt.[32] Das hat mit Shklar kaum mehr etwas zu tun – was politisch aus der Heuristik der Furcht bei Jonas folgt, liegt dem Liberalismus der Furcht gänzlich fern.

„Notwendigkeit", diese auf Machiavelli zurückgehende politische Trope (GnL 40), schneidet alle Deliberation und alle Politik ab und ersetzt sie durch Staatsräson, die Macht des Stärkeren oder eben politischen Platonismus. Man erkennt schnell, dass Jonas' Rede vom notwendigen Handeln nur das ökologische Gegenstück zur konservativen Rhetorik der „Sachzwänge" ist. Diese können als unumgänglicher Zwang zu staatlichen Einsparungen auftreten oder als Behauptung, der gegenwärtigen Generation könnten zugunsten der kommenden überhaupt keine Einschränkungen zugemutet werden. So wird jedes Tempolimit bereits zur Vorwegnahme der drohenden Ökodiktatur. Solche Positionen sind nicht neu: Schon 1957, in ihrem ersten Buch *After Utopia*, klagte Shklar jenen „konservativen Liberalismus" an, der sich jeglicher kollektiven politischen Veränderung im Namen einer rein individuellen Freiheit entgegensetzte und den „Weg zur Knechtschaft"[33] und Totalitarismus mit Akten staatlicher Regulierung gepflastert sah (AU 236–238). So unsinnig das ist, so naiv ist die Hoffnung, der reine Hinweis auf die Fakten der Wissenschaft könne schon die Einsicht zum Handeln hervorbringen. Beide Positionen, die liberalkonservative wie die szientistisch-faktengläubige, wirken auf ihre Weise depolitisierend, weil sie der politischen Aushandlung von vornherein bestimmte Themen entziehen.

Ein Shklar'sches Recht auf Zukunft dagegen ist sich der Unausweichlichkeit des Politischen bewusst. Es müsste einen anderen, weniger kategorischen Begriff des Erforderlichen verwenden, der gerade nicht das Ende der Debatte bezeichnen, sondern das je Hinnehmbare erst zum ständigen, immer erst auszuhandelnden Thema macht. Das Notwendige würde so zur Sache von Diskussionen, nicht von Setzungen. Schließlich ist das, was an Veränderung für gegenwärtige und künftige Generationen notwendig erscheint, selbst eine Frage von sich verändernden und artikulierten Erwartungen. „Zustimmung als ununterbrochener Prozess unter den Bedingungen persönlicher Freiheit" (ÜU 196) nennt Shklar diese liberaldemokratische Alternative zur Politik der Sachzwänge. Jonas' ökologische Tyrannis aus Einsicht in wahres Wissen ist der falsche Weg, der gerechtfertigten Furcht vor der Klimakatastrophe zu begegnen; zugleich richtet sich die liberaldemokratische Lösung auch gegen den „liberalkonservativen" Impuls, aus Trotz gegen jede politische Veränderung und unter Hinweis auf ein Höchstmaß an individueller Freiheit als Nicht-Einschränkung am besten gar nichts zu tun. Im Gegenteil kann auch das Nichtstun Ungerechtigkeit, Furcht und Grausamkeit hervorrufen; eben das ist die Lehre der passiven Ungerechtigkeit.

Anthropozänische Ungerechtigkeit

Nicht weit von der Rhetorik der Notwendigkeit entfernt ist die Rhetorik des Natürlichen. In unserem alltäglichen Sprachgebrauch kann das, was natürlich ist, keine Ungerechtigkeit sein, sondern höchstens ein Unglück, denn es gibt keine Verantwortlichen. Eine Strategie, politische Veränderung angesichts des Klimawandels zu verschleppen, mag nicht nur darin bestehen, ihn zu leugnen oder unter Hinweis auf die zu großen Lasten für die Gegenwärtigen die Hände sinken zu lassen, sondern ihn als bedauerliches, aber letztlich natürliches Phänomen zu beschreiben. Denn selbst wenn er als tatsächliche Entwicklung anerkannt wird, die womöglich auch auf menschliche Einflüsse zurückgeht, kann doch sein Ausmaß derart allumfassend erscheinen, dass nichts oder nur wenig gegen ihn zu tun ist. Er ist schlicht eine Naturgewalt – ein Unglück, bedauerlich für jene, die es trifft. Vor allem mit dem gewöhnlichen Modell in der Hand, das nur explizite Regelverletzungen als ungerecht anerkennt, ist es ein Leichtes, zum Unglück zu erklären, was viele Protestbewegungen der letzten Jahre als Ungerechtigkeit brandmarken.

„Wann ist eine Katastrophe ein Unglück und wann eine Ungerechtigkeit?“, fragt Shklar zu Beginn ihres Buches *Über Ungerechtigkeit* und vermutet: „Sind äußere Naturgewalten Ursache des furchtbaren Ereignisses, handelt es sich um ein Unglück, und wir müssen uns in unsere Leiden fügen. Sollte es jedoch ein menschliches oder übernatürliches Wesen mit üblen Absichten herbeigeführt haben, dann handelt es sich um eine Ungerechtigkeit und wir dürfen unsere Empörung und unseren Zorn zum Ausdruck bringen." (ÜU 7)

Doch diese intuitiv einleuchtende Unterscheidung trägt bei genauerer Betrachtung nicht weit. Shklar zeigt das am Beispiel eines Erdbebens, einer offensichtlich nicht von Menschen verursachten Katastrophe: *Dass* sie geschah, mag niemandes Schuld gewesen sein; aber *wie* sie sich auswirkte, das heißt, wie für diesen Fall vorgesorgt oder auf sein Eintreten reagiert wurde, wird von politischen Entscheidungen beeinflusst. Gibt es technische Lösungen der Prävention oder der Rettung – und kann man in einer demokratischen Gesellschaft plausibel erwarten, dass der Staat über sie verfügt und einsetzen sollte –, dann sind unterbliebene Hilfe, aber auch verschleppte Maßnahmen und langsame Reaktionen Akte passiver Ungerechtigkeit.

Flutkatastrophen wie die im Ahrtal, an der Erft und Teilen Belgiens, die im Sommer 2021 über 220 Menschen das Leben kostete und Schäden in Höhe von fast 6 Milliarden Euro anrichtete, sind so betrachtet keine einfachen Unglücksfälle, mit denen man eben rechnen und in deren Folgen man sich fügen muss. Die dort angerichteten Verheerungen zeugen ebenfalls von passiver Ungerechtigkeit, für deren Beschreibung man allerdings mit Shklar über Shklar hinausgehen muss. Denn tatsächlich lassen sich zwei Arten von passiver Ungerechtigkeit ausmachen: Die erste ist unmittelbar menschlicher Natur und betrifft die Vorbereitung auf und das Verhalten während und nach der Flut. Die zweite ist Ausdruck einer „menschlich-natürlichen", einer, wie man sie nennen könnte, *anthropozänischen Ungerechtigkeit*, die bei Shklar noch nicht formuliert ist, sich aber mit ihren Kategorien beschreiben lässt. Ihr Eintreten wurde durch eine komplexe Verkettung von direkten und indirekten Folgen des Klimawandels wahrscheinlicher gemacht, die in der Entscheidung des Verfassungsgerichts eine Rolle spielten.

Ein Jahr nach dem Hochwasser im Ahrtal berichtete *Der Spiegel* von einer ganzen Reihe von Verfehlungen, die mit jener passiven Ungerechtigkeit verwandt ist, die Shklar im fiktiven Fall des Erdbebens beschrieb. Ein Betroffener berichtet, „so viel laufe schief, die schleppende Aufklärung, der bürokratische Umgang mit den Opfern, der mangelhafte Katastrophenschutz",[34] und benennt damit Aspekte, die auch bei Shklar eine Rolle spielen: Passive Ungerechtigkeit kann neben zu langsamer oder fehlerhafter Reaktion im Katastrophenfall auch in unzureichender Vorsorge bestehen oder sich darin zeigen, dass man sich nach dem Ereignis nicht um die Opfer kümmert. So auch hier. Im Nachhinein wurde klar, dass die Vorsorge für eine solche Katastrophe völlig mangelhaft war, weil man einen Pegelstand von bis zu 10 Metern für unwahrscheinlich gehalten hatte. Am 14. Juli 2021, dem Tag der Flut, waren zudem die Behörden schlecht miteinander vernetzt und Bezirksregierungen gaben wichtige Informationen nicht an die Landkreise weiter. Auch blieben die Pläne, die vorlagen, ungenutzt, und die Evakuierung begann vielerorts viel zu spät. Vor allem der rheinland-pfälzische Innenminister Roger Lewentz stand in der Kritik: Warum wurden die

Dörfer flussabwärts nicht gewarnt, als weiter oben das Ausmaß der Katastrophe schon klar war?

Besonders für die Schwächsten war die ungenügende Vorbereitung katastrophal, wie im Fall eines Heims der Lebenshilfe. Man hatte „die Bewohner in dem Heim für geistig und körperlich behinderte Menschen schlafen lassen, anstatt sie in Sicherheit zu bringen."[35] Als die Feuerwehr darauf drängte, das Gebäude zu evakuieren, soll die Heimleitung abgelehnt haben; als Angehörige versuchten, selbst eine Bewohnerin in Sicherheit zu bringen, war es bereits zu spät. Zwölf Menschen starben. Auch nach der Flut gab es eine Reihe passiver Ungerechtigkeiten. Die Opfer blieben zu einem großen Teil allein. Nicht nur kam das versprochene Fluthilfegeld nicht an oder wurde verweigert, auch erfuhren sie nicht, *warum* ihnen nicht geholfen worden war – zur materiellen kam noch eine Anerkennungsungerechtigkeit, die ihre Stellung als Bürger:innen verletzte.

Schlechte Vorbereitung, mangelnde Hilfe, kaum Aufklärung und immer wieder die Aussage, man sei nicht zuständig oder habe nichts gewusst – all das sind Arten passiver Ungerechtigkeit, begangen von staatlichen Behörden und ihren Vertreter:innen. Es bringt den Sinn für Ungerechtigkeit außerdem auf, wenn nach einer Katastrophe niemand zur Rechenschaft gezogen wird: Die Staatsanwaltschaft konnte bei der Landesregierung und den Behörden „kein strafbares Versäumnis erkennen". Ein Betroffener empörte sich: „Beim Hochwasserschutz hat keiner seine Hausaufgaben gemacht, und jetzt übernimmt keiner die Verantwortung."[36] Hier zeigt sich wieder der Unterschied zwischen den legalen und den politischen Dimensionen von Ungerechtigkeit: Waren die Behörden auch nicht rechtlich durch Regelbruch zu belangen, haben sie doch politisch Verantwortung auf sich geladen, weil sie die „Bereitschaft zu handeln" vermissen ließen (ÜU 93), die man Shklar zufolge als Bürger:in einer liberalen Demokratie erwarten kann.

Aber selbst in der nachträglichen Aufarbeitung eines fehlerhaften Katastrophenmanagements wird sich die Scheidelinie zu einem dem menschlichen Handeln unverfügbaren Unglück nie eindeutig ziehen lassen. Denn die „Grenze zwischen dem Menschlichen und dem Natürlichen" (ÜU 7) ist beweglich und historischem Wandel unterworfen. Neben dem technologischen Stand einer Gesellschaft, der die Verheerungen einer Flut zur Sache menschlicher Ungerechtigkeit statt nur natürlichen Unglücks macht, hat Shklar hier eigentlich die Bedeutung von sozialen Zuschreibungen im Sinn: Schwarz zu sein ist ein Unglück, glaubt man an natürliche Rassendifferenzen, der zufolge weiße Menschen allen anderen überlegen sind; es wird zur Ungerechtigkeit, wenn man erkennt, dass Rassismus eine Sache menschlicher Handlungen ist (ÜU 8). Da gerade der Wandel kultureller Zuschreibungen langsam verläuft und oft umstritten ist, fordert die Grenzziehung zwischen dem Natürlichen und dem Menschengemachten, zwischen Unglück und Ungerechtigkeit, zu jedem gegebenen Zeitpunkten eine Entscheidung ein. Weil sein Gegenstandsbereich immer zu einem gewissen Grade eine Setzung ist, ist Ungerechtigkeit ein politischer Begriff.

In Zeiten des Anthropozäns aber – jener vorgeschlagenen Erdepoche, für die der Klimawandel steht und in der der Einfluss des Menschen im Erdmantel geologisch nachweisbar geworden ist –, wird die Unterscheidung zwischen dem Natürlichen und dem Menschengemachten noch komplizierter. Der Historiker und Vordenker der Anthropozäntheorie Dipesh Chakrabarty schreibt, dass mit dem Anthropozän der Unterschied zwischen Erd- und Menschheitsgeschichte hinfällig geworden ist: Der Mensch wirkt in die Erde hinein und hat – nicht nur durch CO_2-Ausstoß, sondern auch durch Meeresübersäuerung, Reduktion von Artenvielfalt und die Rückstände von Atomtests – „geologische Handlungsmacht“ erlangt.[37] Die Grenze zwischen dem Menschlichen und dem Natürlichen hat sich nicht nur verschoben, so wie es technologischer Fortschritt oder der Wandel kultureller Zuschreibungen tun, sondern ist vielmehr *verschwommen*. Damit wächst auch der Graubereich zwischen Unglück und Ungerechtigkeit: Da Menschen heute Natur „machen“, kann heute auch „Natürliches“ eine Ungerechtigkeit, weil von Menschen beeinflusst sein. So wäre anthropozänische Ungerechtigkeit ein neuer Typ, den Shklars Ungerechtigkeitstheorie nicht voraussah, der sich aber mit dem Instrumentarium ihrer Theorie identifizieren und beschreiben lässt.

Anthropozänische Ungerechtigkeit steigert die dem Begriff der Ungerechtigkeit eigene Verlegenheit, kein objektiv bestimmbarer, sondern ein politischer Begriff zu sein, der nur durch Diskussion und Urteilskraft geschärft werden kann. Wenn diese Erweiterung des Shklar'schen Ansatzes plausibel ist, dann erfährt auch der Radius der passiven Ungerechtigkeit eine signifikante Erweiterung. Denn passiv ungerecht ist auch, wer sich weigert, den Opfern möglicher anthropzänischer Ungerechtigkeit Gehör zu schenken und in die Debatte darüber einzutreten, was ihre Erfahrung für die Gestaltung politischer Freiheitsräume bedeutet.

Auch die anthropozänische Ungerechtigkeit lässt sich an den Ereignissen von 2021 zeigen. Seinerzeit kamen verschiedene Faktoren zusammen. So machten die geologischen Bedingungen an der Ahr ein Hochwasser wahrscheinlicher: Das Flusstal ist eng, hat steil abfallende Hänge und Böden aus festem Vulkangestein. Hinzu kam die Lage von Gebäuden und Campingplätzen nahe am Wasser, die Versiegelung von Oberflächen und die Kanalisierung von Gewässerläufen. Das trug zusammen mit der Tatsache, dass die Regenfälle auf bereits gesättigte Böden trafen, sodass das Wasser nicht einfach abfließen konnte, wesentlich zur Flut bei. Man könnte meinen, es ließe sich hier klar unterscheiden, was menschengemacht ist – die Lage der Siedlungen – und was natürlich – die Gesteinsstruktur. Aber wie steht es um den bereits andauernden Regen, der weit über dem Jahresdurchschnitt lag? Er wäre ein drittes, ein menschlich-natürliches, eben ein anthropozänes Ereignis. Eine Studie der World Weather Attribution Initiative kam zu dem Schluss, dass die Flutkatastrophe mittelbar und unmittelbar mit der zunehmenden Erderwärmung zusammenhing. Die Wahrscheinlichkeit für extreme Regenfälle sei durch die anthropogenen Erderwärmung um das 1,2 bis 9-Fache erhöht worden, auch habe ihre Intensität um 3 bis 19 Prozent zugenommen; damit würde ein solches Hochwasser, das statistisch gesehen nur alle 400 Jahre vorkommt, im Mittel eher alle 300 Jahre geschehen. Die Zeichen für die Auswirkungen des

Klimawandels wie 2022 die Flut in Pakistan, 2023 die Waldbrände auf Hawaii oder die Überschwemmungen in Mitteleuropa zum Jahreswechsel 2024, so viel ist klar, häufen sich.[38] Und das ist nur der heutige Stand, so dass bei einer fortschreitenden Klimaveränderung auch solche Extremereignisse immer wahrscheinlicher würden – bei zwei Grad mehr etwa bereits um bis zu sechs Prozent.[39]

Die Hinterbliebenen der Opfer, die geschädigten, in ihren Erwartungen enttäuschten Bürger:innen können bei menschlichen Verfehlungen im Angesicht natürlicher Katastrophen mit dem Finger auf Verantwortliche zeigen, Verbesserungen einfordern und ihren Sinn für Ungerechtigkeit artikulieren. Immer geht es in der politischen Debatte, die auf solche Anklagen folgt, um Urteile über natürliches Unglück oder politische Ungerechtigkeit. Auch bei der anthropozänischen Ungerechtigkeit würde man, wie die Kläger:innen vor dem Verfassungsgericht, darauf drängen, festzustellen, dass mehr hätte getan werden müssen, um dem anthropogenen Klimawandel Einhalt zu gebieten, mit seinen Folgen zu planen oder sie für die am meisten Betroffenen abzumildern. Wie aber geht man mit anthropozänischer Ungerechtigkeit um, wenn sich vielleicht überhaupt keine Verantwortlichen mehr ausmachen lassen, weil wir alle die Schuld tragen?

Die vielen Hände des Klimawandels

Der Begriff der anthropozänischen Ungerechtigkeit zeigt, welche neuen Probleme durch die verschwommene Grenze zwischen dem Menschlichen und dem Natürlichen entstehen. Die Frage nach passiver Ungerechtigkeit ist nicht dieselbe wie die nach eindeutiger Schuld. Natürlich wäre es gut, die Verursachenden einer Katastrophe ausfindig zu machen, aber Shklar weist darauf hin, dass man dazu nicht immer in der Lage ist. Komplexe Kausalketten und das Problem der „vielen Hände" machen es oft unmöglich, Schuld eindeutig zu lokalisieren (ÜU 102–103). Auch im Fall der Klimakrise lässt sich das beobachten. Es ist ein Gegenstand einiger Debatten, bei wem die Schuld für die Erderwärmung genau zu suchen ist. So gut wie jede seriöse Forschung hält sie für menschengemacht. Was aber heißt das exakt? Ist damit „der Mensch" an sich gemeint, als Spezies *homo sapiens* oder als Kollektiventität „Menschheit"? Keine abstrakte Idee kann an irgendetwas Schuld sein, lautete hier ein geläufiger Einwand, da nur *bestimmte* Menschen die Klimaerwärmung vorangetrieben haben, nämlich die westlichen Industriegesellschaften.[40] Sind damit aber nicht andere Emissionsproduzenten wie China, das heute insgesamt (wenn auch nicht pro Kopf) mehr CO_2 in die Atmosphäre ausstößt als die USA, fein raus?[41] Aber selbst wenn dem so wäre, geht dann die Verschmutzung von diesen Gesellschaften in ihrer Gesamtheit aus? Oder liegt die Schuld am Ende nicht doch bei Individuen – bei mir, wann immer ich das Auto nehme, statt aufs Fahrrad zu steigen, sei es in Berlin oder in Shanghai?

An dieser Stelle hilft auch die Unterscheidung zwischen Schuld und Verantwortung, die Hannah Arendt eingeführt hat, nicht weiter – dass nämlich Schuld immer eine Sache von Einzelnen sei, Gruppen dagegen nur Verantwortung übernehmen könnten.[42] Ein ethisches Problem des Klimawandels ist gerade, dass man Schuld und Verantwortung nicht mehr ohne weiteres trennen kann, weil sich die Skalen des Individuellen und des Kollektiven kreuzen. „Jedes Mal, wenn ich mein Auto anlasse", schreibt der Philosoph Timothy Morton, „habe ich nicht vor, der Erde Schaden zuzufügen. [...] Und ich schade der Erde ja auch nicht: Meine einzelne Schlüsseldrehung ist statistisch gesehen bedeutungslos." Diese individuelle Bedeutungslosigkeit löst sich jedoch auf, sobald man als Mitglied einer Gruppe handelt, die im Extremfall alle anderen Menschen umfasst: „Wenn ich diese Akte auf Milliarden von Schlüsseldrehungen [...] ausdehne, erleidet die Erde aber ohne Frage einen Schaden." Dadurch ist man doppelt involviert: „Ich bin ein Mensch. Ich bin aber auch Teil einer Entität, die jetzt eine geophysische Kraft auf planetarischer Ebene ist."[43] Als Individuum bin ich kaum für den Klimawandel verantwortlich zu machen, kann mich aber nur als solches auch dazu verhalten; als Mitglied der Spezies Mensch (oder auch als Mitglied westlicher Industriegesellschaften) bin ich es ohne Frage, kann aber nicht ohne weiteres *als* diese Kollektivität handeln, sondern höchstens als (sehr kleiner) Teil von ihr.

Man sieht bereits an der paradoxen Umkehrung von Arendts Unterscheidung – im Falle des Klimawandels hat ein Kollektiv Schuld, während das Individuum nur Verantwortung übernehmen kann –, dass die Elemente einer klassischen Individualethik im Anthropozän zu versagen drohen. Das heißt nicht, dass die Kategorie der Schuld nicht weiterhin eine sinnvolle Rolle in der politischen Diskussion spielen sollte. Gerade, wenn es darum geht, zu bestimmen, welche Nationen verhältnismäßig mehr zur Bekämpfung der Erderwärmung beitragen sollen, kommt man um eine Identifizierung relativer Schuld nicht herum. Aber auch hier liefe man Gefahr, wieder einfach auf das gewöhnliche Modell von Gerechtigkeit zurückzufallen, und nur nach Regelbrüchen zu suchen – etwa, wenn Staaten ihre eingegangenen Verpflichtungen zur Einhaltung bestimmter Emissionsobergrenzen verletzen –, statt offen zu sein für die epistemischen Ressourcen, die uns dabei helfen, Ungerechtigkeit jenseits solcher institutionalisierten Rahmenbedingungen zu erkennen. Mit dem Begriff der passiven Ungerechtigkeit eröffnet Shklar zumindest die Möglichkeit, individuelle und institutionelle Ebenen miteinander zu kreuzen: Bin ich auch als Individuum allein kausal nicht schuldig, stehe ich als Bürger:in doch auch für die Verantwortung des Staates ein, der in meinem Namen handelt – oder eben nicht.

Die Suche nach Schuldigen hat in einer Demokratie eine Berechtigung und Funktion. Sie ergibt als republikanische oder demokratische Reaktion Sinn – nämlich, weil wir aneinander Ansprüche stellen und weil Erwartungen existieren, die enttäuscht werden können. So wie moralische Argumente in einer Welt aus Teufeln kaum etwas nützen – durchaus aber politische –, so sind politische Forderungen in einer Tyrannis zum Schweigen verdammt. Nur in einer Demokratie ist die Suche nach Schuldigen auch eine Suche nach Verantwortung – jedenfalls zum Teil. Shklar findet diesen Impuls psychologisch zutiefst verständlich, auch wenn er immer droht, in Rache umzuschlagen (ÜU 138–148). Aber die Suche nach (kausaler)

Schuld ist eben auch ein Weg, (politische) Verantwortung einzufordern.

Zugleich sieht Shklar auch die Gefahr, die bei der Suche nach Schuldigen droht: dass die Opfer darüber zu kurz kommen. Wenn man sich wirklich um die Opfer kümmert, wird man ihnen immer eher helfen, als sich auf die Suche nach zu bestrafenden Schuldigen zu machen. Es ist gut möglich, dass sich mit der neuen Situation, die uns der Klimawandel beschert hat, ganz andere Arten von Verantwortlichkeit auftun, die sich im bloßen Fahnden nach Schuldigen als aktiven, kausalen Verursachenden nicht erschöpfen. Hier legt Shklar eine Perspektivverschiebung nahe. Für die Betrachtung passiver anthropozänischer Ungerechtigkeit ist die Herkunft der aktiven Ungerechtigkeit zunächst gleichgültig: „Nicht der Ursprung des Schadens, sondern die Möglichkeit, ihn zu verhindern oder die Kosten zu verringern, erlaubt uns, darüber zu urteilen, ob eine ungerechtfertigte Passivität angesichts einer Katastrophe vorlag oder nicht.“ (ÜU 132) Die Philosophin Iris Marion Young fordert entsprechend in ihrem Buch *Responsibility for Justice*, dass das „liability model“ – demzufolge man nach Schuldigen sucht und sie bestraft – besser durch ein „social connection model“ ersetzt werden sollte – demzufolge alle Bürger:innen für die Resultate der Gesellschaftsstrukturen verantwortlich sind, in denen sie leben.[44] Shklar nannte dies einmal eine „verstrickte Freiheit“, auf die wir im nächsten Kapitel zurückkommen.

Ist der Klimawandel erst einmal als unbestreitbare Tatsache anerkannt – auch das ist letztlich eine politische Angelegenheit, um die stets gekämpft werden muss –, stellt sich die Frage, welche Ansprüche man im Namen der Opfer an das Kollektiv stellen kann. Denn mit dem Verschwimmen der Grenze zwischen Natürlichem und Menschengemachtem im Anthropozän verstärkt sich die von Shklar eingeforderte Bereitschaft noch einmal, von der Hypothese der Ungerechtigkeit auszugehen und den Opfern zuzuhören. Das gegenseitige Zugeständnis eines Rechts auf Zukunft wäre dann die skeptisch-wachsame Antwort auf diese Situation. Das Verfassungsgericht nannte bereits zwei Konsequenzen: Es muss darum gehen, für die Zukunft der möglichen Opfer vorzusorgen und ihnen Nachsorge zu bieten, wenn die Folgen des Klimawandels sie tatsächlich treffen.

Vor- und Nachsorge und die Wette auf die Zukunft

Beides, Vor- und Nachsorge, ist schwerer als gedacht. Nimmt man die Perspektive der Opfer in den Blick, lässt sich aber vielleicht eine Urteilskraft entwickeln, die stets auch die Folgen des Klimawandels für die Schwächsten im Sinn behält. Wie sehr das auch sozialpolitische Entscheidungen betrifft, zeigt das Beispiel von Hurricane Ida, der im August 2021 New York heimsuchte und weite Teile der Stadt überschwemmte. Elf Menschen ertranken, weil sie in prekären und illegalen Kellerapartments wohnten. Der damalige Bürgermeister Bill de Blasio kündigte an, bei Starkregen in Zukunft Zwangsevakuierungen durchführen zu wollen – ein Vorschlag, der daran scheitern dürfte, dass die Stadt ja gar nicht weiß, wo sich solche Kellerapartments befinden. Stattdessen schlug der *Guardian* vor, die Stadt solle mit Berechtigungsscheinen dafür sorgen, dass die Bewohner:innen sich permanent andere und gegen zukünftige Fluten besser geschützte Wohnungen suchen können.[45]

Konzentriert man sich nicht zu sehr darauf, Schuldige auszumachen, sondern – ganz im Sinne des Liberalismus der Furcht – den Opfern zu helfen, dann wird man die Aufmerksamkeit von aktiven auf passive Ungerechtigkeiten verschieben. Sie sind umfassender als bloße Regelverstöße – und vor allem haben sie eine repolitisierende Wirkung. Sie erlauben die stete Neuverhandlung darüber, was überhaupt gerechtfertigt eingeklagt werden kann, und machen es schwerer, Ungerechtigkeit zu Unglücken umzudeuten und kulturelle oder anthropozänische Phänomene als bloß Natürliches und damit unvermeidbar Notwendiges darzustellen. Auch hier zeigt sich wieder, dass es Shklar vor allem um die Sichtbarmachung von Problemen geht, statt um ihre Lösung. Ihre Kategorien öffnen Debatten um Zurechenbarkeit, Verantwortung und Schuld, statt sie dem politischen Diskurs zu entziehen. Das gilt auch, wie wir im nächsten Kapitel zeigen, für eine Shklar'sche Perspektive auf migrationspolitische Fragen, die als Folge der Erderwärmung in ihrer Relevanz nicht abnehmen werden.

3.3 Staatsbürgerschaft – eine Frage der Loyalität?

Judith Shklar, das haben wir in den letzten beiden Kapiteln gezeigt, geht es in verschiedenen Ansätzen und Wendungen immer wieder darum, „unsere politische Einbildungskraft zu schärfen" und an ihr ein liberales Urteilsvermögen auszubilden (GnL 250). Schritt für Schritt haben wir versucht, ihre Lektionen auf unsere Gegenwart zu übertragen. Dabei haben wir nicht nur einen zeitlichen, sondern immer auch einen kulturellen Transfer unternommen. Denn Shklar, die sehr bewusst den Gebrauch des Wortes „wir" reflektierte, wusste, dass ihr Publikum nicht aus einer freischwebenden intellektuellen Nachwelt bestand, sondern neben einem konkreten Jetzt auch ein wirkliches Hier bewohnte: In ihrem Fall bestand es aus Menschen, „die mit den politischen Praktiken der Vereinigten Staaten vertraut sind und ihnen folgen, indem sie sie kritisch, sogar schonungslos diskutieren" (GnL 250). Ihre Adressat:innen waren nicht nur demokratisch und liberal, sondern vor allem auch *amerikanisch*.[1]

Nirgendwo wird das so deutlich wie in Shklars Auseinandersetzung mit der Idee der Staatsbürgerschaft gegen Ende ihres Lebens. Zumindest dem Ideal und Selbstverständnis nach war die Staatsbürgerschaft in den USA explizit gegen europäische Modelle gerichtet und sollte weder aristokratische noch ethnische oder kulturelle Zugangsvoraussetzungen haben. Der offensichtliche Widerspruch zur Sklaverei – „die Gleichheit politischer Rechte, dieses erste Merkmal amerikanischer Staatsbürgerschaft, wurde in der gebilligten Gegenwart ihrer absoluten Verweigerung verkündet" (AC 1) –, habe, zeigt Shklar, dabei allen Bürgerrechtsbewegungen seit dem Abolitionismus als Antrieb und als reales wie metaphorisches Gegenbild gedient. Damit aber waren in den USA Pluralismus und Diversität sehr viel enger mit der Geschichte politischer Kämpfe um Staatsbürgerschaft verwickelt, als es bei den lange Zeit homogeneren europäischen Nationalstaaten der Fall war. Das schlägt sich auch in Shklars eigenen Überlegungen zu diesem Begriff nieder: Sie denkt Fragen der Staatsbürgerschaft aus der Perspektive der von ihr Ausgeschlossenen neu. Dass ist aufschlussreich – aber lassen sich diese Ideen überhaupt in einen nicht-amerikanischen Kontext übertragen?

Shklar war der Ansicht, dass amerikanische politische Ideen nicht unter „Quarantäne" gestellt werden sollten.[2] Ihre Geschichte weise vielfache Verflechtungen mit europäischem Denken auf, und der Liberalismus der Furcht ist im Grunde selbst ein Knotenpunkt dieser Verflechtungsgeschichte: Shklars Blick auf spezifisch amerikanische Praktiken und deren theoretische Aufbereitung blieb immer auch durch einen europäischen Erfahrungs- und Ideenhorizont vermittelt.[3] Dass wir, wie wir meinen, heute ihre Reflexionen über unsere Erwartungen an Staatsbürgerschaft nach Europa „zurücklesen" können und sollten, liegt auch daran, dass es ebenfalls die Konfrontation mit Nicht-Staatsbürger:innen ist, die europäische Gesellschaften Fragen der Staatsbürgerschaft diskutieren lässt. Bei der deutschen Bundestagswahl 2021 etwa waren 8,7 Millionen in Deutschland lebende erwachsene Menschen nicht wahlberechtigt, weil sie keinen deutschen Pass besitzen[4] – eine eklatante Repräsentationslücke, die auch nach der jüngsten Novelle des Staatsangehörigkeitsrechts sicher weiter debattiert werden wird. Was eine:n gute:n oder schlechte:n Staatsbürger:in ausmacht, diese Frage ist in unserem Hier und Jetzt untrennbar mit Fragen der Migration und der gesellschaftlichen und politischen Integration von Mitmenschen verbunden, die noch keine Mitbürger:innen sind.

Doppelte Loyalitäten unter Verdacht

Der Hashtag #MeToo ist seit seiner Popularisierung im Jahr 2017 vielen ein Begriff für die Kritik an sexuellen Übergriffen gegenüber Frauen. In Vergessenheit geraten ist inzwischen der homonyme Hashtag #MeTwo, der 2018 im deutschsprachigen Netz gegen die Alltagsdiskriminierung von Menschen mit Migrationshintergrund ins Leben gerufen wurde.[5] Der Ausdruck „MeTwo" benennt die Erfahrung, mehr als eine Identität zu haben, und fordert, diesen Umstand als nicht weiter außergewöhnlich zu betrachten. Überdies wendet er sich gegen den Reflex, plurale Zugehörigkeitsgefühle und Mehrfachloyalitäten pauschal unter Verdacht zu stellen. Dieser Verdacht trifft nicht nur Menschen mit einem sogenannten Migrationshintergrund. Auch politische Ideologien können für unvereinbar mit gutem Staatsbürgertum erklärt werden, wie beispielsweise die Zeiten der sogenannten *Red Scare* in den USA oder des Radikalenerlasses in der Bundesrepublik zeigen. Notorisch ist der Vorwurf der Doppelloyalität in antisemitischen Diskursen.[6] Hannah Arendt hat seine Auswirkungen in ihrem Essay „Wir Flüchtlinge“ in der Figur des Herrn Cohn veranschaulicht, der dem Verdacht auf Doppelloyalität dadurch Einhalt zu gebieten sucht, dass er auf seiner Flucht vor den Nationalsozialisten erst zu einem patriotischen Vorbildfranzosen in Frankreich und dann zu einem Vorbildamerikaner in Amerika wird – und wegen seiner Fähigkeiten zur Assimilation doch überall nur auf Misstrauen und Ablehnung stößt.[7] Hier wird deutlich, was noch heute gilt: Der Wunsch nach einheitlichen Loyalitäten und das Misstrauen gegen Mehrfachloyalitäten setzt eine gesellschaftliche Erwartungsspirale in Gang, aus der es kaum einen Ausweg gibt. Selbst, wer diese Erwartungen zu bedienen bereit ist, kann in sie hineingezogen werden.

Das Misstrauen gegen Mehrfachloyalitäten kann zudem auch auf jene zurückfallen, die es selbst zu instrumentalisieren versuchen. Ein Beispiel bietet der Wahlkampf im Vorfeld der französischen Präsidentschaftswahlen im Frühjahr 2022. Der rechtsextreme Kandidat Éric Zemmour inszenierte den Vorwurf der Doppelloyalitäten hemmungslos gegen Staatsbürger:innen und Einwohner:innen muslimischen Glaubens. So forderte er etwa in einer arrangierten Straßenbegegnung vor laufender Kamera die naturalisierte Französin Rachida Boukris auf, ihr Kopftuch abzulegen, da es unvereinbar mit der französischen Staatsbürgerschaft sei.[8] Auf seiner eigenen Wahlkampfveranstaltung aber wurde der Vorwurf der Doppelloyalität gegen den französischen Juden Zemmour selbst gewendet. Der amerikanische Journalist James McAuley schilderte für den *New York Review of Books* eine Szene, in der sich Zemmour den Fragen seiner Anhänger:innen stellte. Einer von ihnen fragte Zemmour nach seiner Haltung zum Schächten, also der im Islam, aber auch im Judentum praktizierten betäubungslosen Schlachtung von Tieren. Zemmour, so beobachtete McAuley, habe mit „sichtlichem Unwohlsein“ auf diese Frage reagiert: „Als ich ihn in seinem Ringen um eine Antwort beobachtete, kam mir der Gedanke, dass er wusste, was er wirklich gefragt wurde, nämlich ob er Franzose oder Jude sei, eine imaginäre Unterscheidung, die in den Köpfen vieler seiner Anhänger:innen existiert.“[9]

Das ist ein prägender Reflex migrationspolitischer Debatten: Menschen, deren Loyalitäten nicht restlos in der Loyalität zum Nationalstaat aufgehen, in dem sie leben, sind wahrscheinlich weniger gute Staatsbürger:innen, und eher geneigt, dem Staat und seinen Gesetzen die Gefolgschaft zu verweigern, wenn es darauf ankommt. Dieser Verdacht taucht in Diskussionen über Einwanderung und gesellschaftliche Integration regelmäßig auf. Ihre Folge ist der Wunsch, Loyalitäten zum Gegenstand politischer Gestaltung und Kontrolle zu machen, etwa durch „Kopftuchverbote“, die Aufgabe einer früheren Staatsangehörigkeit bei Einbürgerung oder die Forderung nach einer „Einordnung in deutsche Lebensverhältnisse“, die von 2019 bis zur jüngsten Novelle im deutschen Staatsangehörigkeitsgesetz stand.

Judith Shklar hilft uns zu verstehen, warum der Vorwurf der Doppelloyalität nicht nur in seinen diskriminierenden Konsequenzen für die von ihm Betroffenen zutiefst problematisch ist. Er betrifft uns alle, indem er einem kontraproduktiven Verständnis von Staatsbürgerschaft in einer „Gesellschaft von Fremden" das Wort redet – und zwar mit Blick auf das Band sowohl zwischen Staatsbürger:innen und dem Gesetz als auch zwischen Staatsbürger:innen untereinander. Mit dem Ausdruck „Gesellschaft von Fremden" charakterisierte Shklar in einem unveröffentlichten Vorlesungsmanuskript gegenwärtige liberaldemokratische Gesellschaften: Sie sind nicht mehr homogen, sondern durch viele unterschiedliche Gruppen, „permanente Minderheiten" und die Anonymität des modernen Flächenstaates gekennzeichnet.[10] Schon in ihrem Buch *Ganz normale Laster* hatte Shklar sich mit der Dynamik gesellschaftlicher Loyaltäten in liberalen Demokratien beschäftigt, und der politischen Versuchung, sie zum Gegenstand politischer Gestaltung und Kontrolle zu machen – wie etwa im Fall der japanischstämmigen Amerikaner:innen, die nach dem Angriff von Pearl Harbor 1941 in den USA interniert wurden (GnL 204). Shklar mahnte, „dass Loyalitätsforderungen noch keinen Verrat verhindert haben und lediglich Freiheiten einschränken." (GnL 207) Und an anderer Stelle formulierte sie noch deutlicher: „Wenn der Staat Loyalität einfordert, dann bedeutet das Ärger, denn gesetzlich verordneter Patriotismus ist gerade kein Patriotismus. Loyalität entsteht entweder spontan oder sie ist Gedankenkontrolle und verheißt nichts Gutes." (VLE 66)

In ihrem Spätwerk untersucht Shklar Loyalitäten und ihr Verhältnis zu den Anforderungen liberaldemokratischer Staatsbürgerschaft genauer. Ihre Überlegungen können helfen, langgehegte Denkgewohnheiten über Migration und Staatsbürgerschaft in der Einwanderungsgesellschaft auf den

Prüfstand zu stellen. Shklar schlägt uns ein mehrfaches Umdenken vor: Könnte es *erstens* sein, dass Mehrfachloyalitäten überhaupt keine pauschale Gefahr darstellen – weder für die Bereitschaft von Bürger:innen und Einwohner:innen, die Gesetze eines Landes als bindend zu erachten, noch für das Band von Bürger:innen untereinander? Und könnte es *zweitens* sogar sein, dass Mehrfachloyalitäten die Bindung an Gesetze und Mitbürger:innen begünstigen können?

Shklars Typologie politischer Bindungen

Shklar, so meinen wir, hätte beide Fragen positiv beantwortet, und zwar aufgrund ihrer spezifischen Auffassung des Verhältnisses von Loyalitäten zu politischen Verpflichtungen, oder genauer: den Verpflichtungen von Bürger:innen und Einwohner:innen, die Gesetze des Landes zu befolgen, in dem sie leben. Shklar bestimmte dieses Verhältnis mithilfe einer Typologie politisch relevanter Verbindlichkeitsformen, die neben der ‚Verpflichtung' und der ‚Loyalität' auch die ‚Treue' und das ‚Bekenntnis' umfasst.[11]

Ein Bekenntnis ist eine frei gewählte, rationale Bindung (VLE 19) – zum Beispiel, sich einem Protest anzuschließen oder eine bestimmte Idee oder Ideologie zu verteidigen. Was genau wir tun müssen, um diesem Bekenntnis gerecht zu werden, bleibt dabei Auslegungssache. Wer sich beispielsweise zur Idee der Gleichheit bekennen möchte, kann einen Teil des eigenen Einkommens spenden, Freund:innen für ihre Alltagssnobismen kritisieren oder bei Wahlentscheidungen egalitaristische Politiken priorisieren. Wichtig ist Shklar zufolge, dass man Bekenntnisse, obwohl sie „dauerhaft" sein sollen, im Prinzip stets wieder aufgeben kann (VLE 19, 22–23). Denn in ihren Bekenntnissen versuchen zweckrationale Individuen, ihren Nutzen zu maximieren, auch wenn es manchmal im Namen altruistischer Ziele sein mag (VLE 19). Passen die Bekenntnisse nicht mehr zu den eigenen Prioritäten, werden sie abgelegt.

Auch die Treue ist eine frei gewählte Bindung; anders als das Bekenntnis aber bindet sie zwei Individuen aneinander und ist zutiefst emotional. Wir wählen unsere Freund:innen und Partner:innen, und für manche werden auch politische Führungspersönlichkeiten zum Gegenstand von Treue. Eine Treuebindung zu beenden ist sehr viel schwerer, als ein Bekenntnis aufzukündigen, denn es erfordert das Einverständnis des Gegenüber; eine einseitige Aufkündigung der Treue würde als Verrat aufgefasst. Grundsätzlich, so Shklar, können aber auch Treueverhältnisse an ein Ende kommen: „Zwei Menschen beginnen, sich nichts mehr auseinander zu machen, und das war es dann." (VLE 22)

Genau diese Möglichkeit der willentlichen Beendigung unterscheidet für Shklar die Treue- von der Loyalitätsbindung. Außerdem bindet uns die Loyalität nicht an ein anderes Individuum, sondern an bestimmte Gruppen, und zwar insbesondere an solche Gruppen, in die wir geboren und in denen wir sozialisiert wurden (VLE 23). Sie bestimmen sich etwa durch Ethnie, Religion, soziale Schicht und, von besonderer Wichtigkeit für Shklars Argumentation, die Nation. Individuen können natürlich versuchen, diese Gruppen zu verlassen, indem sie etwa die Konfession ablegen oder auf einen sozialen Aufstieg hinarbeiten. Doch selbst, wenn diese Versuche gelingen, kann es sein, dass andere Gruppenmitglieder die Aufkündigung der Loyalitätsbindung nicht akzeptieren, ja geradezu als Verrat auffassen.[12] Während uns die Einwilligung von Freund:innen und Partner:innen von den Pflichten der Treue entbinden kann, gibt es gegen den Vorwurf der Illoyalität kaum einen Schutz. Darin besteht die ganze politische Brisanz von Loyalitäten für Shklar. Sie ist wohlgemerkt nicht der Ansicht, dass Loyalitäten nie abgelegt würden: „In einer Gesellschaft, deren Mitglieder frei sind, auf- und abzusteigen, Gruppen beizutreten und zu verlassen und sich über das gesamte gesellschaftliche und geografische Terrain Nordamerikas zu bewegen, sind Loyalitätsbindungen schnell geknüpft und wieder gelöst", hatte Shklar schon in *Ganz normale Laster* festgestellt (GnL 204). Die gesellschaftliche Mobilität in liberalen Demokratien neutralisiert Loyalitäten aber nicht, sondern multipliziert Verratsvorwürfe und vermehrt Loyaltätskonflikte.

Politische Verpflichtungen schließlich sind der Gegenspieler der Loyalität, da sie keine affektive Bindung sind, sondern eine rationale Bindung an Gesetze und Mitbürger:innen. Obwohl politische Verpflichtungen in liberalen Demokratien niemals bedingungslos sein können (dazu später mehr), sind sie diejenige politische Bindung, die, einmal geknüpft, am schwierigsten wieder aufgelöst werden kann (VLE 20). In der politischen Theorie ist der Begriff der Verpflichtung (*obligation*) in der Tat typischerweise einer, mit dem Unterstützung für politische Institutionen gerechtfertigt werden soll.[13]

Das macht ihn zu einer Kernvokabel eines spezifisch liberalen Stabilitätsdiskurses.

Im Zentrum dieses Diskurses steht die Suche nach allgemeinen Prinzipien, die verständlich machen können, warum und unter welchen Bedingungen es für Bürger:innen und Einwohner:innen eines Landes rational ist, den dort geltenden Gesetzen Folge zu leisten. Im liberalen und demokratischen Denken ist das wirkmächtigste Prinzip das der Zustimmung: Ich bin verpflichtet, diejenigen Regeln zu befolgen, denen ich zugestimmt habe. Diese Zustimmung kann dabei entweder mit partizipatorischer Verve als wiederholte und ausdrückliche eingefordert, oder im Dienste politischer Stabilität als nur stillschweigende oder gar hypothetische konzipiert werden. Die Verpflichtung, dem Gesetz Folge zu leisten, ist außerdem durch natürliche Pflichten, dem Fairnessgrundsatz oder schlicht der Natur von Mitgliedschaft in einem politischen System begründet worden.[14]

Judith Shklar wusste diesen Ansätzen kaum etwas abzugewinnen: Sie „gelten nur für vollkommene Demokratien, nicht für tatsächlich existierende", wie sie kurz vor ihrem Tod in einem noch unveröffentlichten Vorlesungsmanuskript schrieb.[15] In einem bemerkenswerten Bruch mit der unter ihren Kolleg:innen geführten Debatte definierte sie politische Verpflichtungen schlicht als „regelgeleitetes Handeln" in Bezug auf „Gesetze und gesetzesartige Ansprüche, die von öffentlichen Instanzen erhoben werden." (VLE 17) Als *rule-based conduct*, so ihre ursprüngliche englische Formulierung, sind politische Verpflichtungen nichts, was man „hat" oder „nicht hat"; stattdessen kann man mehr oder weniger regelgeleitet handeln, sodass politische Verpflichtungen bei Shklar in unterschiedlichen Intensitätsgraden existieren und in ihrer Konsilidierung und ihrem Brüchigwerden sichtbar gemacht werden können. Hier knüpft Shklar an einen zentralen Gedanken ihrer rechtstheoretischen Überlegungen aus ihrem frühen Buch *Legalism* an. Dort hatte sie die naturrechtliche oder positivistisch begründete Idee kritisiert, dass rechtliche Normen „einfach da" seien, und auf die Notwendigkeit ihrer Einbettung in ein „gesellschaftliches Kontinuum" mehr oder weniger legalistischer, das heißt regelgeleiteter Denkgewohnheiten hingewiesen (L 3). Auch politische Verpflichtungen sind nicht „einfach da", weil politische Theoretiker:innen sie auf ein allgemeines Prinzip zurückführen können. Die Möglichkeit einer rationalen Bindung an Gesetze ergibt sich aus einem Kontinuum und Zusammenspiel rationaler und nichtrationaler Bindungsformen.

Das zeigt für Shklar auch ein Blick in die Geschichte des politischen Denkens. Die Frage, ob es rational ist, dem Gesetz Folge zu leisten, kann nicht immer und überall gleichermaßen gut gestellt werden. In einer ideengeschichtlichen Überblicksvorlesung für Harvards Studium Generale aus dem Jahr 1992, deren Manuskripte inzwischen im Buch *On Political Obligation* vorliegen,[16] erzählt Shklar die Geschichte politischer Verpflichtung von der Antike bis in die Gegenwart als ein abwechselndes Verschwinden und Wiederauftauchen dieser Idee.[17] Bei aller Verschiedenheit der Quellen und Kontexte schält sich in Shklars Analyse schnell ein gemeinsames Muster heraus: Wo Loyalitäten eindeutig sind oder kaum in Konflikt stehen, neigen Menschen dazu, aus Gewohnheit den Gesetzen zu folgen.[18] Die Frage der politischen Verpflichtung – ob es rational ist, dem Gesetz zu gehorchen – muss gar nicht erst gestellt werden. Sie drängt sich in der Regel erst dort auf, wo in Konflikt stehende Loyalitäten Individuen zwingen, aktiv zwischen Regelbefolgung und Regelbruch zu wählen (OPO 53).

Eine gute Illustration dieses Zusammenhangs bietet die erste Vorlesung aus *On Political Obligation*, in der Shklar die Haltung des Offiziers und Diplomaten Ernst von Weizsäcker zum Naziregime mit der des Theologen Dietrich Bonhoeffer kontrastiert – in Nürnberg zum Kriegsverbrecher verurteilt der eine, der andere aufgrund seines Widerstandes von den Nationalsozialisten hingerichtet. Beide hatten einen durchaus ähnlichen Hintergrund – gebildet, protestantisch, patriotisch – und beide glaubten, „dass Hitler und die Nazis eine Katastrophe für Deutschland waren". Shklar fragt also: „Warum hat der eine gehorcht und der andere sich Hitler widersetzt?" (OPO 15)

Was von Weizsäcker und Bonhoeffer unterscheidet, ist für Shklar das Zusammenspiel ihrer unterschiedlichen Loyalitäten. Von Weizsäckers Loyalitäten gegenüber der Nation, seiner sozialen Klasse und den staatlichen Institutionen, für die er arbeitete, stabilisierten sich gegenseitig und mündeten geradezu natürlich in die Vorstellung, dass den Gesetzen Folge zu leisten sei – auch denen Hitlers (OPO 19). Bonhoeffers Loyalitätsbindungen harmonisierten in Shklars Darstellung weit weniger miteinander. Sein Patriotismus wurde durch seine Mitgliedschaft in der Bekennenden Kirche herausgefordert, die sich weigerte, sich der Gleichschaltung der evangelischen Kirche durch die Nazis zu unterwerfen. Im Gegensatz zu anderen ihrer Mitglieder verstand Bonhoeffer seine Opposition auch als politischen Widerstand. Shklar zufolge stellte seine ethische Haltung eine „bürgerliche Moral" über „persönliche Reinheit" (OPO 23); es war ihm also wichtiger, kein schlechter Bürger als kein schlechter Mensch zu sein.

Die Bedeutung der Unterscheidung von guten Menschen und guten Bürger:innen für den Liberalismus der Furcht ist uns bereits aus dem letzten Kapitel bekannt: Diejenigen, die vor allem darauf abzielen, keine „schlechten Menschen" zu sein, werden sich bemühen, nur „gute Taten" zu vollbringen. Doch eine solche Haltung führt einen schnell in die Passivität, insbesondere, wenn es in vertrackten Situationen keine „gute" Handlungsoption gibt. Im Gegensatz dazu werden diejenigen, die vor allem versuchen, keine schlechten Bürger:innen zu sein, darauf achten, nicht „passiv ungerecht" zu sein; sie werden nicht einfach wegschauen, wenn ihren Mitmenschen Ungerechtigkeit widerfährt. In Bonhoeffers besonderem Fall erforderte das sogar, „zu lügen und mehrere Attentate zu planen" (OPO 23). Ungleiche und widersprüchliche Loyalitäten wie die Bonhoeffers, so die Pointe, schärfen die Sensibilität des Einzelnen für Ungerechtigkeiten. Zugleich lassen sie einem nichts als ein genuin staatsbürgerliches Gewissen, um eine Antwort auf diese Ungerechtigkeiten zu finden.

Eine besonders wichtige Rolle in Shklars ideengeschichtlichem Narrativ spielt der im 19. Jahrhundert entstehende Nationalismus, denn er läutet eine Phase des Verschwindens oder Überblendens der Idee der politischen Verpflichtung ein. Eine der wesentlichen Eigenschaften des Nationalismus besteht

Shklar zufolge in einer Hierarchisierung von Loyalitäten. Alle anderen Loyalitäten, die ein Individuum haben mag, müssen sich wie die Teile eines Puzzles in den Rahmen der nationalen Loyalität einfügen. Auf dieser Grundlage leitet der Nationalismus dann die politische Verpflichtung, dem Gesetz eines Staates Folge zu leisten, aus der nationalen Loyalität ab. Er verwechselt – ideengeschichtlich folgenreich – Loyalitäten und Verpflichtungen (OPO 154–156). Für Shklar macht diese Verwechslung den Nationalismus so fatal. Ernst von Weizsäcker, der den Gehorsam zum Staat über alle anderen Bindungen stellte, war ihr verfallen.

Die Verwechslung von Loyalitäten und Verpflichtungen ist ein geistiges Erbe des Nationalismus, das Shklar auch in zeitgenössischen liberalen Demokratien und in vielen politischen Theorien ihrer Gegenwart am Werk sah. Ihren persönlichen Freund und philosophischen Widersacher, den Kommunitaristen Michael Walzer, kritisierte Shklar etwa für die Meinung, politische Verpflichtungen könnten analog zu denen der Bindungen zwischen den Mitgliedern einer sozialen Gruppe konzipiert werden – als sei Staatsbürgerschaft nichts anderes als diesem oder jenem Club anzugehören.[19] Shklar wandte sich in ihren letzten Lebensjahren aus demselben Grunde gegen das Projekt eines „liberalen Nationalismus", das, von der Philosophie des Kommunitarismus inspiriert, für die konstitutive Bedeutung der Nation als gesellschaftlich-moralischer Ressource für die liberale Demokratie warb.[20] Und auch in den eingangs angeführten jüngeren politischen Debatten in Deutschland und Frankreich über Staatsbürgerschaft und Einbürgerung zeigt sich aus einer

Shklar'schen Perspektive eben jene Verwechslung von Loyalitäten und Verpflichtungen, die auf ein hartnäckiges Überleben nationalistischer Denkgewohnheiten hinweist – und zwar längst nicht nur bei politischen Akteuren des konservativen und rechten Spektrums, die sich ausdrücklich zum Erbe nationalistischen Denkens bekennen.

Um mit nationalistischen Denkgewohnheiten konsequent zu brechen und die Frage der politischen Verpflichtung wieder freizulegen, bediente sich Shklar in den Vorarbeiten zu einem geplanten Buch über politische Verpflichtungen eines besonderen methodischen Zugangs. Sie schlug vor, politische Verpflichtungen und Staatsbürgerschaft von einem spezifischen repräsentativen Exempel aus zu denken, nämlich dem Exil. Denn gerade aus der Perspektive von Exilant:innen oder Migrant:innen, so die Idee, lassen sich Verpflichtungen und Loyalitäten kaum verwechseln.

Warum den Gesetzen Folge leisten?

Judith Shklar konnte ihre Reflexionen über die Frage, welche berechtigten Erwartungen ein liberaldemokratischer Staat an das „regelgeleitete Handeln" seiner Einwohner:innen und Bürger:innen stellen kann, und inwiefern die Erfahrungen von Exilant:innen und Migrant:innen für diese Frage besonders aufschlussreich sind, nicht mehr ausformulieren. Ihre Vorarbeiten zu einer eigenen Theorie politischer Verpflichtung sind nur fragmentarisch geblieben. Aber wir können sie mit ihren Anregungen und den Prinzipien des Liberalismus der Furcht weiterdenken.

Dabei kann Shklars Auseinandersetzung mit dem liberalen Rechtsstaat wichtige Koordinaten liefern.[21] Einerseits verbindet Shklar den Liberalismus der Furcht mit einem flammenden Plädoyer für die Bedeutung rechtsstaatlicher Prinzipien. Andererseits benennt sie aber auch mit teils großer Schärfe Probleme des liberalen Rechtsstaats und dem von seinen Institutionen geförderten legalistischen Ethos des Regelbefolgens. Shklar kritisierte, dass legalistische Rechtfertigungsmuster von rechtsstaatlichen Institutionen auf breite gesellschaftliche Lebensbereiche übertragen werden, auf die sie nicht passen.[22] Sie wies auch auf die sozialen Ausschlüsse hin, die im Namen vermeintlich vernünftiger und neutraler Regeln entstehen, und erinnerte daran, dass ein solcher generalisierter und unangefochtener Legalismus den Rechtsststaat auf das Gleis „verfahrensmäßig ‚korrekter' Repression" setzen könne (L 17); schließlich warnte sie, wie im ersten Kapitel beschrieben, dass rechtsstaatliche Verfahren den Opfern von Ungerechtigkeit und Grausamkeit niemals Genüge tun, sondern selbst Quelle neuer Ungerechtigkeiten sein können.

Die Gleichzeitigkeit von Verteidigung und Fundamentalkritik hat bei Shklars Leser:innen die Frage aufkommen lassen, ob der Liberalismus der Furcht die Unterstützung für den liberalen Rechtsstaat durch seine Bürger:innen wirklich plausibel machen kann.[23] Tatsächlich, so meinen wir, kann er es, aber er entbindet diese Unterstützung nicht von den Bürden des politischen Urteilens. Der Liberalismus der Furcht setzt auf ein sich selbst begrenzendes legalistisches Ethos – ein Regelbefolgen unter Vorbehalt sozusagen.[24] Und gerade der Vorschlag aus Shklars letzten Schriften, die Bindung von Menschen an das Gesetz aus der Perspektive von Nicht-Staatsbürger:innen zu betrachten, hilft zu verstehen, wie sie sich dieses „gezähmte" legalistische Ethos und die mit ihm verbundenen Urteilsprozesse vorstellte.

Was macht die Situation von Exilant:innen und Migrant:innen und ihre Perspektive auf den liberalen Rechtsstaat so aufschlussreich? Es ist der Umstand, dass die Erwartungen, die staatliche Institutionen an ihr „regelgeleitetes Handeln" stellen, nicht umstandslos auf ein harmonisches, eindeutiges Netzwerk überlappender Gruppenloyalitäten treffen. Denn der Radius ihrer Verpflichtungen gegenüber dem Gesetz deckt sich oftmals nicht mit dem Radius ihrer Loyalitäten.[25] Während sich bei Staatsbürger:innen, die in demselben Land leben, in dem sie geboren und aufgewachsen sind, Loyalitäten und Verpflichtungen oft decken mögen, haben Exilant:innen in der Regel keine Verpflichtungen mehr gegenüber ihrem Herkunftsland, das ihnen auf irgendeine Weise Ungerechtigkeit hat widerfahren lassen und ihre berechtigten Erwartungen verraten hat. Das heißt aber nicht, dass sie jegliche Form der Loyalität zu ihrem Herkunftsland ablegen, selbst wenn diese affektive Bindung für sie problematisch geworden ist. Oftmals bleibt eine partielle affektive Bindung übrig – an Sprache, Geschichte, Menschen. In dem Land, in dem sie Schutz suchen, sieht es genau andersherum aus: Exilant:innen haben oft keine starken Loyalitätsbindungen, wohl aber politische Verpflichtungen.[26]

Diese Situation von heterogenen, konfligierenden Loyalitäten, die über die Grenzen des Nationalstaats hinausreichen mögen, hielt Shklar für die Beurteilung politischer Verpflichtungen für produktiv. Denn wo Loyalitäten nicht mehr als Antwort eingesetzt werden können, entsteht überhaupt erst die Möglichkeit, politische Verpflichtungen *als Verpflichtungen* zu betrachten. Zugleich mag Shklar angenommen haben, dass Exilant:innen und Migrant:innen eine andere affektive Ressource mitbringen: Die für den Liberalismus der Furcht überaus wichtige „Furcht vor der Furcht". Diese von Erfahrungen und Erinnerungen an Grausamkeit getragene Empfindung ist für Shklar sowohl ein Übel als zugleich auch Ressource: Die Furcht vor der Furcht ist ein Übel, weil wir sie lieber nicht empfinden würden; zugleich ist sie aber auch eine wichtige Ressource in der liberalen Demokratie, weil sie uns vor Grausamkeit warnt, der wir nur noch mit einer sprachlosen, lähmenden Furcht begegnen können.[27] Die *reflexive* Furcht vor der Furcht aber – die Furcht, in der Zukunft oder Gegenwart Bedingungen unterworfen zu sein, die Furcht hervorrufen – ist noch nicht sprachlos; sie kann noch ihre Stimme erheben. Nicht zuletzt kann sie durch historische Analogien Entstehungsbedingungen von Grausamkeit ans Licht bringen und politische Wachsamkeit schärfen.

Gerade für den liberalen Rechtsstaat, dem selbst in seinen besten Inkarnationen ein „Minimum an Furcht" eingeschrieben bleibt (LdF 44), ist die Furcht vor der Furcht bedeutsam. Sie ermöglicht es zu erkennen, wo sich in der Praxis von Institutionen Machtpole bilden, die ungerechten und grausamen Handlungen Vorschub leisten, und wo sich blinder Legalismus breitmacht, der sie verschleiern oder aktiv rechtfertigen kann. Aber die Furcht vor der

Furcht, die Exilant:innen mit größerer Wahrscheinlichkeit besser kennen als die in der Sicherheit ihres Heimatlandes Lebenden, bringt nicht nur die neuralgischen Punkte des Rechtsstaats ans Licht. Was ihre Perspektive und den advokatorischen Liberalismus der Furcht von anderen Kritiker:innen des Rechtsstaates unterscheidet, ist, dass sie sich die Utopie einer Überwindung dieses Rechtsstaates nicht leisten können. Denn gerade Exilant:innen, die auf keine ihnen in Loyalität verbundenen Mitmenschen mit Sicherheit zählen können, bleiben auf die Schutzfunktion rechtsstaatlicher Prinzipien angewiesen. Die Ambivalenz, die man in Shklars Schriften zum Rechtsstaat beobachten kann, mag nach streng logischen Kriterien widersprüchlich erscheinen – ihre Plausibilität und innere Konsistenz erlangt sie aus der bestimmten Erfahrung des Exils, aus der sie artikuliert wird.

In den fragmentarisch überlieferten Vorlesungsnotizen zur Frage der politischen Verpflichtung in liberalen Demokratien der Gegenwart werden analoge Argumentationsgänge sichtbar. Shklar verwandte viel Zeit darauf, ihren Studierenden verständlich zu machen, dass die Verpflichtung, dem Gesetz Folge zu leisten, nie bedingungslos sein kann, sondern immer eine Frage der konkreten, situativen Urteilskraft bleibt.[28] Immer wieder prüfte Shklar philosophische Argumente für das Befolgen von Gesetzen aus der Perspektive eines bestimmten Blickwinkels: Sie wählte die Perspektive jener Menschen, die den Gesetzen unterworfen sind und deren eigentlich berechtigte normative Erwartungen an die Gesetze – etwa auf Gleichbehandlung oder Schutz – am häufigsten enttäuscht werden.[29]

Aus dieser abgeklärten Perspektive schien Shklar dennoch eine Reihe von Gründen für das Befolgen von Gesetzen zu sprechen.[30] Auch wenn die in Gesetzen verbrieften normativen Erwartungen nicht für alle Bürger:innen und Einwohner:innen die gleiche Verlässlichkeit besitzen, so etablieren sie dennoch einen öffentlichen Referenzpunkt für den Sinn für Ungerechtigkeit. Gesetzliche Normen formulieren Erwartungen, deren Enttäuschung mit Sicherheit für alle ungerecht ist. Wie in den vorangehenden Kapiteln beschrieben, ist der Sinn für Ungerechtigkeit zentral für eine dem Liberalismus der Furcht verpflichtete Demokratie. Zugleich sind die Ansprüche, die er formuliert, zum Teil so verschieden, dass er gesellschaftliche Fliehkräfte freisetzt und Konflikte fördert. Shklar war sich dessen immer bewusst. Um dem Sinn für Ungerechtigkeit dennoch gesellschaftlich so weit es geht zu eichen, sind gerade in einer heterogenen „Gesellschaft von Fremden, die nicht die gleichen Verhaltensnormen haben", Gesetze die „wichtigste Quelle für öffentliche Informationen" über berechtigte Erwartungen.[31] Auch wenn dieser Referenzpunkt ständig aktualisiert und fortentwickelt werden muss, so ist er doch wichtig, damit enttäuschte Erwartungen nicht durch Akte persönlicher Rache sanktioniert werden. Denn Rache, das machte Shklar in *Über Ungerechtigkeit* sehr deutlich, ist immer nur eine Option für die Starken, nie für die Schwachen. Der Impuls zur Rache sei häufig begleitet von dem Eindruck, dass „die Dinge [...] kaum schlechter werden" könnten; wer aber die Furcht vor der Furcht kennt, wisse, dass „die Dinge *immer* schlechter werden können" (ÜU 158).

Shklar war freilich nicht bereit, die Verpflichtung zur Befolgung der Gesetze absolut zu setzen. Schließlich ging sie immer davon aus, dass wir es mit „unvollkommen gerechten" liberalen Demokratien zu tun haben. Wo mehr Ungerechtigkeiten bestehen, wo politische Macht konzentriert wird und sich Möglichkeitsräume für Grausamkeit öffnen, nehmen Verpflichtungen graduell ab. Genau diese Momente können Exilant:innen mit der kultivierten Furcht vor der Furcht besonders gut erkennen.[32]

Shklar lädt uns also ein, den Blick umzukehren und anzunehmen, dass die Exilant:innen mehr als andere prägenden Mehrfachloyalitäten in einer „Gesellschaft von Fremden" möglicherweise einen besonders feinen Sinn für die Bedeutung politischer Verpflichtungen zulassen. Und in der Formulierung der „Gesellschaft von Fremden" zeigt sich, wie repräsentativ diese Perspektive tatsächlich ist: Längst nicht mehr alle Puzzleteile unserer vielfältigen Loyalitätsbindungen organisieren sich heute noch auf scheinbar natürliche Weise im Rahmen der Nation (VLE 25). Auch Hiergeborene sind letztlich Fremde unter Fremden. So können auch wir die Frage nach unseren politischen Verpflichtungen gegenüber Gesetzen und Mitbürger:innen besser, weil nüchterner stellen.

Was bindet uns an unsere Mitbürger:innen?

Staatsbürgerschaft erschöpft sich natürlich nicht in der Bindung an Gesetze, also der Übernahme politischer Verpflichtungen in einem strengen Sinne. Von Staatsbürger:innen wird auch erwartet, dass sie eine besondere Bindung an ihre Mitbürger:innen haben. Selbst wenn wir der Versuchung widerstehen, die vertikale Bindungen von Bürger:innen an Gesetze in Begriffen der Loyalität zu fassen – spätestens hier, in der Frage der horizontalen Bindung *zwischen* Bürger:innen, kehrt die Idee eines affektiven Bands wie der Loyalität mit einiger Wucht wieder, auch wenn die Vokabeln variieren mögen und statt von Loyalität von Patriotismus oder Solidarität die Rede ist.[33]

An dieser Stelle bietet der Liberalismus der Furcht uns ebenfalls andere, ungewohnte Denkmöglichkeiten an. Denn auch die Bindung der Bürger:innen untereinander möchte Shklar nicht in Begriffen der affektiven Loyalität, sondern der rationalen Verpflichtung denken. Und auch hier geht es ihr nicht um eine abstrakte, sondern eine an Loyalitätskonflikten geschulte und damit gesellschaftlich situierte Rationalität.

So wie tatsächliche Exilant:innen Shklars Nachdenken über die politischen Verpflichtungen von Staatsbürger:innen und Einwohner:innen gegenüber dem Gesetz anleiten, so sind *innere* Exilant:innen Shklars Exempel für die Reflexion über das horizontale Band zwischen Bürger:innen. Dazu gehören der oben erwähnte Dietrich Bonhoeffer oder auch der Eigenbrötler Henry David Thoreau. Das mag auf den ersten Blick kontraintuitiv erscheinen. Wie können gerade jene, die sich von ihrem Umfeld so entfremdet und verraten fühlen, dass sie sie sich in das „Reich meiner selbst" (VLE 48) zurückziehen, zum Sinnbild des Bandes zwischen Bürger:innen in liberalen Demokratien werden?

Auch diese Exilant:innen zeichnet aus, dass sie Loyalitäten nicht mit Verpflichtungen verwechseln.

Charakteristisch für Shklars Bild des inneren Exils ist gerade, dass die sich dorthin Zurückziehenden alle Loyalitätsbindungen kappen. Am Beispiel von Thoreau, der lieber eine Nacht im Gefängnis verbrachte als einem in das Unrecht der Skaverei verstrickten Staat die Kopfsteuer zu entrichten, macht Shklar diesen Zusammenhang exemplarisch deutlich. Der bekanntermaßen nur lose in abolitionistischen Kreisen verkehrende Thoreau habe „weder den Kameradschaftsgeist des Revolutionärs, noch eine mit den Sklaven geteilte Identität" besessen, die seinen Protest hätten stabilisieren können (VLE 48). Deswegen zieht er sich ins innere Exil zurück und beruft sich allein auf sein Gewissen. Das von Thoreau immer wieder beschworene Gewissen wird geradezu zum Namen der Zurückweisung aller Loyalitätsansprüche: „[W]arum sollte eine kollektive Stimme mehr Gültigkeit besitzen, einmal davon abgesehen, dass sie mehr Macht auf sich vereint?", paraphrasiert Shklar Thoreaus Standpunkt (OPO 171), der oft als unpolitisch missverstanden worden sei.[34]

Für Shklar dagegen ist Thoreaus Gewissensargument hochpolitisch, weil es einen spezifischen liberalen Freiheitsbegriff zum Ausdruck bringt: Es ist der der schon angesprochenen „verstrickten Freiheit". Sie bezieht die in der politiktheoretischen Diskussion oft voneinander getrennten Konzepte positiver und negativer Freiheit konstitutiv aufeinander. Bürger:innen bringen dieses Freiheitsverständnis immer dann zum Ausdruck, wenn sie ihre eigene positive Freiheit – ihre Selbstbestimmung – an die Wahrung der negativen Freiheitsrechte ihrer Mitmenschen knüpfen – an deren Nichtgezwungensein. Genau diese verstrickte Freiheit formuliert

Thoreau, so Shklar. Seine Argumentation berge die folgende Überzeugung: „Wenn wir uns nicht mit der Freiheit anderer identifizieren, mit ihrem Recht auf negative Freiheit – darauf, dass ihnen alle Rechte der Bürger einer freien Gesellschaft zugestanden werden –, sind selbst diejenigen, die diese Rechte genießen, dadurch eingeschränkt, dass sie moralisch eingeschränkt werden, dass sie nämlich in die Unterdrückung anderer verwickelt sind." (OPO 175)

Was das Exempel Thoreaus für Shklar so bedeutsam macht, ist nicht nur die Struktur seines Freiheitsverständisses, sondern auch der Kontext, in dem er ihn artikulierte. Die Menschen, deren kompromittierte negative Freiheit für Thoreaus Selbstverständnis als freier und gleicher Bürger inakzeptabel ist, sind nicht bereits in vollumfänglichen Sinne Mitbürger:innen. Sie sind Menschen, denen der Schutz der Bürgerrechte versagt wird, obwohl sie dauerhaft auf dem Territorium eines Staates leben und seiner Autorität unterworfen sind. Es ist das Verhältnis zu diesen Menschen, an dem sich für den Liberalismus der Furcht beweist, wie ernst wir die Idee von Staatsbürgerschaft tatsächlich nehmen, oder wie leichtfertig wir bereit sind, ihre Versprechen zu verraten. Dabei braucht es, lehrt Shklars Thoreau, kein neues „Wir-Gefühl", um die eigene positive Freiheit von der Wahrung der negativen Freiheit der anderen abhängig zu machen. Die Distanz, die uns in einer Gesellschaft von Fremden von unseren Mitmenschen trennt, muss nicht künstlich überwunden werden.

Wenn wir diese Überlegungen ernst nehmen und in unseren Kontext übertragen, so wird deutlich, was für ein demokratischer Skandal die Zahl von 8,7 Millionen dauerhaft in Deutschland lebenden, aber nicht wahlberechtigten erwachsenen Menschen ist. Und mit Blick auf die Frage, wie die mit dieser Zahl verbundene Repräsentationslücke verringert werden könnte, warnte Shklar liberale Demokratien davor, Einbürgerungen zu restriktiv zu gestalten. Ihre besondere Sorge galt der Versuchung, den Erwerb von Staatsbürgerschaftsrechten an den Beweis nationaler Loyalität zu koppeln – dies sei „der Pfad der Ungerechtigkeit" (VLE 52–53). Die Aufgabe einer früheren Staatsangehörigkeit oder etwa ein zwischengeschlechtlicher Handschlag als Indiz sozialer Anpassungsbereitschaft sind solche Loyalitätsbeweise. Sie von Menschen zu fordern, die bereit sind, sich an die Gesetze zu halten, führt deswegen auf den „Pfad der Ungerechtigkeit", weil Loyalitäten als affektive Bindung nichts sind, was Menschen willentlich aufgeben oder annehmen können. Werden dennoch solche Forderungen erhoben, sind ungleich verteilte Rechte die Folge. Und dies, so die Einsicht hinter Shklars Begriff der „verstrickten Freiheit", reduziert nicht nur die Freiheit derer, die von Staatsbürgerrechten ausgeschlossen bleiben – es droht auch die Freiheit jener zu untergraben, die diese Rechte bisher genießen.

Hier schließt sich der Kreis zu Shklars letztem Buch *Wählen und Verdienen*. Shklar zeigt dort, dass die Bedeutung der Idee der Staatsbürgerschaft in Amerika längst nicht nur von denen bestimmt wurde, die Staatsbürgerschaftsrechte innehatten. Mindestens genauso wichtig dafür waren ihre Ausschlüsse. Shklar zufolge trugen die Erfahrungen derjenigen, die keine oder keine vollumfänglichen

Staatsbürgerrechte genossen – Frauen, Sklav:innen oder Einwander:innen – dazu bei, dass Staatsbürgerschaft im amerikanischen Kontext ein Begriff wurde, der vor allem eine bestimmte soziale Stellung bedeutete. Shklar macht das insbesondere an der paradoxen Haltung zum Wählen deutlich: Aufgrund der Exklusivität des Wahlrechts legten viele Menschen Wert darauf, es zu erhalten – seine tatsächliche Ausübung bedeutete ihnen dagegen sehr viel weniger. Wählen zu dürfen war der Ausdruck von sozialer Stellung, nicht von einem demokratischen Verständnis der eigenen Bürgerrolle. Gerade ihre Ausschlüsse machten die Idee der amerikanischen Staatsbürgerschaft also zu einem weit reduktionistischeren Ideal, als sich viele politische Theoretiker:innen wünschten. Es ist ein Trugschluss zu glauben, dass eine exklusive Ausgestaltung von Staatsbürgerrechten – sie zu einem raren Gut zu machen, das man großen Gruppen der hier Lebenden vorenthält – die Praxis von Staatsbürgerschaft in ihrer demokratischen Qualität absichern könnte. Das ist die weiterhin relevante Lektion dieser ideengeschichtlichen Reflexionen. Wenn noch vor kurzem gefürchtet wurde, dass die jüngst verabschiedete Reform des Einbürgerungsrechts die deutsche Staatsbürgerschaft „verramschen" würde, also ihren Wert zu mindern droht, lässt sich aus der Perspektive des Liberalismus der Furcht fragen, ob nicht das Gegenteil der Fall ist, nämlich der Wert der Staatsbürgerschaft in einer liberalen Demokratie gerade durch ihre Exklusivität bedroht wird.

Staatsbürgerschaft ist für den Liberalismus der Furcht also keine Frage der Loyalität, sondern eine

Frage von zwei Arten von Verpflichtungen – einer vertikalen Verpflichtung gegenüber den Gesetzen und einer horizontalen Verpflichtung gegenüber Mitbürger:innen. Was, wenn diese beiden Verpflichtungen widersprüchliche Anforderungen an unser Handeln stellen? In liberalen Demokratien, so hatte Shklar es bereits in *Über Ungerechtigkeit* geschrieben, können Verpflichtungen gegenüber dem Gesetz niemals bedingungslos sein, denn der Sinn für Ungerechtigkeit der Bürger:innen spielt immer eine Rolle; er kann ein Veto einlegen (ÜU 138). Noch deutlicher wurde sie in ihrer Vorlesung über die Verpflichtung, dem Gesetz Folge zu leisten; sie beschloss es mit der Erinnerung, „dass es schreckliche Momente gibt, in denen wir zu Ungehorsam verpflichtet sind."[35]

Bürgerlicher Ungehorsam in einer „Gesellschaft von Fremden"

Es gibt in Shklars Essay „Verpflichtung, Loyalität, Exil" einen Satz von beinahe schon brutaler Aktualität. Er betrifft die Lage von Menschen in Flüchtlingslagern. Shklar schreibt: „Da wir alle hilflos zusehen, wie die Auffanghalden für Menschen immer weiter anwachsen, ist es gut möglich, dass wir auf die Stimme des Gewissens hören müssen." (VLE 46) Mit der „Stimme des Gewissens" verweist Shklar erneut auf den inneren Exilanten Henry David Thoreau und seine Entscheidung, aus einem Sinn für Ungerechtigkeit das Gesetz zu brechen. Sie deutet damit an, dass sie die Situation der Rechtlosigkeit, in der sich gerade Flüchtende wiederfinden,[36] womöglich jene „schrecklichen Momente" darstellen, in denen Bürger:innen in liberalen Demokratien „zu Ungehorsam verpflichtet“ sein könnten.

Die zitierte Passage ist bemerkenswert, weil sie die Idee des zivilen Ungehorsams über die Grenzen des Nationalstaats ausweitet und damit Debatten über transnationalen zivilen Ungehorsam vorgreift, die erst nach Shklars Tod Fahrt aufgenommen haben.[37] Ein gutes Beispiel ist dafür der „maritime zivile Ungehorsam“, der aus Protest gegen das Versagen der EU-Mitgliedsstaaten entstanden ist, eine Antwort auf das massenhafte Ertrinken von flüchtenden Menschen im Mittelmeer zu finden. Weil die EU und ihre Mitgliedsstaaten ihre sogenannten *Search and Rescue*-Operationen stark eingeschränkt hatten, schickten zahlreiche Nichtregierungsorganisationen eigene Schiffe aufs Mittelmeer, um in Seenot geratene Migrant:innen zu retten. Insbesondere nachdem der rechtliche Rahmen dieser zivilgesellschaftlichen Aktivitäten erheblich beschränkt worden war, nahmen Aktivist:innen auch bewusst spätere Verhaftungen in Kauf, um ihre Arbeit auszuführen.

Die größte Aufmerksamkeit in der deutschen Öffentlichkeit erhielt der Fall der Kapitänin Carola Rackete, die im Juni 2018 von den italienischen Behörden verhaftet worden war, nachdem sie ein Schiff mit 40 geretteten Migrant:innen nach wochenlangem Warten in den Hafen von Lampedusa gesteuert hatte.[38] Rasch wurde Rackete zu einer Antigone der Gegenwart stilisiert und ihr bewusster Rechtsbruch in die Tradition des zivilen Ungehorsams eingereiht. Der vorsätzliche Verstoß gegen Gesetze, seine öffentliche Dramatisierung für die Forderung nach politischem Wandel, die Berufung auf andere, höhere Gesetze (hier die Menschenrechte), und die Bereitschaft, eine Gefängnisstrafe in Kauf zu nehmen – all das sind Parallelen zu früheren Akten zivilen Ungehorsams.[39]

Zugleich stellt der transnationale Charakter dieser Aktionen viele Theorien des zivilen Ungehorsams vor Herausforderungen, weil sie für gewöhnlich im gedanklichen Rahmen des Nationalstaats konzipiert wurden. Ziviler Ungehorsam – das war für lange Zeit ganz selbstverständlich ein Protest, mit dem sich Bürger:innen an ihre Regierung wenden. Der Völkerrechtler Itamar Mann hat beschrieben, wie der „maritime zivile Ungehorsam" aus diesem Rahmen ausschert. Der Kern der zivilgesellschaftlichen Aktivitäten auf dem Mittelmeer bestehe gerade in einer Transformation von rechtlosen Subjekten in Subjekte des Rechts: „Indem sie [die Aktivist:innen] ihre eigenen, mit Rechten versehenen Körper einsetzen, können sie die Bedingungen schaffen, unter denen ansonsten rechtlose Personen zu Trägern von Rechten werden."[40]

Der hier formulierte Zusammenhang lässt sich in die Sprache von Shklars verstricktem Freiheitsbegriff übersetzen: Die Aktivist:innen widersetzen sich Gesetzen, weil sie ihre eigene positive Freiheit aktiv mit der basalsten Form der negativen Freiheit der Flüchtenden verknüpfen – deren Überleben. Darin bringen sie nicht nur eine moralische Überzeugung zum Ausdruck, setzen also die Moral über die Politik. Shklar lässt uns ihre Handlungen als Übernahme von horizontalen politischen Verpflichtungen beschreiben, die die vertikalen Verpflichtungen zum Gesetz letztlich übertrumpfen. Denn wir sind alle weniger frei, wenn sich die Überzeugung durchsetzt, dass uns die negative Freiheit der anderen nichts angeht.

Über welche Distanzen aber ist diese Freiheit verstrickt? In anderen Worten: Wie weit ist der Kreis derer zu ziehen, deren kompromittierte negative Freiheit die positive Freiheit derjenigen herausfordert, die volle Bürgerrechte besitzen? Der Liberalismus der Furcht bleibt in dieser Frage bewusst eine Antwort schuldig. Auch hier argumentiert Shklar wieder demokratietheoretisch: Es sei nicht an der politischen Theorie, ein unabhängiges Maß vorzugeben, das definieren könnte, wer zur Gruppe von Bürger:innen gehört. In einer Demokratie können wir „nicht wissen, was wir zu werden anstreben sollten".[41] Wie weit wir also den Kreis ziehen, ist immer eine politische Frage, eine Sache von Konflikten und Debatten zwischen Bürger:innen. Deren Inhalt kann keine Theorie vorgeben. Sie kann aber darauf aufmerksam machen, dass unsere Verpflichtungen nicht an den jeweils bestehenden Grenzmarken des Staatsbürgerschaftsrechts halt machen.

Shklars unvollendet gebliebene Reflexionen über die berechtigten Erwartungen, die ein liberaldemokratischer Staat an seine Einwohner:innen und Bürger:innen, und diese aneinander stellen können, zeigt, was wir in der Einleitung zu diesem aktualisierenden Essay hervorgehoben haben: Der Liberalismus der Furcht enthält ein anspruchsvolles Verständnis aktiver Bürgerschaft, ohne deren Praxis mit überschwänglichen Versprechen zu versehen. Er vertraut darauf, dass es in politischen Dingen ausreichen kann, zu wissen, welchen menschlichen Lastern, gesellschaftlichen Übeln und politischen Pathologien entgegenzutreten ist.

3.4 Fazit: Die Aktualität des Liberalismus der Furcht

Die drei vorangegangenen Kapitel sind der Versuch, Judith Shklars Denken auf Debatten der Gegenwart anzuwenden. Weder wollen wir damit dieses Denken abschließend charakterisieren noch behaupten, es ließe sich nicht auch anders auslegen. Vielmehr ging es uns darum, Shklars Aktualität, ihre Relevanz für uns im Hier und Heute herauszustreichen und Beispiele ihrer spezifisch liberalen Urteilskraft zu geben.

Im ersten Kapitel haben wir daher diskutiert, wie eine liberale Demokratie nach Shklar angemessen auf die Stimmen der Opfer von Grausamkeit und Ungerechtigkeit reagieren kann. Neben der Grundintuition des Liberalismus der Furcht, die Grausamkeit und die Furcht vor ihr als höchstes Übel anzugehen, besteht Shklar auf dem epistemischen Nutzen, den die Stimmen der Opfer darstellen. Ihr Ruf nach Gerechtigkeit fordert von Dritten eine „rationale Empathie" ein, die sich als Erweiterung des demokratischen Projekts verstehen lässt. Dass der Liberalismus der Furcht ein *demokratischer* Liberalismus ist, der zwar eine typisch liberale Demokratiekritik in einzelnen Aspekten teilt, diese aber nie zu einem grundsätzlichen Oppositionsverhältnis zwischen liberalen und demokratischen Prinzipien ausbuchstabiert, wurde auch an einem anderen Punkt deutlich: Er betrachtet Einzelne nicht als atomisierte Individuen, sondern als moralische und politische Akteur:innen, deren eigene Freiheit immer mit der Freiheit aller anderen verstrickt ist, und die durchaus auch in deren Namen handeln können.

Das zweite Kapitel beschäftigte sich darauf aufbauend mit der Frage, inwiefern nicht nur ein bestimmtes Tun, sondern auch ein Nichtstun eine Ungerechtigkeit darstellen kann. Was Shklar eine „passive Ungerechtigkeit" nennt, ist in vielen Fällen nicht auf einzelne Täter:innen zurückzuführen, weshalb auch hier wieder die Hilfe für die Opfer im Mittelpunkt stehen sollte, statt allein auf Bestrafung zu zielen. Am Fall des anthropogenen Klimawandels konnten wir zudem zeigen, dass Shklars Begriffe auch für Situationen abgewandelt werden können, die sie selbst gar nicht voraussah, und sich sogar ein „Recht auf Zukunft" aus ihnen ableiten lässt.

Der Liberalismus der Furcht, das wurde in beiden Kapiteln deutlich, enthält bei genauerem Hinschauen eine durchaus anspruchsvolle Vorstellung von demokratischer Bürgerschaft. Im dritten Kapitel wandten wir uns deshalb noch einmal ganz ausführlich der Frage zu, wie Shklars liberale Idee von Staatsbürgerschaft beschaffen ist. Shklar tritt dem Reflex entgegen, ‚gute Staatsbürger:innen' über ihre Loyalität oder affektive Bindung an Gesetze, Institutionen oder Mitbürger:innen zu definieren. Vielmehr schlägt sie vor, dass die für liberale Staatsbürger:innen erforderliche rationale Bindung an diese drei Größen gerade aus den Bürden des Urteilens entstehen, die aus konfligierenden Loyalitäten entstehen. Das macht den Liberalismus der Furcht anschlussfähig an die Herausforderungen der Selbstverständigung über Staatsbürgerschaft in einer Einwanderungsgesellschaft. Am Beispiel von Shklars Forderung nach einer von Loyalitätsbeweisen ganz zu befreienden Einbürgerungspolitik wird hier deutlich, was auch schon ein Grundmotiv der ersten beiden Kapitel war: Es wäre falsch, die Politik des Liberalismus der Furcht auf eine ‚Vermeidung des Schlimmsten' zu reduzieren, denn er formuliert deutliche Gestaltungsansprüche.

Die hier verhandelte Aktualität Shklars ist freilich nicht unsere Entdeckung. Seit mindestens zehn Jahren ist eine Art Shklar-Renaissance im Gange. Ihre Bücher werden im englischsprachigen Raum wiedergelesen oder zum ersten Mal ins Deutsche und Französische, ins Schwedische oder Chinesische übersetzt.[1] Diese zunehmende Popularität hat ohne Frage einer zunächst übersehenen Denkerin die – gerade in Zeiten eines grassierenden Antiliberalismus – verdiente Aufmerksamkeit gesichert. Allerdings hat sie, wie das bei jeder Aufmerksamkeit der Fall ist, auch zu fragwürdigen Aneignungen geführt, die wir nicht mehr als legitime Auslegungen ihres Denkens erachten. Sie zielen vor allem darauf ab, die intellektuelle Autorität Shklars für Zwecke anzuführen, die ihrem Liberalismus nicht standhalten.

Ein Beispiel: Ende Juli 2020, auf dem Höhepunkt der Black Lives Matter-Proteste, die vom Mord an George Floyd durch den Polizisten Derek Chauvin entzündet worden waren, fühlte sich der frühere Mitherausgeber der *Zeit* Josef Joffe an seine alte Hochschullehrerin Shklar erinnert. 1969 saß er bei ihr im Seminar in Harvard, während draußen die Studierendenrevolte tobte. Shklar, berichtet Joffe, bestand darauf, die Fenster zu schließen und weiter zu unterrichten. Ob diese Episode nun genau so stattgefunden hat oder nicht (richtig ist jedenfalls, dass Shklar den Protesten der 1960er Jahre kritisch gegenüberstand) – Joffe war sie aus gegenwärtiger Sicht bedeutsam. Von Shklar zu lernen heiße, auch im Fall der Proteste von Black Lives Matter beherzt die Fenster zu schließen. Solche Bewegungen stellten eine Gefahr für alle dar, denen an liberalen Werten wie dem respektvollen Austausch von Meinungen gelegen ist – wie Identitätspolitik, „wokeness" und postkoloniale Theorie seien sie „Feinde der Freiheit".[2] Joffes anekdotische Aneignung von Shklars Autorität ist ein Beispiel für ein heute oft zu beobachtendes Phänomen: Liberalismus wird dezidiert als Gegensatz zu progressiver oder emanzipatorischer Politik behandelt.

Dass dieser Gegensatz in echte Feindschaft umschlagen kann, haben kürzlich Carolin Amlinger und Oliver Nachtwey festgestellt. Das Pochen auf „Freiheit" und die Selbstbeschreibung als „liberal" verbinde sich heute nicht selten mit eher autoritären Positionen. Folge sei ein zunehmend verengtes und vereinzeltes, gerade nicht im Shklar'schen Sinne verstricktes, sondern „libertäres Freiheitsverständnis […] das gewandelte gesellschaftliche Übereinkünfte als äußere Beschränkungen betrachtet, die die eigene Selbstverwirklichung auf illegitime Weise eingrenzen".[3] Maskentragen, gendersensible Sprache, Tempolimits, vegetarisches Kantinenessen würden dadurch alle zur Beschneidung einer Freiheit, die absolut in ihrem Anspruch ist und nur das isolierte Individuum als Bezugsgröße kennt. Das ist ein Libertarismus, der atomistisch, radikal und autoritär auftritt.

Wie die vorausgegangenen Kapitel gezeigt haben, ist ein solches Verständnis von Liberalismus geradezu grotesk weit von dem Shklars entfernt, das die eigene Freiheit von der Freiheit der Schwächsten abhängig macht. Wir erwähnten bereits ihre frühe Einsicht aus *After Utopia*, dass der Liberalismus durchaus Gefahr laufe, konservativ zu werden – nämlich dann, wenn er sich von der Idee der Aufklärung entfernt, Politik, verstanden als Selbstregierung, könne eine Gesellschaft zum Besseren verändern. Dieses „Körnchen grundlosen Optimismus" (AU 271), das sie aller politischen Theorie wünschte, taucht gegen Ende ihrer Karriere in ihrem Buch über *Wählen und Verdienen* auf, ohne dass Shklar darin ihre skeptische Grundhaltung aufgibt: Dort ist es gerade der Protest, ein andauernder politischer Anerkennungskampf um Staatsbürgerrechte, der das normative Versprechen der liberalen Demokratie am Leben hält. In allen von Shklar behandelten Beispielen – von der Arbeiterbewegung über den Kampf um das Frauenwahlrecht bis zur amerikanischen Bürgerrechtsbewegung – berufen sich die Betroffenen auf zwar de jure verkündete, aber de facto verweigerte Rechte. Das macht sie nicht immer zu tadellosen Akteur:innen und die Politik nicht zu einer erhebenden Aktivität. Aber auch ohne ein idealisierendes Fortschrittsnarrativ lässt sich diese Protestgeschichte als unabdingbare Ressource für die liberale Demokratie begreifen.

Diese Analyse lässt sich auch auf Black Lives Matter ausweiten, und zwar ohne Anekdoten aus Shklars Leben zu bemühen, sondern aus der Logik ihrer politischen Theorie heraus. Denn auch in diesem Fall geht es um die Einforderung verweigerter Rechte und ein konkretes Unrechtsgefühl. Zuallererst ist es Unrecht, dass Schwarze nicht dieselbe Behandlung durch die Polizei erfahren wie Weiße; dass solche Ungleichbehandlung zudem tatsächlich körperliche Grausamkeit nach sich zieht und ein

Leben in Furcht wahrscheinlicher macht, muss die liberale Urteilskraft alarmieren. Der Kampf um Anerkennung als vollwertige Staatsbürger:innen, der hier geführt wird, spricht deswegen nicht nur nicht gegen Shklars Liberalismus, sondern ist in ihm ausdrücklich vorgesehen.[4]

Wenn es also stimmt, wie Christoph Möllers schreibt, dass es wegen des großen Vereinnahmungspotentials heute kaum einen Sinn hat, von „Liberalismus" an sich zu sprechen, sondern nur von Rechts- und Links- oder besser Sozialliberalismus,[5] dann fällt Shklar unserer Ansicht nach eindeutig auf die linke Seite dieses Spektrums.[6] Das heißt nicht, dass es nicht auch Grenzen dieser Nähe gibt, wie wir mit dem Hinweis auf ihre Kritik am Snobismus des SDS in Kapitel 3.1. beschrieben haben. Dennoch ist die Interpretation Axel Honneths oder Peter Voigts, die Shklar zumindest in die Nähe der Sozialdemokratie rücken, nicht unplausibel.[7] Statt aber eine „versteckte" sozialistische Ader bei Shklar zu vermuten – was darauf hinausliefe, ihre Selbstbezeichnung als Liberale für eine bloße Schutzbehauptung zu halten –, sehen wir in dieser Nähe eher den Hinweis darauf, dass der Liberalismus eine sehr viel breitere Ökumene bildet, als es die Verengung auf marktwirtschaftliche Doktrinen oder die reine Toleranz in Sachen privater Lebensgestaltung vermuten lässt.[8] Denn der Liberalismus hat sowohl historisch wie theoretisch eine starke soziale Komponente besessen, die heute in Vergessenheit geraten ist.[9] Dass es dennoch Unterschiede zwischen sozialdemokratischen und liberalen Argumentationsweisen gibt, hat Shklar jedoch selbst klar herausgestrichen.

In dieser Differenz ist erneut der „negative Egalitarismus“ des Liberalismus der Furcht aufschlussreich. Er ist mit sozialistischen Positionen in dem kompatibel, was er ablehnt. In einem Brief an den Soziologen Daniel Bell zitierte Shklar 1981 das Buch *Equality* des christlichen Sozialisten R.H. Tawney. Zwar weine sie der Zeit keine Träne nach, da der Sozialismus die Intellektuellen Amerikas bewegt habe, so Shklar, doch wie Tawney sei sie „wie je abgestoßen von dem, was er ‚die Stimmung beschaulicher Unmenschlichkeit‘ nannte“.[10] Damit beschrieb er 1931 die Doppelmoral jener, die jeden Arbeitskampf indigniert als wohlstandsgefährdend ablehnten, grausame Ungleichheit dagegen als nicht weiter störend empfanden. Diese „Religion der Ungleichheit“ war es, die Tawney wie Shklar gleichermaßen empörte – aber während er die Schaffung von Gleichheit als erstrebenswertes Gut im Sinn hatte, ging es Shklar um die Minimierung von Ungleichheit als zu vermeidendes Übel. Darin liegt für sie der architektonische Unterschied zwischen liberalen und sozialistischen Positionen, den Shklar in ihren späten Schriften zunehmend thematisierte, etwa mit Blick auf die Frage der Begründung des Wohlfahrtsstaates.[11]

Damit sitzt sie, wie wir es in der Einleitung bezeichnet haben, produktiv zwischen den Stühlen. Nimmt man diese Zwischenstellung ernst, so erlaubt sie aus unserer Sicht vor allem, die Auseinandersetzung zwischen linken und liberalen Positionen intellektuell anspruchsvoller zu machen. Ein nicht unbedeutender Teil linker Liberalismuskritik wird, am Liberalismus der Furcht gemessen, als wohlfeil und behäbig erscheinen. Will sie bestehen, wird diese

Kritik ihre Argumente nachschärfen müssen. Aber auch Liberale, die bereit wären, zumindest versuchsweise von einem Shklar'schen Standpunkt aus zu argumentieren, müssten typische Verdachtsreflexe gegenüber linken Gestaltungsansprüchen überdenken. Denn manche von ihnen, das haben wir gezeigt, ließen sich auch mit liberalen Argumenten begründen. An einem stärkeren Gegner auf Augenhöhe könnten also beide Seiten wachsen – und vielleicht erlaubt die so aufscheinende Nähe in manchen Bereichen sogar, aus Gegnerschaft gelegentlich Kooperation werden zu lassen.

4. Judith N. Shklar: Vollständige Bibliographie

Aufgelistet sind alle *veröffentlichten* Arbeiten von Shklar, einschließlich ihrer Qualifikationsschriften und aller ermittelbaren Übersetzungen (aufgeführt mit dem Datum der Erstveröffentlichung).[1] Verweise zu anderen Texten innerhalb dieser Liste sind mit einem Pfeil gekennzeichnet (→). Diese Bibliographie ersetzt die aus →101.2, 281–286. Eine Übersicht von *unveröffentlichten* Werken findet sich auf der Website der Judith N. Shklar Papers, Harvard University Archives.[2]

E = Essay; S = Sammelband; H = Handbucheintrag;
M = Monographie; R = Rezension; G = Gesammelte Essays

1950

1. **(Masterarbeit)** *Machiavelli and Rousseau.* Montreal: McGill University.

1955

2. **(Dissertation)** *Fate and Futility. Two Themes in Contemporary Political Theory.* Cambridge, Mass.: Radcliffe College.

1957

3. **(M)** *After Utopia. The Decline of Political Faith.* Princeton, N.J.: Princeton University Press.
   - 3.1. *Japanisch* als *Yūtopia igo. Seiji shisō no botsuraku.* Tokio: Kinokuniya 1967.

3.2. *Neuauflage*, mit einem neuen Vorwort von Samuel Moyn, Princeton, N.J.: Princeton University Press 2020.
3.3. *Spanisch* als *Después de la utopía. El declive de la fe política.* Madrid: Machado 2020.
3.4. Chinesisch als *Wu tuo bang zhi hou. Zheng zhi xin yang de shuai luo.* Shanghai: Renmin Chubanshe 2023.

1958

4. (**E**) „Bergson and the Politics of Intuition". *Review of Politics* 20, Nr. 4, S. 634–656.
   4.1. *Wiederabgedruckt* in →124, S. 317–338.

1959

5. (**E**) „Ideology-Hunting. The Case of James Harrington". *The American Political Science Review* 53, Nr. 3, S. 662–692.
   5.1. *Wiederabgedruckt* in →124, S. 206–243.
   5.2. *Spanisch* als „En pos de una ideología. El caso de James Harrington". In James Harrington, *La república de Oceana y Un sistema de política*, herausgegeben von Andrés de Francisco, iii-l. Madrid: Centro de Estudios Políticos y Constitucionales 2013.

1961

6. (**R**) *An Immortal Commonwealth. The Political Thought of James Harrington*, von Charles Blitzer. *The American Political Science Review* 55, Nr. 3, S. 606–607.
7. (**R**) *The Future of Mankind*, von Karl Jaspers. *Political Science Quarterly* 76, Nr. 3, S. 437–39.

1963

8. (**R**) *Between Past and Future*, von Hannah Arendt. *History and Theory* 2, Nr. 3, S. 286–91.

- 8.1. *Deutsch* als „Antike und Moderne". *Deutsche Zeitschrift für Philosophie* 56, Nr. 6 (2003), S. 976–981.
- 8.2. *Wiederabgedruckt* in Judith N. Shklar, *Über Hannah Arendt*, herausgegeben von Hannes Bajohr. Berlin: Matthes & Seitz 2020, S. 30–48.

1964

9. (**M**) *Legalism. An Essay on Law, Morals and Politics.* Cambridge, Mass.: Harvard University Press.
   - 9.1. *Zweitauflage*, unter dem Titel *Legalism. Law, Morals and Political Trials*, mit einem neuen Vorwort, welches jenes aus der ersten Edition ersetzt, 1986.
   - 9.2. *Brasilianisches Portugiesisch* als *Direito, política e moral.* Rio de Janeiro: Forense 1967.
   - 9.3. *Spanisch* als *Legalismo.* Buenos Aires: Omeba, 1968
   - 9.4. *Japanisch* als *Rīgarizumu. Hō to dōtoku seiji.* Tokio: Iwanami Shoten 1981.
   - 9.5. *Chinesisch* als *Shou fa zhu yi. Fa, dao de he zheng zhi shen pan.* Beijing: China University of Political Science and Law Press 2005.
   - 9.6. *Spanisch* als *Legalismo. Derecho, moral y juicios politicos.* Madrid: Clave intelectual 2021. Nicht identisch mit →9.3.
10. (**E**) „Decisionism". *Rational Decision*, herausgegeben von Carl J. Friedrich. Nomos: Yearbook of the American Society for Political and Legal Philosophy, Bd. 7. New York: Atherton, S. 3–17.
11. (**E**) „Rousseau's Images of Authority". *The American Political Science Review* 58, Nr. 4, S. 919–32.
   - 11.1. *Wiederabgedruckt* in überarbeiteter Form als Kapitel 4 in →23.
   - 11.2. *Wiederabgedruckt* in leicht überarbeiteter Form in *The Cambridge Companion to Rousseau*, herausgegeben von Patrick Riley. Cambridge: Cambridge University Press 2001, S. 154–192.

11.3. *Wiederabgedruckt* in *Jean-Jacques Rousseau. Critical Assessments of Leading Political Philosophers*, herausgegeben von John T. Scott. London: Routledge 2006, S. 223–245.

1965

12. (**E**) „The Political Theory of Utopia. From Melancholy to Nostalgia". *Daedalus* 94, Nr. 2, S. 367–81.
    12.1. *Wiederabgedruckt* in →124, S. 161–174.
    12.2. *Wiederabgedruckt* in *Utopias and Utopian Thought*, herausgegeben von Frank E. Manuel. Boston: Houghton Mifflin 1967, S. 101–115.
    12.3. *Deutsch* als „Die politische Theorie der Utopie". *Wunschtraum und Experiment. Vom Nutzen und Nachteil utopischen Denkens*, herausgegeben von Frank E. Manuel. Freiburg: Rombach 1970, S. 139–158.
    12.4. *Spanisch* als „Teoría política de la utopia. De la melancolía a la nostalgia". *Utopías y pensiamiento utópico*, herausgegeben von Frank E. Manuel. Madrid: Espasa-Calpe 1982, S. 139–154.
    12.5. *Spanisch* als „La teoría política de la utopía. De la melancolía a la nostalgia". Judith N. Shklar, *Sobre la utopía*, herausgegeben von Roberto Ramos Fontecoba. Barcelona: Página indómita 2021, S. 11–48. Nicht identisch mit →12.4.
    12.6. *Wiederabgedruckt* in *The City Cultures Reader*, herausgegeben von Malcolm Miles, Iain Borden, und Tim Hall. London: Routledge 2000, S. 289–296; zweite, überarbeitete Auflage 2004, S. 404–412.

1966

13. (**S**) *Political Theory and Ideology*, New York: Macmillan.
14. (**E**) „Introduction", in: →13, S. 1–22.

14.1. *Wiederabgedruckt* in gekürzter Form in: *The Political Theory Reader*, herausgegeben von Paul Schumaker. Chichester: Blackwell 2010, S. 9–11.

15. (**E**) „In Defense of Legalism“. *Journal of Legal Education* 19, Nr. 1, S. 51–58.

16. (**E**) „Rousseau's Two Models. Sparta and the Age of Gold“. *Political Science Quarterly* 81, Nr. 1, S. 25–51.

16.1. *Wiederabgedruckt* in überarbeiteter Form als Kapitel 1 in →23.

1967

17. (**R**) *The Enlightenment. An Interpretation – The Rise of Modern Paganism*, von Peter Gay. *Political Science Quarterly* 82, Nr. 3, S. 477–479.

18. (**R**) *Rousseau and the French Revolution, 1762–1791*, von Joan McDonald. *The Journal of Modern History* 39, Nr. 4, S. 458.

1968

19. (**E**) „Facing Up to Intellectual Pluralism“. *Political Theory & Social Change*, herausgegeben von David Spitz. New York: Atherton, S. 275–295.

20. (**H**) „Harrington, James“. *International Encyclopedia of the Social Sciences.* New York: Macmillan, S. 323–24.

21. (**R**) *The Early Rousseau*, von Mario Einaudi. *Political Science Quarterly* 83, Nr. 3, S. 477–478.

22. (**R**) *The Political Philosophy of Rousseau*, von Roger D. Masters; *Rousseau and the Spirit of Revolt*, von William H. Blanchard. *Political Science Quarterly* 83, Nr. 4, S. 612–613.

1969

23. (**M**) *Men and Citizens. A Study of Rousseau's Social Theory.* Cambridge: Cambridge University Press.

23.1. *Zweitauflage*, mit neuem Vorwort, 1985.

24. (**R**) *Warrant for Genocide*, von Norman Cohn. *Mosaic* 10, Nr. 1, S. 50–59.

1971

25. (**E**) „Hegel's Phenomenology. An Elegy for Hellas". *Hegel's Political Philosophy*, herausgegeben von Zbigniew Andrzej Pelczynski. Cambridge: Cambridge University Press, S. 73–89.
    25.1. *Wiederabgedruckt* in überarbeiteter Form als Kapitel 2 in →44.
26. (**E**) „Hegel's Phenomenology. Paths to Revolution". *Theory and Politics/Theorie und Politik. Festschrift zum 70. Geburtstag für C. J. Friedrich*, herausgegeben von Klaus von Beyme. Den Haag: Martinus Nijhoff, S. 162–181.
    26.1. *Wiederabgedruckt* in überarbeiteter Form als Kapitel 4 in →44.
27. (**R**) *Rousseau's ‚Social Contract'*, von Lester G. Crocker. *Political Science Quarterly* 86, Nr. 2, S. 315–16.

1972

28. (**E**) „Subversive Genealogies". *Daedalus* 101, Nr. 1, S. 129–54.
    28.1. *Wiederabgedruckt* in →124, S. 132–160.
    28.2. *Wiederabgedruckt* in *Myth, Symbol, and Culture*, herausgegeben von Clifford Geertz. New York: Norton 1974, S. 129–154.
29. (**R**) *Montesquieu's System of Natural Government*, von Henry J. Merry. *American Historical Review* 77, Nr. 4, S. 1131–1132.
30. (**E**) „Government". *Perspectives on Concentrations. Harvard College and Radcliffe College*. Cambridge: Office of Tests, Harvard University, S. 67–69.

1973

31. (**H**) „General Will". *Dictionary of the History of Ideas. Studies of Selected Pivotal Ideas*, 5 Bd., herausgegeben von Philipp P. Wiener, Bd. 2. New York: Scribners, S. 275–281.
32. (**E**) „Hegel's *Phenomenology*. The Moral Failures of Asocial Man". *Political Theory* 1, Nr. 3, S. 259–86.

32.1. *Wiederabgedruckt* in überarbeiteter Form als Kapitel 3 in →44.

33. **(E)** „Comment on Avineri". *Political Theory* 1, Nr. 4, S. 399–404.
34. **(R)** *La politique de la solitude. Essai sur la philosophie politique de Jean-Jeacques Rousseau*, von Raymond Polin. *Political Science Quarterly* 86, Nr. 1, S. 315–316.
35. **(R)** *De la justice politique*, von William Godwin. *Political Theory* 1, Nr. 4, S. 486–488.

1974

36. **(E)** „*The Education of Henry Adams*, von Henry Adams". *Daedalus* 103, Nr. 1, S. 59–66.
    36.1. *Wiederabgedruckt* in →125, S. 80–90.
37. **(E)** „The Phenomenology. Beyond Morality". *Western Political Quarterly* 27, Nr. 4, S. 597–623
    37.1. *Wiederabgedruckt* in überarbeiteter Form als Kapitel 5 in →44.
38. **(R)** *Natural Law in Political Thought*, von Paul Sigmund. *The American Political Science Review* 68, Nr. 1, S. 266–267.
39. **(R)** *Hegel*, von Raymond Plant. *The American Political Science Review* 68, Nr. 4, S. 1744–1746.

1975

40. **(E)** „Hannah Arendt's Triumph". *The New Republic* 173, Nr. 26 (27. Dezember), S. 8–10.
    40.1. *Deutsch* als „Der Triumph Hannah Arendts", in Judith N. Shklar, *Über Hannah Arendt*, herausgegeben von Hannes Bajohr. Berlin: Matthes & Seitz 2020, S. 49–57.
41. **(R)** *Condorcet. From Natural Philosophy to Social Mathematics*, von Keith Baker. *Political Theory* 3, Nr. 4, S. 469–474.
42. **(R)** *Verhandlungen der internationalen Bodin-Tagung in München*, herausgegeben von Horst Denzer; *Jean Bodin and the Rise of Absolutist Theory*, von Julian H. Franklin; *Richelieu and Reason of State*, von

William F. Church. *The Journal of Modern History* 47, Nr. 1, S. 134–141.

43. (**R**) „Purposes and Procedures". Rezension von *On Human Conduct*, von Michael Oakeshott. *The Times Literary Supplement* (12. September), S. 1018.

1976

44. (**M**) *Freedom and Independence. A Study of the Political Ideas of Hegel's „Phenomenology of Mind".* Cambridge: Cambridge University Press.
    44.1. *Wiederabgedruckt* von Kapitel 2 in: *Hegel's Dialectic of Desire and Recognition. Texts and Commentary*, herausgegeben von John O'Neill. Albany: SUNY Press 1996, S. 289–303.
45. (**R**) *The Social Problem in the Political Philosophy of Rousseau*, von John Charvet. *The American Political Science Review* 70, Nr. 2, S. 606–607.
46. (**R**) „Six Authors in Search of a Subject". Rezension von *National Consciousness, History and Political Culture in Early-Modern Europe*, von Orest Ranum. *Reviews in European History* 2, Nr. 2, S. 507–514.
47. (**R**) *Rousseau. Stoic and Romantic*, von Kennedy F. Roche. *The American Historical Review* 81, Nr. 1, S. 156–157.

1977

48. (**E**) „Rethinking the Past". *Social Research* 44, Nr. 1, S. 80–90.
    48.1. *Wiederabgedruckt* in →124, S. 353–361.
    48.2. *Deutsch* als „Die Vergangenheit neu denken", in Judith N. Shklar, *Über Hannah Arendt*, herausgegeben von Hannes Bajohr. Berlin: Matthes & Seitz 2020, S. 58–78.
49. (**E**) „Publius and the Science of the Past". *The Yale Law Journal* 86, Nr. 6, S. 1286–1296.

1978

50. (**E**) „Jean-Jacques Rousseau and Equality". *Daedalus* 107, Nr. 3, S. 13–25.
    50.1. *Wiederabgedruckt* in →124, S. 276–293.
51. (**E**) „Politics and the Intellect". *Studies in Eighteenth Century Culture* 7, S. 139–151.
    51.1. *Wiederabgedruckt* in →124, S. 94–104.
52. (**R**) *Human Nature in Politics*, herausgegeben von J. Roland Pennock und John W. Chapman. *The American Political Science Review* 72, Nr. 4, S. 1384–1385.
53. (**R**) *The Political Works of James Harrington*, herausgegeben von J. G. A. Pocock. *Political Theory* 6, Nr. 4, S. 558–561.
54. (**R**) *Inventing America. Jefferson's Declaration of Independence*, von Gary Wills. *The New Republic* 179, Nr. 9/10 (26. August und 2. September), S. 32–34.

1979

55. (**E**) „Let Us Not Be Hypocritical". *Daedalus* 108, Nr. 3, S. 1–25.
    55.1. *Wiederabgedruckt* in überarbeiteter Form als Kapitel 2 in →70.
56. (**E**) „Reading the *Social Contract*". *Powers, Possession and Freedom. Essays in Honor of C. B. Macpherson*, herausgegeben von Alkis Kontos. Toronto: University of Toronto Press, S. 77–88.
    56.1. *Wiederabgedruckt* in →124, S. 262–275.
57. (**E**) „Virtue in a Bad Climate. Good Men and Good Citizens in Montesquieu's *L'Esprit des lois*". *Enlightenment Studies in Honor of Lester G. Crocker*, herausgegeben von Alfred J. Bingham und Virgil W. Topazio. Oxford: Voltaire Foundation, S. 315–328.
58. (**R**) *The Foundations of Modern Political Theory.* Bd. I. *The Renaissance*, von Quentin Skinner. *Political Theory* 7, Nr. 4, S. 549–552.
59. (**R**) *The Changing Profile of the National Law*, von Michael Bertram Crowe. *International Studies in Philosophy* 11, S. 208–209.

1980

60. **(E)** „Learning without Knowing". *Daedalus* 109, Nr. 2, S. 53–72.
    60.1. *Wiederabgedruckt* in →124, S. 105–131.
61. **(R)** *Against the Current. Essays in the History of Ideas*, von Isaiah Berlin. *The New Republic* 182, Nr. 14 (5. April), S. 32–35.

1981

62. **(E)** „Jean d'Alembert and the Rehabilitation of History". *Journal of the History of Ideas* 42, Nr. 4, S. 643–664.
    62.1. *Wiederabgedruckt* in →124, S. 294–316.
63. **(R)** *Utopian Thought in the Western World*, von Frank E. Manuel und Fritzie P. Manuel. *Political Theory* 9, Nr. 2, S. 278–293.
64. **(R)** „The Federalist as Myth". Rezension von *Explaining America*, von Gary Wills. *Yale Law Journal* 90, Nr. 4, S. 942–953.

1982

65. **(E)** „Putting Cruelty First". *Daedalus* 11, Nr. 3, S. 17–27.
    65.1. *Wiederabgedruckt* in überarbeiteter Form als Kapitel 1 in →70.
    65.2. *Wiederabgedruckt* in *Democratiya* 4 (Spring 2006), S. 81–94, https://www.dissentmagazine.org/wp-content/files_mf/1389811110d4Shklar.pdf (zuletzt aufgerufen am 8. November 2023).
66. **(R)** *Actes du Colloque International des Lumières, Modèles et moyens de la réflexion politique au XVIIIe siècle.* 3 Bd. *Journal of Modern History* 54, Nr. 3, S. 576–580.

1983

67. (**E**) „Hannah Arendt as Pariah". *Partisan Review*, 50 Nr. 1, S. 64–77.
    - 67.1. *Wiederabgedruckt* in →124, S. 362–375.
    - 67.2. *Schwedisch* als „Hannah Arendt som paria". Judith N. Shklar, *Rädslans liberalism. Judith N. Shklar i urval*, herausgegeben von Andreas Johansson Heinö und Björn Östbring. Stockholm: Timbro 2016, S. 115–135.
    - 67.3. *Deutsch* als „Hannah Arendt als Paria", in Judith N. Shklar, *Über Hannah Arendt*, herausgegeben von Hannes Bajohr. Berlin: Matthes & Seitz 2020, S. 79–113.
68. (**R**) „Missed Opportunities". Rezension von *Will and Circumstance. Montesquieu, Rousseau and the French Revolution*, von Norman Hampson; *Jean-Jacques. The Early Life and Work of Jean-Jacques Rousseau 1712–1754*, von Maurice Cranston. *London Review of Books* 5, Nr. 14, S. 10–11.
69. (**R**) *Rousseau's Social Contract. A Conceptual Analysis*, von John B. Noone. *Ethics* 93, Nr. 2, S. 405–406.

1984

70. (**M**) *Ordinary Vices*. Cambridge, Mass.: The Belknap Press of Harvard University Press.
    - 70.1. *Italienisch* als *Vizi comuni*. Bologna: Il Mulino 1986, 2007.
    - 70.2. *Französisch* als *Les vices ordinaires*. Paris: Presses universitaires de France 1989.
    - 70.3. *Spanisch* als *Vicios ordinarios*. Mexico City: FCE 1990.
    - 70.4. *Polnisch* als *Zwyczajne przywary*. Kraków: Znak 1997.
    - 70.5. *Koreanisch* als *Ilsangŭi akttŏk*. Paju: Nanam 2011.
    - 70.6. *Deutsch* als *Ganz normale Laster*. Berlin: Matthes & Seitz 2014.
    - 70.7. Kapitel 1 („Putting Cruelty First", überarbeitete Version von →65) *schwedisch* als „Att sätta grymheten främst". Judith N. Shklar,

Rädslans liberalism. Judith N. Shklar i urval, herausgegeben von Andreas Johansson Heinö und Björn Östbring. Stockholm: Timbro 2016, S. 49–96.

70.8. *Chinesisch* als *Ping chang de e*, Shanghai: Shanghai People's Publishing House 2018.

70.9. *Spanisch* als *Los vicios ordinarios*. Barcelona: Página indómita 2022. Nicht identisch mit →70.3.

70.10. *Finnisch* als *Tavanomaisia paheita*. Tampere: niin & näin 2023.

70.11. *Tschechisch* als *Obyčejné neřesti*. Prag: Karolinum Press 2023.

71. (**R**) „The Renaissance American. Jefferson's Dreams and Disappointments". Rezension von *Writings*, von Thomas Jefferson. *The New Republic* 191, Nr. 19 (5. November), S. 29–35.

72. (**R**) „Virginia Weepers". Rezension von *The Pursuit of Happiness*, von Jan Lewis; *Jefferson's Extracts from the Gospels*, herausgegeben von Dickinson Adams. *London Review of Books* 6, Nr. 9, S. 6–7.

73. (**R**) *Lectures on Kant's Political Philosophy*, von Hannah Arendt. *Bulletin of the Hegel Society of Great Britain* 9, Nr. 1, S. 42–44.

73.1. *Deutsch* als „Arendts Kant", in Judith N. Shklar, *Über Hannah Arendt*, herausgegeben von Hannes Bajohr. Berlin: Matthes & Seitz 2020, S. 114–121.

1985

74. (**E**) „Nineteen Eighty-Four. Should Political Theory Care?" *Political Theory* 13, Nr. 1, S. 5–18.

74.1. *Wiederabgedruckt* in →124, S. 337–352.

75. (**E**) „In Memoriam: Carl J. Friedrich". *PS: Political Science and Politics* 18, Nr. 1, S. 109–111 (Mit Arthur Maas).

76. (**R**) „Thinking about Bonsai Trees". Rezension von *Dominance and Affection. The Making of Pets*, von Yi-Fu Tuan. *London Review of Books* 7, Nr. 7, S. 12–13.

1986

77. (**E**) „Injustice, Injury and Inequality. An Introduction". *Justice and Equality Here and Now*, herausgegeben von Frank S. Lucash. Ithaca, N.Y.: Cornell University Press, S. 13–33.
78. (**E**) „Squaring the Hermeneutic Circle". *Social Research* 53, Nr. 3, S. 449–73.
    78.1. *Wiederabgedruckt* in →124, S. 75–93.
    78.2. *Wiederabgedruckt* in *Social Research* 71, Nr. 3 (2004), S. 655–678.
79. (**E**) [Kein Titel]. *The Harvard Guide to Influential Books. 113 Distinguished Harvard Professors Discuss the Books That Have Shaped Their Thinking*, herausgegeben von C. Maury Devine, Claudia M. Dissel, und Kim D. Parish. New York: Harper Collins, S. 230–232.
80. (**R**) „The Waning of the Aristocray". Rezension von *Society, Government, and the Enlightenment*, von C. B. A. Behrens. *The New Republic* 194, Nr. 26 (30. Juni), S. 38–39.
81. (**R**) „Torturers". Rezension von *The Body in Pain*, von Elaine Scarry. *London Review of Books* 8, Nr. 17, S. 26–27.

1987

82. (**M**) *Montesquieu*. Oxford: Oxford University Press.
    82.1. *Italienisch* als *Montesquieu*. Bologna: Il Mulino 1990.
    82.2. *Ungarisch* als *Montesquieu*, Budapest: Atlantisz 1994.
    82.3. *Indonesisch* als *Montesquieu. Penggagas trias politica*, Jakarta: Gramedia 1996.
    82.4. *Chinesisch* als *Meng de si jiu (=Montesquieu)*, Beijing: University of Political Science and Law Press, 2018
83. (**E**) „Political Theory and the Rule of Law". *The Rule of Law. Ideal or Illusion*, herausgegeben von Allan C. Hutchinson und Patrick Monahan. Toronto: Carswell, S. 1–16.
    83.1. *Wiederabgedruckt* in →124, S. 19–37.

83.2. *Spanisch* als „La teoría política y el imperio de la Ley". *Dworkin y sus críticos. El debate sombre es imperio de la Ley*, herausgegeben von Mariano C. Melero de la Torre. Valencia: Tirant lo Blanch 2012, S. 117–141.
83.3. *Swedisch* als „Politisk teori och lagstyre". Judith N. Shklar, *Rädslans liberalism. Judith N. Shklar i urval*, herausgegeben von Andreas Johansson Heinö und Björn Östbring. Stockholm: Timbro 2016, S. 136–159.
83.4. *Deutsch* als „Politische Theorie und die Herrschaft des Gesetzes". Judith N. Shklar, *Der Liberalismus der Rechte*, herausgegeben von Hannes Bajohr. Berlin: Matthes & Seitz 2017, S. 108–148.
83.5. *Spanisch* als „La teoría política y el gobierno de la ley". Judith N. Shklar, *Gobierno de la ley y liberalismo del miedo*, herausgegeben von Roberto Ramos Fontecoba. Barcelona: Página indómita 2021, S. 11–54. Nicht identisch mit →83.2.

84. **(E)** „Alexander Hamilton and the Language of Political Science". *The Languages of Political Theory in Early-Modern Europe*, herausgegeben von Anthony Pagden. Cambridge: Cambridge University Press, S. 339–355.
   84.1. *Wiederabgedruckt* in →125, S. 3–13.
85. **(R)** „One Doubts, the Other Doesn't". Rezension von *Voltaire*, von A. J. Ayer; *Rousseau and the Republic of Virtue*, von Carol Blum. *The New Republic* 196, Nr. 9 (2. März), S. 36–40.
86. **(R)** *Law's Empire*, von Ronald Dworkin. *The American Political Science Review* 81, Nr. 1, S. 261–262.
87. **(R)** *The Needs of Strangers*, von Michael Ignatieff. *Political Theory* 15, Nr. 1, S. 141–145.
88. **(R)** *Sources of Social Power*, von Michael Mann. *The Journal of Interdisciplinary History* 18, Nr. 2, S. 331–332.
89. **(R)** „Keeping the Founding Fathers' Promises". Rezension von *The Cycles of American History*, von

Arthur M. Schlesinger, Jr. *Times Literary Supplement* (13. März), S. 267–268.

90. (**R**) „Properties of Republicanism". Rezension von *Novus Ordo Seclorum. The Intellectual Origins of the Constitution*, von Forrest McDonald. *Times Literary Supplement* (11. September), S. 996.
91. (**R**) *Ethics and the Limits of Philosophy*, von Bernard Williams. *History of European Ideas* 8, Nr. 6, S. 754–756.
92. (**R**) *Montaigne in Motion*, von Jean Starobinski. *Political Theory* 15, Nr. 5, S. 653–657.

1988

93. (**E**) „Why Teach Political Theory". *Teaching Literature. What Is Needed Now?*, herausgegeben von James Engell und David Perkins. Cambridge, Mass.: Harvard University Press, S. 151–160.
    93.1. *Wiederabgedruckt* in →135, S. 213–19
94. (**R**) *Rousseau: Confessions*, von Peter France. *History of European Ideas* 9, Nr. 6, S. 750–751.
95. (**R**) „Gone with the Wind". Rezension von *The Great Triumvirate. Webster, Calhoun and Clay*, von Merril D. Peterson. *The New Republic* 198, Nr. 12 (21. März), S. 39–41.
96. (**R**) „The Paranoid's Paradise". Rezension von *Jean-Jacques Rousseau. Transparency and Obstruction*, von Jean Starobinski. *The New Republic* 198, Nr. 26 (27. Juni), S. 38–40.

1989

97. (**E**) „The Liberalism of Fear". *Liberalism and the Moral Life*, herausgegeben von Nancy Rosenblum. Cambridge, Mass.: Harvard University Press, S. 21–38.
    97.1. *Wiederabgedruckt* in →124, S. 3–20.
    97.2. *Japanisch* als „Kyōfu to riberarizumu – Kyōfu no riberarizumu". *Gendai shisō* 29, Nr. 7 (2001), S. 120–139.
    97.3. *Wiederabgedruckt* in *Liberalism. Critical Concepts in Political Theory*, herausgegeben

von G. W. Smith, Bd. 1. London: Routledge 2002, S. 91–106.

97.4. *Wiederabgedruckt* in *American Social and Political Thought. A Reader*, herausgegeben von Andreas Hess. New York: New York University Press 2003, S. 179–186.

97.5. *Wiederabgedruckt* in *Political Liberalism. Variations on a Theme*, herausgegeben von Shaun P. Young. Albany: SUNY Press 2004, S. 149–166.

97.6. *Deutsch* als „Der Liberalismus der Furcht". Judith N. Shklar, *Der Liberalismus der Furcht*, herausgegeben von Hannes Bajohr. Berlin: Matthes & Seitz 2013, S. 26–66.

97.7. *Polnisch* als „Liberalizm strachu". *Respublica* 28, Nr. 3 (2015), S. 48–59.

97.8. *Schwedisch* als „Rädslans liberalism". Judith N. Shklar, *Rädslans liberalism. Judith N. Shklar i urval*, herausgegeben von Andreas Johansson Heinö und Björn Östbring. Stockholm: Timbro 2016, S. 22–48.

97.9. *Spanisch* als „El liberalismo del miedo". Judith N. Shklar, *El liberalismo del miedo.* Barcelona: Herder 2018.

97.10. *Französisch* als „Le libéralisme de la peur". Jan-Werner Müller, *La peur ou la liberté? Quelle politique face au populisme?*. Paris: Premier parallèle 2020, S. 211–239.

97.11. *Spanisch* als „El liberalismo del miedo". Judith N. Shklar, *Gobierno de la ley y liberalismo del miedo*, herausgegeben von Roberto Ramos Fontecoba. Barcelona: Página indómita 2021, S. 55–104. Nicht identisch mit →97.9.

98. (**E**) „Giving Injustice Its Due". *Yale Law Journal* 98, Nr. 6, S. 1135–1151.

98.1. *Wiederabgedruckt* in überarbeiteter Form in →103.

99. (**E**) „Liberté positive, liberté négative en Amérique". *Les usages de la liberté. XXXII*[es] *Rencontres Internationales de Genève.* Neuchâtel: Éditions de la Baconnière 1990, S. 107–125.

99.1. *Englisch* als „Positive Liberty, Negative Liberty in the United State“, in →125, S. 111–126.

99.2. *Schwedisch* als „Positiv frihet, negativ frihet i USA“. Judith N. Shklar, *Rädslans liberalism. Judith N. Shklar i urval*, herausgegeben von Andreas Johansson Heinö und Björn Östbring. Stockholm: Timbro 2016, S. 160–181.

99.3. *Deutsch* als „Positive Freiheit und Negative Freiheit in den Vereinigten Staaten“. Judith N. Shklar, *Der Liberalismus der Rechte*, herausgegeben von Hannes Bajohr. Berlin: Matthes & Seitz 2017, S. 149–186.

100. (**E**) „Rousseau and the Republican Project“. *French Politics and Society* 7, Nr. 2, S. 42–49.

101. (**E**) „A Life of Learning“. *ACLS Occasional Paper* 9 (6. April). Washington, D.C.: The American Council of Learned Societies.

101.1. *Wiederabgedruckt* in *The Life of Learning. The Charles Homer Haskins Lectures of the American Council of Learned Societies*, herausgegeben von Greenberg und Stanley N. Katz. New York: Oxford University Press 1994, S. 87–103.

101.2. *Wiederabgedruckt* in *Liberalism Without Illusions. Essays on Liberal Theory and the Political Vision of Judith N. Shklar*, herausgegeben von Bernard Yack. Chicago: The University of Chicago Press 1996, S. 263–279.

101.3. *Schwedisch* als „Ett liv av lärande“. Judith N. Shklar, *Rädslans liberalism. Judith N. Shklar i urval*, herausgegeben von Andreas Johansson Heinö und Björn Östbring. Stockholm: Timbro 2016, S. 252–277.

102. (**E**) „Montesquieu en Amérique“. *Lettre Internationale* 5, Nr. 21, S. 10–12.

1990

103. (**M**) *The Faces of Injustice*. New Haven, Conn.: Yale University Press.

- 103.1. *Deutsch* als *Über Ungerechtigkeit. Erkundungen zu einem moralischen Gefühl.* Berlin: Rotbuch 1992.
- 103.2. *Wiederabgedruckt* Frankfurt am Main: Fischer Taschenbuch 1997.
- 103.3. *Italienisch* als *I volti dell'ingiustizia. Iniquità o cattiva sorte?* Milan: Feltrinelli 2000.
- 103.4. *Französisch* als *Visages de l'injustice.* Belfort: Circé 2002.
- 103.5. *Spanisch* als *Los rostros de la injusticia.* Barcelona: Herder 2010.
- 103.6. *Türkisch* als *Adaletsizliğin Veçheleri.* Istanbul: VakıfBank Kültür Yayınları 2021.
- 103.7. *Wiederabgedruckt in überarbeiteter Übersetzung* Berlin: Matthes und Seitz 2021.
- 103.8. *Japanisch* als *Fuseigi towa nanika.* Tokio: Iwanamishoten 2023.

104. **(E)** „American Citizenship. The Quest for Inclusion". *The Tanner Lectures on Human Values* XI, herausgegeben von Grethe B. Peterson. Salt Lake City: University of Utah Press, S. 385–439.
    - 104.1. *Wiederabgedruckt* in überarbeiteter Form →108.
    - 104.2. *Spanisch* als „Ciudadanía americana. La búsqueda de la inclusión". *Eunomía. Revista en Cultura de la Legalidad* 21 (2021), S. 357–391.
105. **(E)** „Emerson and the Inhibitions of Democracy". *Political Theory* 18, Nr. 4, S. 601–614.
    - 105.1. *Wiederabgedruckt* in →125, S. 49–64.
    - 105.2. *Wiederabgedruckt* in *A Political Companion to Ralph Waldo Emerson*, herausgegeben von Alan M. Levine und Daniel S. Malachuk. Lexington: University Press of Kentucky 2011, S. 53–68.
106. **(E)** „Montesquieu and the New Republicanism". *Machiavelli and Republicanism*, herausgegeben von Gisela Bock, Quentin Skinner, und Maurizio Viroli. Cambridge: Cambridge University Press, S. 266–279.
    - 106.1. *Wiederabgedruckt* in →124, S. 244–261.
    - 106.2. *Wiederabgedruckt* in →97.4, S. 135–140.

107. (**R**) *Morality, Politics and Law. A Bicentennial Essay*, von Michael J. Perry. *Ethics* 100, Nr. 2, S. 427–428.

1991

108. (**M**) *American Citizenship. The Quest for Inclusion*, Cambridge, Mass.: Harvard University Press.
    108.1. *Französisch* als *Citoyenneté américaine. La quête de l'intégration.* Paris: Calmann-Lévy 1991.
    108.2. *Chinesisch* als *Meiguo gong min quan. Xun qiu jie na.* Shanghai: Renmin Chubanshe 2006.
    108.3. *Auszug wiederabgedruckt* in →97.4, S. 306–310.
    108.4. *Deutsch* als *Wählen und Verdienen. Amerikanische Staatsbürgerschaft und das Streben nach Inklusion.* Berlin: Matthes & Seitz 2024.
109. (**E**) „Hawthorne in Utopia". *In the Presence of the Past. Essays in Honor of Frank Manuel*, herausgegeben von Robert T. Bienvenue, und Mordechai Feingold. Dordrecht: Kluwer, S. 215–231.
    109.1. *Wiederabgedruckt* in →125, S. 28–48.
110. (**E**) „Redeeming American Political Theory". *The American Political Science Review* 85, Nr. 1, S. 3–15.
    110.1. *Wiederabgedruckt* in →125, S. 91–108.
111. (**R**) *Sources of the Self. The Making of the Modern Identity*, von Charles Taylor. *Political Theory* 19, Nr. 1, S. 105–109.

1992

112. (**E**) „Rights in the Liberal Tradition". *The Bill of Rights and the Liberal Tradition*, herausgegeben von Timothy Fuller. Colorado Springs: Colorado College, S. 26–39.
    112.1. *Wiederabgedruckt* in *Political Studies* 71, Nr. 2 (2023), S. 279–94.
    112.2. *Deutsch* als „Rechte in der liberalen Tradition". Judith N. Shklar, *Der Liberalismus der Rechte*, herausgegeben von Hannes Bajohr. Berlin: Matthes & Seitz 2017, S. 20–64.

113. (**E**) „Foreword". Wolf Lepenies, *Melancholy and Society*, VIII-XVI. Cambridge, Mass.: Harvard University Press.
114. (**E**) „Justice without Virtue". In „Virtue", herausgegeben von John Chapman und William Galston, Sonderausgabe, *Nomos. Yearbook of the American Society for Political and Legal Philosophy* 34, S. 283–288.
115. (**E**) „A New Constitution for a New Nation". *The United States Constitution. Roots, Rights, and Responsibilities*, herausgegeben von A. E. Dick Howard. Washington, D.C.: Smithsonian Institution Press, S. 129–144.
    - 115.1. *Wiederabgedruckt* in →125, S. 158–170.
    - 115.2. *Schwedisch* als „En ny konstitution för en ny nation". Judith N. Shklar, *Rädslans liberalism. Judith N. Shklar i urval*, herausgegeben von Andreas Johansson Heinö und Björn Östbring. Stockholm: Timbro 2016, S. 97–114.
116. (**R**) *We, The People. Foundations*, von Bruce Ackerman. *The American Political Science Review* 86, Nr. 3, S. 775–776.

1993 (posthum)

117. (**E**) „Obligation, Loyalty, Exile". *Political Theory* 21, Nr. 2, S. 181–97.
    - 117.1. *Wiederabgedruckt* in →124, S. 38–55.
    - 117.2. *Deutsch* als „Verpflichtung, Loyalität, Exil". Judith N. Shklar, *Verpflichtung, Loyalität, Exil*, herausgegeben von Hannes Bajohr. Berlin: Matthes & Seitz 2018, S. 12–54.
118. (**E**) „Thomas Jefferson et une république étendue". *Le siècle de l'avènement républicain*, herausgegeben von François Furet und Mona Ozouf. Paris: Gallimard, S. 81–100.
    - 118.1. *Italienisch* als „Thomas Jefferson e una repubblica estesa". *L'idea di repubblica nell'Europa moderna*, herausgegeben von François Furet und Mona Ozouf. Rome: Laterza 1993, S. 71–93.

119. **(E)** „Politics and Friendship". *Proceedings of the American Philosophical Society* 137, Nr. 2, S. 207–212.
    119.1. *Neuauflage* einer Version dieses Essays als „A Friendship" in →125, S. 14–17.
        119.1.1. *Schwedisch* als „En vänskap". Judith N. Shklar, *Rädslans liberalism. Judith N. Shklar i urval*, herausgegeben von Andreas Johansson Heinö und Björn Östbring. Stockholm: Timbro 2016, S. 182–201.
120. **(E)** „Teaching Ideologies with Stanley". *Ideas & Ideals. Essays on Politics in Honor of Stanley Hoffmann*, herausgegeben von Linda B. Miller und Michael J. Smith. Boulder, Colo.: Westview Press, S. 61–73.
121. **(R)** „Pictures of America". Rezension von *The Radicalism of the American Revolution*, von Gordon S. Wood. *Yale Journal of Law and the Humanities* 5, Nr. 1, S. 191–200.

1994 (posthum)

122. **(E)** „What is the Use of Utopia". *Heterotopia. Postmodern Utopia and the Body Politic*, herausgegeben von Tobin Siebers. Ann Arbor: University of Michigan Press, S. 40–57.
    122.1. *Wiederabgedruckt* in →124, S. 175–190.
    122.2. *Schwedisch* als „Varför Utopia". Judith N. Shklar, *Rädslans liberalism. Judith N. Shklar i urval*, herausgegeben von Andreas Johansson Heinö und Björn Östbring. Stockholm: Timbro 2016, S. 228–251.
    122.3. *Spanisch* als „¿Para qué sirve la utopía?". Judith N. Shklar, *Sobre la utopía*, herausgegeben von Roberto Ramos Fontecoba. Barcelona: Página indómita 2021, S. 49–90.

1996 (posthum)

123. **(E)** „Can We Be American Scholars?". *Liberal Modernism and Democratic Individuality. George*

Kateb and the Practices of Politics, herausgegeben von Austin Sarat und Dana Villa. Princeton, N.J.: Princeton University Press, S. 64–77.

1998 (posthum)

124. **(G)** *Political Thought and Political Thinkers*, herausgegeben von Stanley Hoffmann. Chicago: The University of Chicago Press.
    124.1. *Chinesisch* als *Zheng zhi si xiang yu zheng zhi si xiang jia*. Shanghai: Renmin Chubanshe 2009.
125. **(G)** *Redeeming American Political Thought*, herausgegeben von Stanley Hoffmann und Dennis F. Thompson. Chicago: The University of Chicago Press.
126. **(E)** „The Bonds of Exile". [Nichtdatierter Essay aus den Judith Shklar Papers, zuerst veröffentlicht in →124, S. 56–72.]
    126.1. *Wiederabgedruckt* in einer anderen Version in → 135, S. 204–211.
127. **(E)** „Poetry and the Political Imagination in Pope's *An Essay on Man*". [Nichtdatierter Essay aus den Judith Shklar Papers, zuerst veröffentlicht in →124, S. 193–205.]
128. **(E)** „The Work of Michael Walzer. [Nichtdatierter Essay aus den Judith Shklar Papers, zuerst veröffentlicht in →124, S. 376–385.]
    128.1. *Deutsch* als „Das Werk Michael Walzers". Judith N. Shklar, *Verpflichtung, Loyalität, Exil*, herausgegeben von Hannes Bajohr. Berlin: Matthes & Seitz 2018, S. 55–77.
129. **(E)** „An Education for America. Tocqueville, Hawthorne". [Nichtdatierter Essay aus den Judith Shklar Papers, zuerst veröffentlicht in →125, S. 65–79.]
130. **(E)** „The Boundaries of Democracy". [Nichtdatierter Essay aus den Judith Shklar Papers, zuerst veröffentlicht in →125, S. 127–145.]
    130.1. *Schwedisch* als „Demokratins gränser". Judith N. Shklar, *Rädslans liberalism. Judith N. Shklar i urval*, herausgegeben von

Andreas Johansson Heinö und Björn Östbring. Stockholm: Timbro 2016, S. 202–227.

131. (**E**) „The American Idea of Aristocracy". [Nichtdatierter Essay aus den Judith Shklar Papers, zuerst veröffentlicht in →125, S. 146–157.]
132. (**E**) „Democracy and the Past. Jefferson and His Heirs". [Nichtdatierter Essay aus den Judith Shklar Papers, zuerst veröffentlicht in →125, S. 171–186.]
133. (**E**) „Democratic Customs". [Nichtdatierter Essay aus den Judith Shklar Papers, zuerst veröffentlicht in →125, S. 187–198.]

2017 (posthum)

134. (**E**) „The Idea of Rights in the Early Republic". [Essay aus den Judith Shklar Papers, datiert auf 1983/84.] Im Englischen unveröffentlicht.
    134.1. *Deutsch* als „Die Idee der Rechte in der Frühphase der amerikanischen Republik". Judith N. Shklar, *Der Liberalismus der Rechte*, herausgegeben von Hannes Bajohr. Berlin: Matthes & Seitz 2017, S. 65–107.

2019 (posthum)

135. (**M**) *On Political Obligation. Judith N. Shklar's Lectures on Moral Reasoning*, herausgegeben von Samantha Ashenden und Andreas Hess. New Haven, Conn.: Yale University Press.
    135.1. *Spanisch* als *Sobre la obligación política*. Barcelona: Herder 2021.
136. (**E**) Conscience and Liberty [Vortrag gehalten 1990, zuerst veröffentlicht in →135, S. 1–14.]
    136.1. *Deutsch* als „Gewissen und Freiheit". *Zeitschrift für Politische Theorie* 9, Nr. 2 (2018 [=2020]), S. 157–177.

Literaturverzeichnis

Siglen

AC *American Citizenship. The Quest for Inclusion.*

AU *After Utopia. The Decline of Political Faith.*

GnL *Ganz normale Laster.*

L *Legalism. Law, Morals, and Political Trials.*

LL „A Life of Learning".

LdF *Der Liberalismus der Furcht.*

MT *Memorial Tributes to Judith Nisse Shklar, 1928-1992.*

OH Walzer, Judith, und Judith N. Shklar, „Oral History of Tenured Women in the Faculty of Arts and Sciences at Harvard University".

OPO *On Political Obligation.*

VLE *Verpflichtung, Loyalität, Exil.*

ÜU *Über Ungerechtigkeit. Erkundungen zu einem moralischen Gefühl.*

Verwendete Literatur

Abbey, Ruth, „Putting Cruelty First: Exploring Judith Shklar's Liberalism of Fear for Animal Ethics", in: *Politics and Animals* 2, Nr. 1 (2016), S. 25–36.

Abella, Irving, und Harold Troper, *None Is Too Many. Canada and the Jews of Europe 1933-1948* (Toronto: Lester & Orpen Dennys 1983).

Alcoff, Linda Martin, *Das Problem, für andere zu sprechen* (Stuttgart: Reclam 2023).

Amlinger, Carolin, und Oliver Nachtwey, *Gekränkte Freiheit. Aspekte des libertären Autoritarismus* (Berlin: Suhrkamp 2022).

Application for Visiting Fellowship to All Souls College for the Academic Year 1982-83, Papers of Judith N. Shklar, Series: Correspondence, 1959-1992, HUGFP 118, Box 2, Folder 14.

Arendt, Hannah, *Das Urteilen. Texte zu Kants Politischer Philosophie* (München: Piper 1998).

Arendt, Hannah, *Eichmann in Jerusalem. Ein Bericht von der Banalität des Bösen* (München: Piper 2006).

Arendt, Hannah, *Elemente und Ursprünge totaler Herrschaft. Antisemitismus, Imperialismus, Totalitarismus*, 12. Auflage (München: Piper 2008).

Arendt, Hannah, „Personal Responsibility under Dictatorship", in: dies., *Responsibility and Judgment*, hg. von Jerome Kohn (New York: Schocken 2003), S. 17–48.

Arendt, Hannah, *Rahel Varnhagen. Lebensgeschichte einer deutschen Jüdin aus der Romantik* (München: Piper 1979).

Arendt, Hannah, „The Jew as Pariah. A Hidden Tradition", in: *Jewish Social Studies* 6, Nr. 2 (1944), S. 99–122.

Arendt, Hannah, *Wir Flüchtlinge*, übers. Eike Geisel (Ditzingen: Reclam 2023).

Arendt, Hannah, „Ziviler Ungehorsam", in: dies., *In der Gegenwart: Übungen im politischen Denken II*, hg. von Ursula Ludz (München: Piper 2000), S. 283–321.

Ashenden, Samantha, und Andreas Hess, „Republican Elements in the Liberalism of Fear", in: Zeitschrift für Politische Theorie 9, Nr. 2 (2018 [2020]), S. 209–221.

Ashenden, Samantha, „Political Obligation and the Rule of Law", in: dies. und Hess (Hg.), *Between Utopia and Realism*, S. 219–238.

Bajohr, Hannes (Hg.), *Der Anthropos im Anthropozän. Die Wiederkehr des Menschen im Moment seiner vermeintlich endgültigen Verabschiedung* (Berlin: de Gruyter 2020).

Bajohr, Hannes, „Harmonie und Widerspruch. Mit Judith N. Shklar gegen die ‚Ideologie der Einigkeit'", in: Hendrikje Schauer und Marcel Lepper (Hg.), *Distanzierung und Engagement. Wie politisch sind die Geisteswissenschaften?* (Stuttgart: Works & Nights 2018), S. 75–85.

Bajohr, Hannes, „Judith N. Shklar über die Quellen liberaler Normativität", in: Karsten Fischer und Sebastian Huhnholz (Hg.), *Liberalismus. Traditionsbestände und Gegenwartskontroversen* (Baden-Baden: Nomos 2019), S. 71–98.

Bajohr, Hannes, „Strategies of Authority: The Distorting Think-Piece and the Case of Judith Shklar", in: *Journal of the History of Ideas* (Blog), 2020, https://jhiblog.org/2020/07/08/strategies-of-authority-the-distorting-think-piece-and-the-case-of-judith-shklar/.

Barkan, Ross, „Hurricane Ida Drowned 11 New Yorkers in Their Own Homes. The Climate Crisis is Here", in: *The Guardian*, 9. September 2021, https://www.theguardian.com/commentisfree/2021/sep/09/hurricane-ida-new-york-climate-crisis.

Baron, Ilan Z., „The Problem of Dual Loyalty", in: *Canadian Journal of Political Science* 42, Nr. 4 (2009), S. 1025–1044.

Benhabib, Seyla, „Judith Shklars dystopischer Liberalismus", in: Judith N. Shklar, *Der Liberalismus der Furcht*, hg. und übers. Hannes Bajohr (Berlin: Matthes & Seitz 2013), S. 67–86.

Benhabib, Seyla, *Playing Chess with History. Exile, Statelessness, Migration from Hannah Arendt to Isaiah Berlin* (Princeton, NJ: Princeton University Press, 2018).

Benhabib, Seyla, „Remembering Dita Alone with the Trees in Harvard Yard", in: *Memorial Tributes to Judith Nisse Shklar*, S. 29.

Berg, Sebastian, Tim König und Ann-Kathrin Koster, „Political Opinion Formation as Epistemic Practice. The Hashtag Assemblage of #metwo", in: *Media and Communication* 8, Nr. 4 (2020), S. 84–95.

Betsky, Celia B., „Judith Shklar. The Metics' Metic", in: *The Harvard Crimson*, 31. März 1972, http://www.thecrimson.com/article/1972/3/31/judith-shklar-the-metics-metic-pbcbommenting.

Blumenberg, Hans, „Wirklichkeitsbegriff und Staatstheorie", *Schweizer Monatshefte* 48, Nr. 2 (1968), S. 121–146.

Burdman, Javier, „‚Sinn für Ungerechtigkeit‘. Über die Rolle von Gefühlen bei dem Widerstand gegen epistemische Ungerechtigkeit“, in: *Diskurs* 6 (2021), S. 43–62.

BVerfG, Beschluss des Ersten Senats vom 24. März 2021 – 1 BvR 2656/18, Rn. 1-270, https://www.bundesverfassungsgericht.de/SharedDocs/Entscheidungen/DE/2021/03/rs20210324_1bvr265618.html

Canto-Sperber, Monique, und Nadia Urbinati, *Le socialisme libéral. Une anthologie. Europe–États-Unis* (Paris: Esprit 2003).

Celikates, Robin, „Constituent Power beyond Exceptionalism. Irregular Migration, Disobedience, and (Re-)Constitution“, in: *Journal of International Political Theory* 15, Nr. 1 (2019), S. 67–81.

Chakrabarty, Dipesh, *Das Klima der Geschichte im planetarischen Zeitalter* (Berlin: Suhrkamp 2022).

Choi, Donghyun D., Mathias Poertner und Nicholas Sambanis, „The Hijab Penalty. Feminist Backlash to Muslim Immigrants“, in: *American Journal of Political Science* 67, Nr. 2 (2023), S. 291–306.

Cicero, Marcus Tullius, *Vom pflichtgemäßen Handeln / De officiis* (Berlin: De Gruyter 2011).

Copeland, Sidney, „Day of Freedom Near for Refugee Family“, in: *Seattle Post-Intelligencer*, 29. Juli 1940, S. 1 (second section).

Davis, Natalie Z., Brief an Judith N. Shklar, 3. Dezember 1982, Papers of Judith N. Shklar, Series: Correspondence, 1959-1992, HUGFP 118, Box 2.

„Die Katastrophe, die nicht endet“, in: *Der Spiegel*, 2. Juni 2022, S. 46–51.

Dhawan, Nikita, „Die unerträgliche Langsamkeit des Wandels. Das Phantasma einer Stimme des Volkes und die Erotik des Widerstands“, in: *Phantasma und Politik* 11 (Berlin: Hebbel am Ufer 2015), S. 10–13.

Dohrn, Verena, *Die Kahans aus Baku. Eine Familienbiographie* (Göttingen: Wallstein 2018).

Douglass, Robin, „Cruelty, Injustice, and the Liberalism of Fear“, in: *Political Theory* 51, Nr. 5 (2023), S. 790–813.

Dunn, John, „Hope over Fear. Judith Shklar as Political Educator“, in: Bernard Yack (Hg.), *Liberalism without Illusions. Essays on Liberal Theory and the Political Vision of Judith N. Shklar* (Chicago: The University of Chicago Press 1996), S. 45–54

Enzensberger, Hans Magnus, „A Situation of Privilege“, in: Toronto Arts Group for Human Rights (Hg.), *The Writer and Human Rights* (Toronto: Lester & Orpen Dennys 1983), S. 144–146.

Fiser, Webb S., [Rezension zu: Judith N. Shklar, After Utopia], in: *Ethics* 68, no. 3 (1958), S. 217–219.

Flavelle, Christopher, und Manuela Andreoni, „How Climate Change Turned Lush Hawaii Into a Tinderbox“, in: *New York Times*, 10. August 2023, https://www.nytimes.com/2023/08/10/climate/hawaii-fires-climate-change.html.

Forrester, Katrina, „Experience, Ideology, and the Politics of Psychology“, in: Samantha Ashenden und Andreas Hess (Hg.), *Between Utopia and Realism. The Political Thought of Judith N. Shklar* (Philadelphia: University of Pennsylvania Press 2019), S. 136–157.

Forrester, Katrina, „Hope and Memory in the Thought of Judith Shklar“, in: *Modern Intellectual History* 8, Nr. 3 (2011), S. 159.

Forrester, Katrina, *In the Shadow of Justice. Postwar Liberalism and the Remaking of Political Philosophy* (Princeton: Princeton University Press 2019).

Fourest, Caroline, *Generation beleidigt. Von der Sprachpolizei zur Gedankenpolizei. Über den wachsenden Einfluss linker Identitärer* (Berlin: Edition Tiamat 2020).

Francis, Blake, „Climate Change Injustice“, in: *Environmental Ethics* 44 (2022): 5–24.

Freeden, Michael, *The Political Theory of Political Thinking. The Anatomy of a Practice* (Oxford: Oxford University Press 2013).

Fricker, Miranda, *Epistemische Ungerechtigkeit. Macht und die Ethik des Wissens*, übers. von Antje Korsmeier (München: C.H. Beck 2023).

„Fritz Shaul Berner“, Yad Vashem Central Database of Shoah Victims' Names, https://yvng.yadvashem.org/nameDetails.html?language=en&itemId=628135&ind=1.

Gabay, Aimee, „This Was the Hottest Summer Ever Recorded on Earth“, in: *Space.com*, 14. September 2023. https://www.space.com/earth-hottest-summer-on-record.

Gatta, Giunia, *Rethinking Liberalism for the 21st Century: The Skeptical Radicalism of Judith Shklar* (New York: Routledge 2018).

Giglioli, Daniele, *Die Opferfalle. Wie die Vergangenheit die Zukunft fesselt* (Berlin: Matthes & Seitz 2016).

Goltermann, Svenja, *Opfer. Die Wahrnehmung von Krieg und Gewalt in der Moderne* (Frankfurt am Main: S. Fischer 2017).

Gordimer, Nadine, „Apprentices of Freedom. Relevance and Commitment in South African Arts“, in: Toronto Arts Group for Human Rights (Hg.)., *The Writer and Human Rights* (Toronto: Lester & Orpen Dennys 1983), S. 18–22.

Gündogdu, Ayten (Hg.), *Rightlessness in an Age of Rights. Hannah Arendt and the Contemporary Struggles of Migrants* (Oxford: Oxford University Press 2015).

Hacke, Jens, *Existenzkrise der Demokratie. Zur politischen Theorie des Liberalismus in der Zwischenkriegszeit* (Berlin: Suhrkamp 2018).

Hall, Edward, „Complacent and Conservative? Redeeming the Liberalism of Fear“, in: *The Journal of Politics* 85 (2023), S. 1064–1078.

Hall, Edward, „Ideological Self-Consciousness: Judith Shklar on Legalism, Liberalism, and the Purposes of Political Theory“, in: *Social Philosophy & Policy* (im Erscheinen).

Hamilton, Clive, *Defiant Earth. The Fate of Humans in the Anthropocene* (Cambridge: Polity 2017).

Hansen, James E., u.a., „Global Warming in the Pipeline“, in: Oxford Open Climate Change 3, Nr. 1 (2023), https://doi.org/10.1093/oxfclm/kgad008.

Hark, Sabine, *Gemeinschaft der Ungewählten. Umrisse eines politischen Ethos der Kohabitation* (Frankfurt am Main: Suhrkamp 2021).

Hayek, Friedrich, *Der Weg zur Knechtschaft* (München: Olzog 1994).

Hess, Andreas, „From Antigone to Martin Luther King. Judith N. Shklar on Moral Reasoning and Disobedience in Context", in: Samantha Ashenden und Andreas Hess (Hg.), *Between Utopia and Realism. The Political Thought of Judith N. Shklar* (Philadelphia: University of Pennsylvania Press 2019), S. 239–252.

Hess, Andreas, *The Political Theory of Judith N. Shklar. Exile from Exile* (New York: Palgrave Macmillan 2014)

Hickman u.a., Caroline, „Climate Anxiety in Children and Young People and Their Beliefs about Government Responses to Climate Change: A Global Survey", in: The Lancet Planetary Health. Dezember 2021, https://doi.org/10.1016/s2542-5196(21)00278-3.

Hoeder, Ciani-Sophia, „Es gibt keinen umgekehrten Rassismus", in: Süddeutsche Zeitung Magazin, 20.11.2020, online unter: https://sz-magazin.sueddeutsche.de/willkommen-bei-mir/umgekehrter-rassismus-89490 (17.12.2022).

Holmes, Stephen, „The Permanent Structure of Antiliberal Thought", in: Nancy L. Rosenblum, *Liberalism and the Moral Life* (Cambridge, Mass.: Harvard University Press 1989), S. 228–253.

Honneth, Axel, „Die Historizität von Furcht und Verletzung. Sozialdemokratische Züge im Denken von Judith Shklar", in: ders., *Vivisektionen eines Zeitalters. Porträts zur Ideengeschichte des 20. Jahrhunderts* (Berlin: Suhrkamp 2014), S. 248–262.

Horn, Eva, und Hannes Bergthaller, *Anthropozän zur Einführung* (Hamburg: Junius 2020).

Ignatieff, Michael, [Rezension zu: Judith N. Shklar, Ordinary Vices], in: *The Political Quarterly* 56, Nr. 3 (1985), S. 309–312.

Ituen, Imeh, und Lisa Tatu Hey, „The Elephant in the Room – Environmental Racism in Germany. Studies, Knowledge Gaps, and Their Relevance to Environmental and Climate Justice", 2021, https://www.boell.de/sites/default/files/2021-12/E-Paper_The_Elephant_in_the_Room.pdf.

Joffe, Josef, „Die Feinde des Liberalismus", in: *DIE ZEIT*, 23. Juni 2020.

Jonas, Hans, *Das Prinzip Verantwortung. Versuch einer Ethik für die technologische Zivilisation* (Frankfurt am Main: Suhrkamp 1979).

Kane, Marion, „CPR Officer Mark Sorensen Helped Save Holocaust Refugees Including My Family", https://soundcloud.com/marion-kane/how-cpr-officer-mark-sorensen.

Kane, Marion, „Ruth's Story", https://vimeo.com/245305822.

Kant, Immanuel, *Zum ewigen Frieden*, AA, S. 366.

Kateb, George, „Foreword", in: Shklar, *Political Thought and Political Thinkers.*

Keohane, Robert O., [Memorial Tribute], in: *Memorial Tributes to Judith Nisse Shklar*, S. 32.

Klosko, George, *Why Should We Obey the Law?* (Cambridge: Polity Press, 2019).

Kreienkamp, Frank, u.a., „Rapid Attribution of Heavy Rainfall Events Leading to the Severe Flooding in Western Europe During July 2021", 23. August 2021, https://www.worldweatherattribution.org/wp-content/uploads/Scientific-report-Western-Europe-floods-2021-attribution.pdf.

Latvia Internal Passport Database 1919–1941, https://www.jewishgen.org/databases/searches/favsearch.php?id=55657353.

„Latvian Refugees are Released Here", in: *Seattle Daily Times*, 31. Juli 1940, S. 7 (second section).

Levinson, Sanford, „Is Liberal Nationalism an Oxymoron? An Essay for Judith Shklar", in: *Ethics* 105 (1995), S. 626–645.

Lilla, Mark, *[Memorial Tribute], in: Memorial Tributes to Judith Nisse Shklar*, S. 75–76.

Maass, Arthur, und Judith N. Shklar, „In Memoriam: Carl J. Friedrich“, in: *PS: Political Science and Politics* 18, Nr. 1 (1985), S. 109–111.

Macedo, Stephen, [Memorial Tribute], in: *Memorial Tributes to Judith Nisse Shklar*, S. 40.

Maier, Charles, [Memorial Tribute], in: *Memorial Tributes to Judith Nisse Shklar*, S. 46.

Mallapaty, Smriti, „Why Are Pakistan's Floods So Extreme This Year?“ in: *Nature*, 2. September 2022, https://www.nature.com/articles/d41586-022-02813-6.

Malm, Andreas, *Wie man eine Pipeline in die Luft jagt. Kämpfen lernen in einer Welt in Flammen* (Berlin: Matthes & Seitz 2020).

Mann, Itamar, „Maritime Legal Black Holes. Migration and Rightlessness in International Law“, in: *European Journal of International Law* 29, Nr. 2 (2018), S. 347–372.

Mann, Itamar, „The Right to Perform Rescue at Sea. Jurisprudence and Drowning“, in: *German Law Journal* 21, Nr. 3 (2020), S. 598–619.

Mansfield, Harvey C., [Memorial Tribute], in: *Memorial Tributes to Judith Nisse Shklar*, S. 25.

Matlak und Stanley Hoffmann, Michal Maciej, „Europe for the Right Reasons. Interview with Stanley Hoffmann“, https://me.eui.eu/michal-matlak/blog/europe-for-the-right-reasons-interview-with-stanley-hoffmann.

McAuley, James, „Who Does Éric Zemmour Speak For?“, in: *The New York Review of Books*, 13. Januar 2022, S. 11–14.

McGill University Yearbook 1949, Bd. 52 (Montreal: McGill 1949).

Memorial Tributes to Judith Nisse Shklar, 1928-1992. A Service in Memory of Judith Nisse Shklar, Cowles Professor of Government, Harvard University, 24 September 1928-17 September 1992. The Memorial Church, Harvard University, Friday, 6 November 1992 (Cambridge, Mass. 1992).

Michelson, Max, *Stadt des Lebens, Stadt des Sterbens. Erinnerungen an Riga* (Gießen: Haland & Wirth 2007).

Mill, John Stuart, *Über den Sozialismus*, hg. von Hubertus Buchstein und Sandra Seubert (Hamburg: Europäische Verlagsanstalt 2016).

Miller, David, *On Nationality* (Oxford: Clarendon Press 1995).

Miller, James, „Pyrrhonic Liberalism", in: *Political Theory* 28, Nr. 6 (2000), S. 810–821.

Misra, Shefali, „Ugly Attachments: Judith Shklar and the Unattractive Face of Solidarity", in: *Global Intellectual History* 7, Nr. 4 (2022): S. 685–701.

Möllers, Christoph, *Freiheitsgrade. Elemente einer liberalen politischen Mechanik* (Berlin: Suhrkamp 2020).

Moore (Hg.), Jason W., *Anthropocene or Capitalocene? Nature, History, and the Crisis of Capitalism* (Oakland: PM Press 2016).

Morton, Timothy, *Dark Ecology. For a Logic of Future Coexistence* (New York: Columbia University Press 2016).

Moyn, Samuel, „Before – and Beyond – the Liberalism of Fear", in: Samantha Ashenden und Andreas Hess (Hg.), *Between Utopia and Realism. The Political Thought of Judith N. Shklar* (Philadelphia: University of Pennsylvania Press 2019), S. 24–46.

Moyn, Samuel, „Judith Shklar über die Philosophie des Völkerstrafrechts", in: *Deutsche Zeitschrift für Philosophie* 62, Nr. 4 (2014), S. 683–707.

Moyn, Samuel, *Liberalism against Itself. Cold War Intellectuals and the Making of Our Times* (New Haven: Yale University Press 2023).

Müller, Jan-Werner, *Furcht und Freiheit. Für einen anderen Liberalismus* (Berlin: Suhrkamp 2019).

Neumann, Klaus, „The Appeal of Civil Disobedience in the Central Mediterranean", in: *Journal of Humanitarian Affairs* 2, Nr. 1 (2020), S. 53–61.

Özmen, Elif, *Was ist Liberalismus?* (Berlin: Suhrkamp 2023).

Pemberton, Antony, und Pauline G. M. Aarten, „A Radical in Disguise. Judith Shklar's Victimology and Restorative Justice", in: Ivo Aertsen und Brunilda Pali (Hg.)., *Critical Restorative Justice* (Oxford: Hart Publishers 2017), S. 315–330.

Pharr, Susan J., „Woman to Woman: Thoughts about Dita“, in: *Memorial Tributes to Judith Nisse Shklar*, S. 23.

Pineda, Erin, „Beyond (and Before) the Transnational Turn. Recovering Civil Disobedience as Decolonizing Praxis“, in: *Democratic Theory* 9, Nr. 2 (2022), S. 11–36.

Pogge, Thomas, *John Rawls. His Life and Theory of Justice* (Oxford: Oxford University Press 2007).

Rackete, Carola, *Handeln statt hoffen. Aufruf an die letzte Generation* (München: Droemer 2019).

Rawls, John, *Eine Theorie der Gerechtigkeit* (Frankfurt am Main: Suhrkamp 1971).

Riley, Patrick, [Memorial Tribute], in: *Memorial Tributes to Judith Nisse Shklar*, S. 103.

Rorty, Richard, *Kontingenz, Ironie und Solidarität* (Frankfurt am Main: Suhrkamp 1989).

Rosenblatt, Helena, *The Lost History of Liberalism* (Princeton: Princeton University Press 2019).

Rosselli, Carlo, *Le Socialisme libéral* (Paris: Valois 1930)

Rousseau, Jean-Jacques, „Rousseau richtet über Jean-Jacques“, in: *Schriften*, hg. von Henning Ritter, Bd. 2 (Frankfurt am Main: S. Fischer 1988), S. 253–636.

Royer, Christof, „Ideological Struggle as Agonistic Conflict. (Anti)Hypocrisy, Free Speech and Critical Social Justice“, in: *Jus Cogens* 3, Nr. 3 (2021), S. 257–278.

Sabl, Andrew, „Judith Shklar, *Ordinary Vices*“, in: Jacob T. Levy (Hg.), *The Oxford Handbook of Classics in Contemporary Political Theory* (Oxford: Oxford University Press 2019), https://doi.org/10.1093/oxfordhb/9780198717133.013.5.

Salaverría, Heidi, „Ungeregelte Zweifel und politische Urteilsbildung bei Judith Shklar und Jacques Rancière“, in: *Deutsche Zeitschrift für Philosophie* 62, Nr. 4 (2014), S. 708–726.

Sandel, Michael J., „Die verfahrensrechtliche Republik und das ungebundene Selbst“, in: Axel Honneth (Hg.), *Kommunitarismus: Eine Debatte über die moralischen Grundlagen moderner Gesellschaften* (Frankfurt am Main: Campus 1993), S. 18–36.

Sarason, Seymour Bernard, *Psychology Misdirected* (New York: Free Press 1981).

Schachter, Ruth, „Growing up Wealthy and Jewish in Prewar Europe“, o.J., https://www.marionkane.com/pdf/Mums-Family-History.pdf.

Scherer, Jacqueline, „An Overview of Victimology“, in: Jacqueline Scherer und Gary Sheperd (Hg.), *Victimization of the Weak. Contemporary Social Reactions* (Springfield, Mass: Charles C. Thomas Publisher 1982), S. 8–27.

Scheuerman, William E., „Law and the Liberalism of Fear“, in: Ashenden und Hess (Hg.), *Between Utopia and Realism. The Political Thought of Judith N. Shklar*, (Philadelphia: University of Pennsylvania Press 2019) S. 47–66.

Schiermeier, Quirin, „Climate Science is Supporting Lawsuits that Could Help Save the World“, in: *Nature* 597, Nr. 7875 (2021), S. 169–171

Schönberg, Arnold, „Ins Paradies vertrieben“, in: ders., *Stil und Gedanke. Aufsätze zur Musik*, hg. von Ivan Vojtěch (Frankfurt am Main: S. Fischer 1976), S. 322–326.

Shklar, Judith N., [o.T.], in: C. Maury Devine, Claudia M. Dissel und Kim D. Parish (Hg.), *Harvard Guide to Influential Books. 113 Distinguished Harvard Professors Discuss the Books That Have Shaped Their Thinking* (New York: Harper Collins 1986), S. 230–232.

Shklar, Judith N., *After Utopia: The Decline of Political Faith* (Princeton: Princeton University Press 1957).

Shklar, Judith N., „A Life of Learning“, in: *Liberalism without Illusions. Essays on Liberal Theory and the Political Vision of Judith N. Shklar*, ed. Bernard Yack (Chicago: The University of Chicago Press 1996), S. 263–279.

Shklar, Judith N., *American Citizenship. The Quest for Inclusion* (Cambridge, Mass.: Harvard University Press 1991; auf Deutsch bald als *Wählen und Verdienen. Über amerikanische Staatsbürgerschaft und das Streben nach Inklusion*, übers. v. Hannes Bajohr [Berlin: Matthes & Seitz 2024]).

Shklar, Judith N., Brief an Daniel Bell, 28. Dezember 1981, Papers of Judith N. Shklar, Series: Correspondence, 1959-1992, HUGFP 118, Box 2.

Shklar, Judith N., Brief an Isaac Kramnick, 21. April 1975, Papers of Judith N. Shklar, Series: Correspondence, 1959-1992, HUGFP 118, Box 2.

Shklar, Judith N., Brief an John Rawls, 1. Oktober 1983, Papers of John Rawls, Harvard University Archives: Folder ‚Shklar, Dita and Patrick Riley' (1983-1996), HUM 48, Box 41.

Shklar, Judith N., Brief an Natalie Z. Davis, 9. Dezember 1982, Papers of Judith N. Shklar, Series: Correspondence, 1959-1992, HUGFP 118, Box 2.

Shklar, Judith N., Brief an Natalie Z. Davis, 18. November 1982, Papers of Judith N. Shklar, Series: Correspondence, 1959-1992, HUGFP 118, Box 2. In

Shklar, Judith N., Brief an Preston King, 22. Dezember 1976, Papers of Judith N. Shklar, Series: Correspondence, 1959-1992, HUGFP 118, Box 2.

Shklar, Judith N., „Arendts Kant", in: *Über Hannah Arendt*, hg. und übers. von Hannes Bajohr (Berlin: Matthes & Seitz, 2020), S. 114–121.

Shklar, Judith N., „Das Werk Michael Walzers", in: dies., *Verpflichtung, Loyalität, Exil*, hg. und übers. von Hannes Bajohr (Berlin: Matthes & Seitz 2019), S. 55–77.

Shklar, Judith N., „Das Werk Michael Walzers", in: dies., *Verpflichtung, Loyalität, Exil. Mit einem Essay über Michael Walzer*, hg. von Hannes Bajohr (Berlin: Matthes & Seitz 2019), S. 55–77.

Shklar, Judith N., *Der Liberalismus der Rechte*, hg. und übers. von Hannes Bajohr (Berlin: Matthes & Seitz 2017).

Shklar, Judith N., *Der Liberalismus der Furcht*, hg. und übers. von Hannes Bajohr (Berlin: Matthes & Seitz 2013).

Shklar, Judith N., „Der Liberalismus der Furcht", in: *Der Liberalismus der Furcht*, S. 26–66.

Shklar, Judith N., „Der Triumph Hannah Arendts", in: dies., *Über Hannah Arendt*, hg. und übers. von Hannes Bajohr (Berlin: Matthes & Seitz 2020).

Shklar, Judith N., „Facing up to Intellectual Pluralism", in: David Spitz (Hg.), *Political Theory and Social Change* (New York: Aherton 1967), S. 275–295.

Shklar, Judith N., *Fate and Futility. Two Themes in Contemporary Political Theory*, Dissertation, Radcliffe College 1955.

Shklar, Judith N., *Freedom and Independence* (Cambridge: Cambridge University Press 1976).

Shklar, Judith N., *Ganz normale Laster*, übers. von Hannes Bajohr (Berlin: Matthes & Seitz 2014).

Shklar, Judith N., „Hannah Arendt als Paria", in: *Über Hannah Arendt*, hg. und übers. von Hannes Bajohr (Berlin: Matthes & Seitz 2020), S. 79–113.

Shklar, Judith N., „In Defense of Legalism", in: *Journal of Legal Education* 19, Nr. 1 (1966).

Shklar, Judith N., „Injustice, Injury, and Inequality. An Introduction", in: Frank S. Lucash (Hg.), *Justice and Equality Here and Now* (Ithaca, NY: Cornell University Press 1986), S. 13–33.

Shklar, Judith N., „Introduction", in: dies. (Hg.), *Political Theory and Ideology* (New York: Macmillan 1966), S. 1–22.

Shklar, Judith N., „Jean-Jacques Rousseau and Equality", in: dies., *Political Thought and Political Thinkers,* hg. von Stanley Hoffmann (Chicago: The University of Chicago Press 1998), S. 276–293.

Shklar, Judith N., „Justice without Virtue", in: John W. Chapman und William A. Galstone (Hg.), *Virtue*, Nomos 34 (New York: New York University Press 1992), S. 283–289.

Shklar, Judith N., *Legalism. Law, Morals, and Political Trials*, 2. Auflage (Cambridge: Harvard University Press 1986).

Shklar, Judith N., *Machiavelli and Rousseau*, Masterarbeit (Montreal: McGill University 1950).

Shklar, Judith N., *Men and Citizens. A Study of Rousseau's Social Theory*, 2. Auflage (Cambridge: Cambridge University Press 1985).

Shklar, Judith N., *Montesquieu* (Oxford: Oxford University Press 1987).

Shklar, Judith N., „Mrcon2", o. D., Papers of Judith N. Shklar, Harvard University Archives, HUGFP 118, Box 7.

Shklar, Judith N., „Petition for Naturalization", National Archives and Records Administration, Massachusetts: United States Naturalization Records, 1871–1991, Mikrofilm M1368, Petition No. 330424.

Shklar, Judith N., „Rechte in der liberalen Tradition", in: dies., *Der Liberalismus der Rechte*, S. 20–64.

Shklar, Judith N., „Redeeming American Political Theory", in: dies., *Redeeming American Political Thought*, hg. von Stanley Hoffmann und D. Thompson (Chicago: The University of Chicago Press 1998), S. 91–110.

Shklar, Judith N., „Speech Delivered to the Graduate Society: Teaching at Harvard for Twenty Years", Papers of Judith N. Shklar, Series: Speeches (1966-1990), HUGFP 118, Box 20, 1975.

Shklar, Judith N., „Squaring the Hermeneutic Circle", in: dies., *Political Thought and Political Thinkers,* hg. von Stanley Hoffmann (Chicago: The University of Chicago Press 1998), S. 75–93.

Shklar, Judith N., „Teaching Ideologies with Stanley", in: Linda B. Miller und Michael J. Smith (Hg.), *Ideas & Ideals: Essays on Politics in Honor of Stanley Hoffmann* (Boulder: Westview 1993), S. 61–73.

Shklar, Judith N., „The Bonds of Exile", in: Shklar, *Political Thought and Political Thinkers*, S. 56–72.

Shklar, Judith N., „The Boundaries of Democracy", in: dies., *Redeeming American Political Thought*, S. 127–145.

Shklar, Judith N., *Über Ungerechtigkeit. Erkundungen zu einem moralischen Gefühl*, übers. von Christiane Goldmann (Berlin: Matthes & Seitz 2021)

Shklar, Judith N., „Verpflichtung, Loyalität, Exil", in: *Verpflichtung, Loyalität, Exil*, hg. und übers. von Hannes Bajohr (Berlin: Matthes & Seitz 2019), S. 12–54.

Shklar, Judith N., „What did Republicanism Mean in the 18th Century?", Papers of Judith N. Shklar, Harvard University Archives, HUGFP 118, Box 20.

Shklar, Judith N., „Why Teach Political Theory?", in: *Teaching Literature. What is Needed Now*, hg. v. James Engell und David Perkins (Cambridge, Mass.: Harvard University Press 1988), S. 152–53.

Simmons, A. J., *Moral Principles and Political Obligations* (Princeton: Princeton University Press, 1979).

Skinner, Quentin, „The Last Academic Project“, in: Samantha Ashenden und Andreas Hess (Hg.), *Between Utopia and Realism: The Political Thought of Judith N. Shklar* (Philadelphia: University of Pennsylvania Press 2019), S. 253–266.

Slater, Thomas, u.a., „Review Article. Earth's Ice Imbalance“, in: The Cryosphere 15 (2021), S. 233–246.

Smith, William, „Civil Disobedience as Transnational Disruption“, in: *Global Constitutionalism* 6, Nr. 3 (2017), S. 477–504.

Statistisches Bundesamt, https://www.destatis.de/DE/Presse/Pressemitteilungen/2021/10/PD21_463_125.html

Stullerova, Kamila, „Embracing Ontological Doubt. The Role of ‚Reality‘ in Political Realism“, in: *Journal of International Political Theory* 13, Nr. 1 (2017), S. 59–80.

Tamir, Yael, *Liberal Nationalism* (Princeton: Princeton University Press 1993).

Tawney, R. H., „The Religion of Inequality“, in: ders., *Equality* (London: Allen & Unwin 1951 [1932]), S. 19–48.

Thierse, Wolfgang, „Wie viel Identität verträgt die Gesellschaft?“, in: *Frankfurter Allgemeine Zeitung*, 22. Februar 2021.

Thompson, Dennis, [Memorial Address], in: *Memorial Tributes to Judith Nisse Shklar*, S. 10.

Trimçev, Rieke, „Distanz und Parteilichkeit. Judith N. Shklar und Hannah Arendt über die politische Urteilskraft“, in: *Soziopolis*, 15.09.2022, https://www.soziopolis.de/distanz-und-parteilichkeit/dossier-offenheit-und-skepsis.html.

Trimçev, Rieke, „Judith N. Shklar on Disobedience and Obligation in a ‚Society of Strangers‘“, in: *Constellations* 29, Nr. 1 (2022), S. 65–79.

Trimçev, Rieke, „Judith N. Shklar's Skeptical Liberalism and the Specter of Conservatism“, in: *Comparative Political Theory* 3, Nr. 2 (2023), S. 214–234.

Trimçev, Rieke, *Political Bonds in a ‚Society of Strangers'. Rethinking Political Obligation with Judith N. Shklar*, unveröffentlichtes Habilitationsmanuskript, Universität Greifswald (2023).

Trimçev, Rieke, „Verbindlichkeitskonflikte und politische Verpflichtung“, in: *Zeitschrift für Politische Theorie* 9, Nr. 2 (2018 [2020]), S. 253–267.

„Tuvalu Minister to Address COP26 Knee Deep in Water to Highlight Climate Crisis and Sea Level Rise“, in: *The Guardian*, 8. November 2021, https://www.theguardian.com/environment/2021/nov/08/tuvalu-minister-to-address-cop26-knee-deep-in-seawater-to-highlight-climate-crisis.

Ulrich, Amadeus, „Furcht und Elend in der Demokratie. Zur Aktualität des politischen Denkens von Judith N. Shklar“, in: *Zeitschrift für Politische Theorie* 13, Nr. 1–2 (2023), S. 69–89.

United Nations Environment Programme, *Global Climate Litigation Report. 2023 Status Review* (United Nations Environment Programme 2023), https://doi.org/10.59117/20.500.11822/43008.

Unrau, Christine, „Judith Shklars Sinn für Veränderung“, in: *Zeitschrift für Politische Theorie* 9, Nr. 2 (2018 [2020]), S. 239–251.

Visanachweis Judita Nisse, in: Svenska Riksarkivet, Statens Utlänningskommissions Arkiv, Kanslibyrån (D1A:66).

Voigt, Peter, „Skepsis und Sozialdemokratie – Mésalliance oder Zukunftsbündnis? Ein Plädoyer im Anschluss an Judith Shklar“, in: *Zeitschrift für Politische Theorie* 9, Nr. 2 (2018 [2020]), S. 223–238.

von Hirschhausen, Ulrike, *Die Grenzen der Gemeinsamkeit. Deutsche, Letten, Russen und Juden in Riga 1860–1914* (Göttingen: Vandenhoek & Ruprecht 2006).

Walzer, Judith, und Judith N. Shklar, „Oral History of Tenured Women in the Faculty of Arts and Sciences at Harvard University“, Henry A. Murray Research Archive of the Institute for Quantitative Social Science at Harvard University (Cambridge, Mass. 1981).

Walzer, Michael, *Obligations. Essays on Disobedience, War, and Citizenship* (Cambridge: Harvard University Press 1970).

Walzer, Michael, *The Struggle for a Decent Politics. On „Liberal“ as an Adjective* (New Haven: Yale University Press 2023).

Walzer, Michael, „Über negative Politik“, in: Shklar, *Der Liberalismus der Furcht*, S. 87–105.

Watts, Nick, u. a. „The 2019 Report of The Lancet Countdown on Health and Climate Change. Ensuring That the Health of a Child Born Today Is Not Defined by a Changing Climate“, in: The Lancet 394, Nr. 10211 (2019), S. 1836–1878.

Whyte, Kyle Powys, „The Dakota Access Pipeline, Environmental Injustice, and U.S. Colonialism“, in: *Red Ink* 19, Nr. 1 (2017), S. 154–169.

Wolf, Frederik, „Warum jedes Zehntelgrad zählt. Der Einfluss von Kippelementen“, *Klima und Recht* 7 (2022), S. 216–218.

Wolin, Sheldon S., [Rezension zu: Judith N. Shklar, After Utopia], in: *Natural Law Forum* 5 (1960), S. 163–177.

Yack, Bernard, „Injustice and the Victim's Voice“, in: *Michigan Law Review* 89, Nr. 6 (1991), S. 1334–1349.

Yack, Bernard, „Putting Injustice First. An Alternative Approach to Liberal Pluralism“, in: *Social Research* 66, Nr. 4 (1999), S. 1104–1120.

Yack, Bernard, [kein Titel], in: *Political Questions. Five Questions on Political Philosophy* (Kopenhagen: Automatic Press 2006), S. 211–223.

Young, Iris Marion, *Responsibility for Justice* (Cambridge: Cambridge University Press 2011).

Anmerkungen

1. Einleitung

1 Judith N. Shklar, „Der Liberalismus der Furcht", in: dies., *Der Liberalismus der Furcht*, hg. und übers. von Hannes Bajohr (Berlin: Matthes & Seitz 2013), S. 26–66, hier S. 48. – Im Folgenden verwenden wir Siglen für die zentralen Werke Shklars; siehe das Siglenverzeichnis auf S. 241.

2. Werkbiografische Skizze

1 Judith N. Shklar, „Der Triumph Hannah Arendts", in: dies., *Über Hannah Arendt*, hg. und übers. von Hannes Bajohr (Berlin: Matthes & Seitz 2020), S. 49–57, hier S. 51. – Diese „werkbiographische Skizze" von Hannes Bajohr wurde zuerst 2014 als Nachwort zur deutschen Ausgabe von Shklars Buch *Ganz normale Laster* veröffentlicht. Sie wird hier in einer überarbeiteten und um neue Quellen sowie einen Bildteil erweiterten Fassung wiedergegeben.

2 Arnold Schönberg, „Ins Paradies vertrieben", in: ders., *Stil und Gedanke. Aufsätze zur Musik*, hg. von Ivan Vojtěch (Frankfurt am Main: S. Fischer 1976), S. 324–326, hier S. 326.

3 Shklar, „Der Triumph Hannah Arendts", S. 53.

4 Shklar, „Hannah Arendt als Paria", in: *Über Hannah Arendt*, S. 79–113, hier S. 90.

5 Judith N. Shklar, „Why Teach Political Theory?", in: *Teaching Literature. What is Needed Now*, hg. v. James Engell und David Perkins (Cambridge, Mass.: Harvard University Press 1988), S. 152–53. Wiederabgedruckt in: OPO 213–19.

6 Latvia Internal Passport Database 1919–1941, https://www.jewishgen.org/databases/searches/favsearch.php?id=55657353.

7 Das hier zitierte bislang unveröffentlichte Interview-Protokoll besteht aus sieben Abschnitten mit jeweils eigener Paginierung. Im Folgenden werden immer Abschnitt und Seitenzahl zusammen mit der Sigle „OH" genannt.

8 Ruth Nisse spricht davon, dass er in der Lubjanka einsaß, was sich nicht verifizieren ließ, siehe Marion Kane, „Ruth's Story", https://vimeo.com/245305822. Kane, die Tochter Ruth Nisses, hat dieses Interview mit ihrer Mutter kurz vor ihrem Tod aufgezeichnet.

9 Verena Dohrn, *Die Kahans aus Baku. Eine Familienbiographie* (Göttingen: Wallstein 2018), S. 390. Dort findet sich auch die Geschichte der Kahans, jener Familie, in deren Ölfirma Aron einsteigt; mit Arusja (Aaron) Kahan war Aron persönlich gut

bekannt, wie das Familienfoto auf S. 54 bezeugt. Siehe auch Ruth Schachter, „Growing up Wealthy and Jewish in Pre-War Europe", o.J., S. 1, https://www.marionkane.com/pdf/Mums-Family-History.pdf. Dieser kurze Text versammelt Kindheitserinnerungen von Judith Shklars fünf Jahre älterer Schwester Ruth, die an manchen Stellen etwas detailreicher sind.

10 Siehe Ulrike von Hirschhausen, *Die Grenzen der Gemeinsamkeit. Deutsche, Letten, Russen und Juden in Riga 1860–1914* (Göttingen: Vandenhoek & Ruprecht 2006), S. 154–155.

11 Ihre Schwester Ruth schreibt über den Antisemitismus dieser Zeit: „Der große Schatten, der über unserer Kindheit lag, war ‚jüdisch zu sein'. [...] Ich denke, dass wir Juden uns dessen immer bewusst waren, aber es nicht ändern konnten und daher politische Ideologien annahmen, die Lösungen versprachen. Die meisten jungen Juden waren entweder glühende Zionisten oder Kommunisten. [...] Dieser Antisemitismus wies einige Besonderheiten auf. Der Jude als Christusmörder, als Wucherer, als skrupelloser Kaufmann usw. ist eine traditionelle Figur der europäischen Volksmythologie. Hinzu kamen Juden als reiche Ausbeuter der Letten, Juden als Bolschewiken (Juden waren in der russischen Revolution sehr prominent), Juden als Ärzte, Anwälte usw. (die den weniger aufdringlichen Letten gute Jobs wegnahmen). Schließlich gab es noch einen rein lokalen Faktor. Gebildete Juden sprachen untereinander entweder Deutsch oder Russisch. Ungebildete Juden aus der Arbeiterklasse sprachen Jiddisch, eine von allen Nichtjuden *und* assimilierten Juden verachtete Sprache. Kein Jude sprach zu Hause Lettisch, und nur wenige sprachen es gut genug, um es zu ihrer Arbeitssprache zu machen. Dass es den Juden nicht gelang, sich an die lettische Mehrheit anzupassen, war ein Symptom für die tiefgreifenden Unterschiede zwischen diesen Gruppen. Die Letten waren seit dem Jahr 1100 unterdrückte Leibeigene. Ihre unmittelbaren Unterdrücker waren deutsche Grundbesitzer, die bis zum Ende des Ersten Weltkriegs die herrschende Klasse blieben. Die Letten waren ein armes, unterdrücktes Bauernvolk, das kaum Zugang zu Bildung hatte. Die Geschichte der Juden war ganz anders." Schachter, „Growing up", S. 2–3.

12 Ruth bestätigt diese Erinnerung: „Uns wurde eingebläut, dass man sich als Jude zwar unbeliebt macht, sich aber zu verstellen die schlimmste, unverzeihlichste Sünde ist, die ein Jude begehen kann. Mein Vater war in dieser Hinsicht besonders nachdrücklich. Juden, die zum Christentum konvertiert waren, wurden ausnahmslos als Opportunisten verachtet. In gewisser Weise erwartete man von uns, willige Märtyrer zu sein." Schachter, „Growing up", S. 3.

13 Seyla Benhabib, „Judith Shklars dystopischer Liberalismus", in: LdF, S. 79.

14 Auch hier stimmt Ruth zu: „Am Esstisch wurde viel über Politik diskutiert, nicht nur über Tagespolitik, sondern auch über politische Ideologien. [...] Einige entfernte Verwandte waren Kommunisten, die mit der Sowjetunion sympathisierten. Die vorherrschende Ideologie des Nisse-Berner-Clans war der demokratische Sozialismus. Alle hatten den Sturz des Zaren unterstützt und waren für das Kerenski-Regime, das von den Bolschewiki gestürzt wurde." Schachter, „Growing up", S. 4.

15 Wie Giunia Gatta berichtet, schlägt Shklar zeit ihres Lebens Einladungen nach Deutschland aus: „Ihr Problem, wie sich ihr Mann Gerald erinnerte, bestand darin, Menschen ihres Alters zu treffen und sich dabei stets fragen zu müssen: ‚Was hat diese Person getan, während ihre Regierung Menschen ausrottete, zu denen ich nur durch schieres Glück nicht zählte?' Deutschen gegenüber war sie mit Wertschätzung kaum freigiebig: Man musste sich ihr Vertrauen verdienen, indem man ihr zeigte, ein ‚rechtschaffener' Deutscher zu sein. Erst dann sprach sie in ihrer Muttersprache; alle formalen Interaktionen gingen in jedem Fall auf Englisch vonstatten.'" Giunia Gatta, *Rethinking Liberalism for the 21st Century: The Skeptical Radicalism of Judith Shklar* (New York: Routledge 2018), S. 24; siehe auch das vernichtende Urteil über Helmut Kohl, Judith N. Shklar, „Teaching Ideologies with Stanley", in: Linda B. Miller und Michael J. Smith (Hg.), *Ideas & Ideals: Essays on Politics in Honor of Stanley Hoffmann* (Boulder: Westview 1993), S. 69.

16 Schachter, „Growing up", S. 1.

17 Siehe Max Michelson, *Stadt des Lebens, Stadt des Sterbens. Erinnerungen an Riga* (Gießen: Haland & Wirth 2007), S. 109–10. Für Ruth, die ihre lutherische deutsche Schule bereits 1935 wegen der sich dort breitmachenden nationalsozialistischen Stimmung nicht mehr besuchen will, hat die Ezra-Schule zudem eine sehr viel politischere Bedeutung als für ihre jüngere Schwester Judita: „Die meisten Studenten waren entweder fanatische Kommunisten oder Zionisten. Die Zionisten waren weiter in Links- und Rechtsradikale zersplittert. Ich wurde von den Kommunisten rekrutiert und schloss mich nach einigem Zögern einer Untergrundzelle an. Meine Gründe waren, dass ich an die universelle Brüderlichkeit glaubte und den Nationalismus ablehnte, aber der größte Anreiz war die Zugehörigkeit zu einer illegalen Untergrundorganisation. Ich fürchte, der Aspekt des Räuber-und-Gendarm-Spiels übte eine starke Anziehungskraft auf mich aus. Meine ältere Schwester [Miriam] sympathisierte mit den Kommunisten, hatte aber Vorbehalte gegen sie und schloss sich nicht an. [...] Meine Eltern waren besorgt, dass ich verhaftet und ins Gefängnis gesteckt werden könnte. Unser Wohnhaus war eine

Brutstätte kommunistischer Schulkinder, und es ist wahrscheinlich, dass die Behörden von unseren Aktivitäten wussten. Auf Drängen meines Vaters zog ich mich aus der Zelle zurück und verlor allmählich den unkritischen Glauben an die Richtigkeit von Joe Stalin und Co." Schachter, „Growing up", S. 5.

18 Schachter, „Growing up", S. 6.

19 Die Erinnerungen darüber, wo genau sie studieren sollte, gehen auseinander: Judith Shklar meint, es sei die Columbia University in New York gewesen, ihre Schwester Ruth Nisse-Schachter entsinnt sich dagegen der University of San Francisco Medical School, OH II,10; Schachter, „Growing up", S. 6.

20 Schachter, „Growing up", S. 6.

21 Ebd.

22 Das „Luftschiff" erinnert Ruth als „kleines russisches Flugzeug", siehe Kane, „Ruth's Story".

23 „Fritz Shaul Berner", Yad Vashem Central Database of Shoah Victims' Names, https://yvng.yadvashem.org/nameDetails.html?language=en&itemId=628135&ind=1; Kane, „Ruth's Story".

24 Charles Maier, [Memorial Tribute], in: MT, S. 46.

25 Visanachweis Judita Nisse, in: Svenska Riksarkivet, Statens Utlänningskommissions Arkiv, Kanslibyrån (D1A:66).

26 Gatta, *Rethinking Liberalism*, 23.

27 Marion Kane, „CPR Officer Mark Sorensen Helped Save Holocaust Refugees Including My Family", https://soundcloud.com/marion-kane/how-cpr-officer-mark-sorensen. Trotz der Hilferufe europäischer Juden sperrt sich die kanadische Regierung zu dieser Zeit dagegen, Flüchtlinge aufzunehmen. Vor allem soll alles getan werden, die Route über die Sowjetunion und Japan, die kurzzeitig zur Einreise genutzt werden konnte, abzuschneiden, weshalb keine Visa mehr ausgestellt werden. Sorensen ist einer von vielen, die sich gegen die unmenschliche Abschottungspolitik seines Landes stellen – in den meisten Fällen erfolglos, weil die kanadische Regierung die so ausgestellten Visa nicht anerkennt, siehe Irving Abella und Harold Troper, *None Is Too Many. Canada and the Jews of Europe 1933-1948* (Toronto: Lester & Orpen Dennys 1983), S. 72–76. Auch das Visum der Nisses wird während der Reise ungültig.

28 Kane, „Ruth's Story".

29 Gatta, *Rethinking Liberalism*, 23. Gatta hat diese Information aus den Erzählungen von Shklars Ehemann Gerald; sie ließ sich nicht verifizieren.

30 Sidney Copeland, „Day of Freedom Near For Refugee Family", in: *Seattle Post-Intelligencer*, 29. Juli 1940, S. 1 (second section).

31 Anonymous, „Latvian Refugees are Released Here", in: *Seattle Daily Times*, 31. Juli 1940, S. 7 (second section).

32 Kane, „Mark Sorensen".

33 Judith N. Shklar, [o.T.], in: C. Maury Devine, Claudia M. Dissel und Kim D. Parish (Hg.), *Harvard Guide to Influential Books. 113 Distinguished Harvard Professors Discuss the Books That Have Shaped Their Thinking* (New York: Harper Collins 1986), S. 232.

34 The Canada Gazette, 14. Dezember 1946, S. 7781.

35 Judith N. Shklar, Petition for Naturalization, National Archives and Records Administration, Massachusetts: United States Naturalization Records, 1871–1991, Mikrofilm M1368, Petition No. 330424.

36 *McGill University Yearbook 1949*, Bd. 52 (Montreal: McGill 1949), S. 67.

37 Judith N. Shklar, „Speech Delivered to the Graduate Society: Teaching at Harvard for Twenty Years", Papers of Judith N. Shklar, Series: Speeches (1966–1990), HUGFP 118, Box 0, 1975, S. 3.

38 Ebd., S. 2.

39 Mark Lilla, [Memorial Tribute], in: MT, S. 76.

40 Bernard Yack, [o. T.], in: *Political Questions. Five Questions on Political Philosophy* (Kopenhagen: Automatic Press 2006), S. 213.

41 Shklar, [o. T.], S. 232.

42 Arthur Maass und Judith N. Shklar, „In Memoriam: Carl J. Friedrich", in: *PS: Political Science and Politics* 18, Nr. 1 (1985), S. 111.

43 Ebd.

44 Seymour Bernard Sarason, *Psychology Misdirected* (New York: Free Press 1981), S. 1–2.

45 Judith N. Shklar, *Fate and Futility. Two Themes in Contemporary Political Theory*, Dissertation, Radcliffe College 1955, S. 9.

46 Ebd., S. 6.

47 Webb S. Fiser, [Rezension zu: Judith N. Shklar, After Utopia], in: *Ethics* 68, no. 3 (1958), S. 218.

48 Shklar, *Fate and Futility*, S. 22.

49 Sheldon S. Wolin, [Rezension zu: Judith N. Shklar, After Utopia], in: *Natural Law Forum* 5 (1960), S. 169.

50 Fiser, [Rezension zu: Judith N. Shklar, After Utopia], S. 217.

51 Shklar, Petition for Naturalization.

52 Shklar, „Teaching at Harvard", S. 2–3.

53 Susan J. Pharr, „Woman to Woman: Thoughts about Dita", in: *Memorial Tributes to Judith Nisse Shklar*, S. 23.

54 Stephen Macedo, [Memorial Tribute], in: MT, S. 40.

55 Robert O. Keohane, [Memorial Tribute], in: MT, S. 32.

56 Michal Maciej Matlak und Stanley Hoffmann, „Europe for the Right Reasons. Interview with Stanley Hoffmann", https://me.eui.eu/michal-matlak/blog/europe-for-the-right-reasons-interview-with-stanley-hoffmann.

57 Lilla, [Memorial Tribute], S. 76.

58 Harvey C. Mansfield, [Memorial Tribute], in: MT, S. 25.

59 Hayek bleibt zeit ihres Lebens Shklars bevorzugte Kontrastfolie für einen *schlechten* Liberalismus, dessen falsch verstandene Idee von staatlicher Freiheit mit fragwürdigen epistemologischen Annahmen einhergeht. Bereits in ihrer Dissertation schlägt sie Hayek – zusammen mit Karl Popper – dem „konservativen Liberalismus" zu. Sein Bestehen auf „den ehernen Grenzen menschlicher Fähigkeit, die Gesellschaft willentlich zu verändern" sei nicht nur fatalistisch, sondern, zusammen mit seinem Glauben, *jede* Planung müsse schnurstracks in den Totalitarismus führen, so deterministisch wie die marxistischen Theorien, die er kritisiert, siehe Shklar, *Fate and Futility*, S. 10, 12.

60 Judith N. Shklar, „In Defense of Legalism", in: *Journal of Legal Education* 19, Nr. 1 (1966), S. 51.

61 Judith N. Shklar (Hg.), *Political Theory and Ideology* (New York: Macmillan 1966).

62 Judith N. Shklar, „Introduction", in: ebd., S. 19.

63 Jean-Jacques Rousseau, „Rousseau richtet über Jean-Jacques", in: *Schriften*, hg. von Henning Ritter, Bd. 2 (Frankfurt am Main: S. Fischer 1988), S. 331.

64 Shklar, „Teaching at Harvard", S. 4.

65 Ebd.

66 Mansfield, [Memorial Tribute], S. 25.

67 Seyla Benhabib gegenüber äußert Shklar einmal, dass Solidarität eigentlich ein rechter Begriff gewesen sei, bevor er von der Linken übernommen wurde, Seyla Benhabib, „Remembering Dita Alone with the Trees in Harvard Yard", in: MT, S. 29.

68 Thomas Pogge, *John Rawls. His Life and Theory of Justice* (Oxford: Oxford University Press 2007), S. 21.

69 Celia B. Betsky, „Judith Shklar. The Metics' Metic", in: *The Harvard Crimson*, 31. März 1972, http://www.thecrimson.com/article/1972/3/31/judith-shklar-the-metics-metic-pbcbommenting.

70 James Miller, „Pyrrhonic Liberalism", in: *Political Theory* 28, Nr. 6 (2000), S. 813.

71 Judith N. Shklar, *Freedom and Independence* (Cambridge: Cambridge University Press 1976), S. xiv.

72 Judith N. Shklar, „Jean-Jacques Rousseau and Equality", in: dies., *Political Thought and Political Thinkers,* hg. von Stanley Hoffmann (Chicago: The University of Chicago Press 1998), S. 290.

73 Etwa ihre Masterarbeit mit dem Titel *Machiavelli and Rousseau,* Montreal: McGill University 1950.

74 Judith N. Shklar, *Men and Citizens. A Study of Rousseau's Social Theory,* 2. Auflage (Cambridge: Cambridge University Press 1985), S. 5–6; 31–32.

75 Benhabib, „Remembering Dita", S. 28.

76 Shklar, *Men and Citizens,* S. 225–26.

77 Shklar, *Freedom and Independence,* S. 5.

78 Ebd., S. 58.

79 Ebd., 208.

80 Dennis Thompson, [Memorial Address], in: MT, S. 10.

81 Matlak/Hoffmann, „Europe for the Right Reasons" sowie „A Brief Chronology", https://www.hfc.harvard.edu/about/history (9.9.2021).

82 Betsky, „Judith Shklar. The Metics' Metic."

83 Ebd., S. 271. Diese Bemerkung, die Shklar in einem biografischen Vortrag macht, leitet sie ironisch mit den Worten ein: „Es wäre naiv von mir, so zu tun, als sei ich nicht deshalb um diese Rede gebeten worden, weil ich eine Frau bin. Es besteht heutzutage beträchtliches Interesse an den Karrieren von Frauen wie mir, und es wäre beinahe Vertragsbruch, wenn ich darauf nicht einginge." Shklar, S. 268.

84 Benhabib, „Remembering Dita", S. 30.

85 Ebd.

86 Ebd.

87 Shklar, „Teaching Ideologies with Stanley", S. 72.

88 Brief an Natalie Z. Davis, 18. November 1982, Papers of Judith N. Shklar, Series: Correspondence, 1959-1992, HUGFP 118, Box 2. In der folgenden Korrespondenz erklärt Davis allerdings, dass Shklar ein Detail falsch verstanden hat: Es sei nicht um den Ausschluss von Mitgliedern gegangen, die Abtreibung ablehnen, sondern um die Forderung, auch Nichtmitglieder des Zentrums sollten dort nach Belieben Veranstaltungen abhalten dürfen. Dass nun der Eindruck entstanden sei, man wollte Andersdenkende ausschließen, sei kalkuliertes Ergebnis dieser Gruppe gewesen. Shklar sieht das ein, siehe Brief von Natalie Z. Davis, 3. Dezember 1982 und Brief an Natalie Z. Davis, 9. Dezember 1982, beide Papers of Judith N. Shklar, Series: Correspondence, 1959-1992, HUGFP 118, Box 2. Derartige Taktiken sind heute immer noch im Schwange, um Skandale zu produzieren.

89 Brief an Isaac Kramnick, 21. April 1975, Papers of Judith N. Shklar, Series: Correspondence, 1959–1992, HUGFP 118, Box 2.

90 Ebd.

91 Application for Visiting Fellowship to All Souls College for the Academic Year 1982-83, Papers of Judith N. Shklar, Series: Correspondence, 1959-1992, HUGFP 118, Box 2, Folder 14.

92 Siehe zum Folgediskurs um Rawls' Buch: Katrina Forrester, *In the Shadow of Justice. Postwar Liberalism and the Remaking of Political Philosophy* (Princeton: Princeton University Press 2019).

93 Michael Ignatieff, [Rezension zu: Judith N. Shklar, Ordinary Vices], in: *The Political Quarterly* 56, Nr. 3 (1985), S. 310.

94 Katrina Forrester, „Hope and Memory in the Thought of Judith Shklar", in: *Modern Intellectual History* 8, Nr. 3 (2011), S. 159.

95 In Deutschland wurde ihre Definition einer Liberalen vor allem bekannt durch Richard Rorty, *Kontingenz, Ironie und Solidarität* (Frankfurt am Main: Suhrkamp 1989).

96 Brief an John Rawls, 1. Oktober 1983, Papers of John Rawls, Harvard University Archives: Folder ‚Shklar, Dita and Patrick Riley' (1983-1996), HUM 48, Box 41.

97 Immanuel Kant, *Zum ewigen Frieden*, AA, S. 366.

98 Brief an Preston King, 22. Dezember 1976, Papers of Judith N. Shklar, Series: Correspondence, 1959-1992, HUGFP 118, Box 2.

99 Ebd.

100 Judith N. Shklar, *Montesquieu* (Oxford: Oxford University Press 1987).

101 George Kateb, „Foreword", in: Shklar, *Political Thought and Political Thinkers*, S. vii.

102 Benhabib, „Judith Shklars dystopischer Liberalismus", S. 77.

103 Judith N. Shklar, „Redeeming American Political Theory", in: dies., *Redeeming American Political Thought,* hg. von Stanley Hoffmann und Dennis F. Thompson (Chicago: The University of Chicago Press 1998), S. 91.

104 Hannah Arendt, *Elemente und Ursprünge totaler Herrschaft. Antisemitismus, Imperialismus, Totalitarismus*, 12. Auflage (München: Piper 2008), S. 614.

105 Shklar, *On Political Obligation.*

106 Judith N. Shklar, „The Bonds of Exile", in: Shklar, *Political Thought and Political Thinkers*, S. 57.

107 Patrick Riley, [Memorial Tribute], in: MT, S. 103.

3. Shklar heute

1 Stephen Holmes, „The Permanent Structure of Antiliberal Thought", in: Nancy L. Rosenblum, *Liberalism and the Moral Life* (Cambridge, Mass.: Harvard University Press 1989), S. 228–253, hier S. 228f.

2 Siehe hierzu etwa: Shefali Misra, „Ugly Attachments. Judith Shklar and the Unattractive Face of Solidarity", in: *Global Intellectual History* 7, Nr. 4 (2022): 685-701.

3 John Rawls, *Eine Theorie der Gerechtigkeit* (Frankfurt am Main: Suhrkamp 1971). Siehe zum Einfluss dieses Buches: Katrina Forrester, *In the Shadow of Justice. Postwar Liberalism and the Remaking of Political Philosophy* (Princeton: Princeton University Press 2019).

4 Siehe hierzu Elif Özmen, *Was ist Liberalismus?* (Berlin: Suhrkamp 2023). In ihrer Rekonstruktion von vier liberalen „Rechtfertigungserfordernissen" beruft sich Özmen auch auf Shklars Grausamkeitsverbot, siehe ebd. Kap. 2.

5 Gegen diese *Cold War liberals* setzt Samuel Moyn Shklar dann auch dezidiert ab, nimmt aber eine Wende zu einem konservativeren Liberalismus in ihrem Spätwerk an; dem folgen wir in diesem Buch nicht, siehe Samuel Moyn, *Liberalism against Itself. Cold War Intellectuals and the Making of Our Times* (New Haven: Yale University Press 2023), Kap. 1.

6 Helena Rosenblatt, *The Lost History of Liberalism* (Princeton: Princeton University Press 2019).

7 Ähnlich argumentiert Shklar auch in dem unveröffentlichten Manuskript *What Did Republicanism Mean in the 18th Century?*, Papers of Judith N. Shklar, Harvard University Archives, HUGFP 118, Box 20; insofern überraschen auch die Berührungspunkte zum republikanischen Denken nicht, die Samantha Ashenden und Andreas Hess ausgewiesen haben, siehe ihren Aufsatz „Republican Elements in the Liberalism of Fear", in: *Zeitschrift für Politische Theorie* 9, Nr. 2 (2018 [2020]), S. 209–21.

8 Axel Honneth, „Die Historizität von Furcht und Verletzung. Sozialdemokratische Züge im Denken von Judith Shklar", in: ders., *Vivisektionen eines Zeitalters. Porträts zur Ideengeschichte des 20. Jahrhunderts* (Berlin: Suhrkamp 2014), S. 248–262, hier S. 250.

9 Siehe Rieke Trimçev, „Distanz und Parteilichkeit. Judith N. Shklar und Hannah Arendt über die politische Urteilskraft", in: *Soziopolis*, 15.09.2022, https://www.soziopolis.de/distanz-und-parteilichkeit/dossier-offenheit-und-skepsis.html.

10 Michael Walzer hat dieses Argument gemacht, in dem er „liberal" nur als Adjektiv verstehen will, das den eigentlich substanziellen Politikformen vorangestellt werden soll

(liberaler Sozialismus, liberaler Konservatismus, etc.), Michael Walzer, „Über negative Politik", in: LdF, S. 87–105. Er hat diese Position jüngst in Buchlänge ausgeführt: Michael Walzer, *The Struggle for a Decent Politics. On „Liberal" as an Adjective* (New Haven: Yale University Press 2023).

11 Siehe für dieses Argument detailliert Hannes Bajohr, „Judith N. Shklar über die Quellen liberaler Normativität", in: Karsten Fischer und Sebastian Huhnholz (Hg.), *Liberalismus. Traditionsbestände und Gegenwartskontroversen* (Baden-Baden: Nomos 2019), S. 71–98.

12 Judith N. Shklar, „Introduction", in: dies. (Hg.), *Political Theory and Ideology* (New York: Macmillan 1966), S. 1–22.

13 Judith N. Shklar, „Facing up to Intellectual Pluralism", in: David Spitz (Hg.), *Political Theory and Social Change* (New York: Aherton 1967), S. 275–95.

14 Siehe hierzu Hannes Bajohr, „Harmonie und Widerspruch. Mit Judith N. Shklar gegen die ‚Ideologie der Einigkeit'", in: Hendrikje Schauer und Marcel Lepper (Hg.), *Distanzierung und Engagement. Wie politisch sind die Geisteswissenschaften?* (Stuttgart: Works & Nights 2018), S. 75–85; sowie Edward Hall, „Ideological Self-Consciousness: Judith Shklar on Legalism, Liberalism, and the Purposes of Political Theory", in: *Social Philosophy & Policy* (im Erscheinen).

15 Siehe hierzu wieder Bajohr, „Quellen". Dort auch eine Diskussion über die durchaus kontroverse Frage, welcher Art Shklars Skeptizismus eigentlich war. Siehe etwa für eine Gegenposition, die Shklar als radikale epistemische Skeptikerin und Postfundamentalistin ausweist: Kamila Stullerova, „Embracing Ontological Doubt. The Role of ‚Reality' in Political Realism", in: *Journal of International Political Theory* 13, Nr. 1 (2017), S. 59–80.

16 So auch Edward Hall, „Complacent and Conservative? Redeeming the Liberalism of Fear", in: *The Journal of Politics* 85 (2023), S. 1064–78 und Rieke Trimçev, „Judith N. Shklar's Skeptical Liberalism and the Specter of Conservatism", in: *Comparative Political Theory* 3, Nr. 2 (2023), S. 214–234. Dagegen etwa Moyn, *Liberalism against Itself*, Kap. 1.

17 Den Begriff „Gesellschaft von Fremden" verwendete Shklar in der unveröffentlichten Vorlesung „Mrcon2", o. D., HUGFP 118, Box 7, Papers of Judith N. Shklar, Harvard University Archives, S. 4. Siehe auch Rieke Trimçev, „Judith N. Shklar on Disobedience and Obligation in a ‚Society of Strangers'", in: *Constellations* 29, Nr. 1 (2022), S. 65–79, und Rieke Trimçev, *Political Bonds in a ‚Society of Strangers'. Rethinking Political Obligation with Judith N. Shklar*, unveröffentlichtes Habilitationsmanuskript, Universität Greifswald (2023), insb. S. 6–10.

18 Giunia Gatta, *Rethinking Liberalism for the 21st Century. The Skeptical Radicalism of Judith Shklar* (New York: Routledge 2018), insb. S. 111–118, sowie Christof Royer, „Ideological Struggle as Agonistic Conflict. (Anti)Hypocrisy, Free Speech and Critical Social Justice", in: *Jus Cogens* 3, Nr. 3 (2021), S. 257–78. Auf die Spannungen in Shklars Demokratietheorie zwischen Mitbestimmung und epistemischer Gerechtigkeit weist hin: Amadeus Ulrich, „Furcht und Elend in der Demokratie. Zur Aktualität des politischen Denkens von Judith N. Shklar", in: *Zeitschrift für Politische Theorie* 13, Nr. 1–2 (2023), S. 69–89.

3.1. Aus Sicht der Opfer: Mit ihnen, über sie und für sie sprechen

1 Zum Beispiel Daniele Giglioli, *Die Opferfalle. Wie die Vergangenheit die Zukunft fesselt* (Berlin: Matthes & Seitz 2016).

2 Für eine geschichtliche Einordnung siehe Svenja Goltermann, *Opfer. Die Wahrnehmung von Krieg und Gewalt in der Moderne* (Frankfurt am Main: S. Fischer 2017).

3 Caroline Fourest, *Generation beleidigt. Von der Sprachpolizei zur Gedankenpolizei. Über den wachsenden Einfluss linker Identitärer* (Berlin: Edition Tiamat 2020), S. 16–18.

4 Ebd., S. 9–10.

5 Ebd., S. 17.

6 Auch Tiere werden dabei von Shklar explizit nicht ausgenommen, vgl. ebd., S. 31.; zu einer tierethischen Interpretation von Shklar siehe auch Ruth Abbey, „Putting Cruelty First: Exploring Judith Shklar's Liberalism of Fear for Animal Ethics", in: *Politics and Animals* 2, Nr. 1 (2016), S. 25–36.

7 Hannes Bajohr, „Strategies of Authority. The Distorting Think-Piece and the Case of Judith Shklar", in: *Journal of the History of Ideas* (Blog), 2020, https://jhiblog.org/2020/07/08/strategies-of-authority-the-distorting-think-piece-and-the-case-of-judith-shklar/.

8 Dazu jüngst die experimentelle Studie von Donghyun D. Choi, Mathias Poertner und Nicholas Sambanis, „The Hijab Penalty. Feminist Backlash to Muslim Immigrants", in: *American Journal of Political Science* 67, Nr. 2 (2023), S. 291–306.

9 Mit dieser Interpretation widersprechen wir all jenen, die einen Bruch zwischen Shklars am Übel der Grausamkeit orientierten Schriften und ihren späteren Überlegungen über Ungerechtigkeit konstatieren, wie zuletzt etwa Robin Douglass, „Cruelty, Injustice, and the Liberalism of Fear", in: *Political Theory* 51, Nr. 5 (2023), S. 790–813.

10 Hannah Arendt, *Das Urteilen. Texte zu Kants Politischer Philosophie* (München: Piper 1998), S. 93.

11 Immanuel Kant, *Kritik der Urteilskraft*, AA, B 156–161.

12 Judith N. Shklar, „Arendts Kant", in: *Über Hannah Arendt*, hg. und übers. von Hannes Bajohr (Berlin: Matthes & Seitz, 2020), S. 114–21. Zum Verhältnis des politischen Denkens von Shklar zu jenem von Arendt siehe für einen Überblick und Sekundärliteratur Hannes Bajohr, „Arendt-Korrekturen", in: ebd., S. 123–61.

13 So auch Axel Honneth, „Die Historizität von Furcht und Verletzung. Sozialdemokratische Züge im Denken von Judith Shklar", in: ders., *Vivisektionen eines Zeitalters. Porträts zur Ideengeschichte des 20. Jahrhunderts* (Berlin: Suhrkamp 2014), S. 248–62, hier S. 250–1.

14 Ausführlicher dazu auch Rieke Trimçev, „Distanz und Parteilichkeit. Judith N. Shklar und Hannah Arendt über die politische Urteilskraft", in: *Soziopolis*, 2022, https://www.soziopolis.de/distanz-und-parteilichkeit.html

15 Nikita Dhawan, „Die unerträgliche Langsamkeit des Wandels. Das Phantasma einer Stimme des Volkes und die Erotik des Widerstands", in: *Phantasma und Politik* 11 (Berlin: Hebbel am Ufer 2015), S. 10–13, hier S. 11–12.

16 Ebd., S. 13.

17 Mit Blick auf identitätspolitische Debatten unterstreicht dies auch jüngst Christof Royer, „Ideological Struggle as Agonistic Conflict. (Anti)Hypocrisy, Free Speech and Critical Social Justice", *Jus Cogens* 3, Nr. 3 (2021), S. 257–78.

18 Judith N. Shklar, „Injustice, Injury, and Inequality. An Introduction", in: Frank S. Lucash (Hg.), *Justice and Equality Here and Now* (Ithaca, NY: Cornell University Press 1986), S. 13–33, hier S. 29.

19 Ebd., S. 31.

20 Goltermann, *Opfer*, für das Folgende insbesondere Kapitel 4.

21 Ebd., S. 191, 179.

22 Jacqueline Scherer, „An Overview of Victimology", in: Jacqueline Scherer und Gary Sheperd (Hg.), *Victimization of the Weak. Contemporary Social Reactions* (Springfield, MA: Charles C. Thomas Publisher 1982), S. 8–27, hier S. 9.

23 Dies ist der Ausgangspunkt der radikal-viktimologischen Adaption von Shklar durch Antony Pemberton und Pauline G. M. Aarten, „A Radical in Disguise. Judith Shklar's Victimology and Restorative Justice", in: Ivo Aertsen und Brunilda Pali (Hg.), *Critical Restorative Justice* (Oxford: Hart Publishers 2017), S. 315–30.

24 Bernard Yack, „Injustice and the Victim's Voice", in: *Michigan Law Review* 89, Nr. 6 (1991), S. 1334–1349, hier S. 1343.

25 Miranda Fricker, *Epistemische Ungerechtigkeit. Macht und die Ethik des Wissens*, übers. von Antje Korsmeier (München: C.H. Beck 2023).

26 Ebd., S. 33.

27 Ebd., S. 206.

28 Ebd., S. 206–218.

29 Yack, „Injustice and the Victim's Voice", S. 1345.

30 Fricker, *Epistemische Ungerechtigkeit*,, S. 125–152.

31 So wie es etwa Wolfgang Thierse in seinem Zeitungsessay über Identitätspolitik getan hat: „In ihrer Entschiedenheit ist sie [linke Identitätspolitik] in der Gefahr, nicht akzeptieren zu können, dass nicht nur Minderheiten, sondern auch Mehrheiten berechtigte kulturelle Ansprüche haben und diese nicht als bloß konservativ oder reaktionär oder gar als rassistisch denunziert werden sollten." Wolfgang Thierse, „Wie viel Identität verträgt die Gesellschaft?", in: *Frankfurter Allgemeine Zeitung*, 22. Februar 2021.

32 Ciani-Sophia Hoeder, „Es gibt keinen umgekehrten Rassismus", in: *Süddeutsche Zeitung Magazin*, 20.11.2020, online unter: https://sz-magazin.sueddeutsche.de/willkommen-bei-mir/umgekehrter-rassismus-89490 (17.12.2022).

33 Dieses Argument wird besonders deutlich herausgearbeitet bei Andrew Sabl, „Judith Shklar, *Ordinary Vices*", in: Jacob T. Levy (Hg.), *The Oxford Handbook of Classics in Contemporary Political Theory* (Oxford: Oxford University Press 2019), https://doi.org/10.1093/oxfordhb/9780198717133.013.5.

34 Bernard Yack, „Putting Injustice First. An Alternative Approach to Liberal Pluralism", in: *Social Research* 66, Nr. 4 (1999), S. 1104–1120, hier S. 1115.

35 Thierse, „Wie viel Identität verträgt die Gesellschaft?"

36 Shklar, „Injustice, Injury, and Inequality", S. 25.

37 Siehe zu dieser Diskussion: Linda Martin Alcoff, *Das Problem, für andere zu sprechen* (Stuttgart: Reclam 2023).

38 Hannah Arendt, *Eichmann in Jerusalem. Ein Bericht von der Banalität des Bösen* (München: Piper 2006), S. 217–218.

39 Judith N. Shklar, „Hannah Arendt als Paria", in: *Über Hannah Arendt*, hg. und übers. von Hannes Bajohr (Berlin: Matthes & Seitz 2020), S. 79–113, hier S. 109.

40 Shklar, „Hannah Arendt als Paria", S. 105.

41 Zu der Unterscheidung von Parvenu und Paria siehe Hannah Arendt, *Rahel Varnhagen. Lebensgeschichte einer deutschen Jüdin aus der Romantik* (München: Piper 1979), S. 185–200; Hannah Arendt, „The Jew as Pariah. A Hidden Tradition", in: *Jewish Social Studies* 6, Nr. 2 (1944), S. 99–122.

42 Judith N. Shklar, „Squaring the Hermeneutic Circle", in: dies., *Political Thought and Political Thinkers,* hg. von Stanley Hoffmann (Chicago: The University of Chicago Press 1998), S. 75–93, hier S. 81.

43 Siehe auch Shklar, „Squaring the Hermeneutic Circle", S. 92, und Hannes Bajohr, „Harmonie und Widerspruch. Mit Judith N. Shklar gegen die ‚Ideologie der Einigkeit'", in: Hendrikje Schauer und Marcel Lepper (Hg.), *Distanzierung und Engagement. Wie politisch sind die Geisteswissenschaften?* (Stuttgart: Works & Nights 2018), S. 75–85.

44 Shklar, „Injustice, Injury, and Inequality", S. 26.

45 Hans Magnus Enzensberger, „A Situation of Privilege", in: Toronto Arts Group for Human Rights (Hg.), *The Writer and Human Rights* (Toronto: Lester & Orpen Dennys 1983), S. 144–146, hier S. 146.

46 Nadine Gordimer, „Apprentices of Freedom. Relevance and Commitment in South African Arts", in: ebd., S. 18–22, hier S. 22.

47 Auch dieses Argument formuliert Shklar am Beispiel von Amnesty International und dem Einsatz dieser Organisation für Gefangene aus Gewissensgründen (*prisoners of conscience*): „Vielleicht erweisen sie sich am Ende als nicht besser als ihre Peiniger. Aber solange sie nur deshalb im Gefängnis sitzen, weil sie von dem Gebrauch gemacht haben, was wir als unsere Rechte nach dem Ersten Verfassungszusatz bezeichnen würden, und keinen rechtlichen Schutz genießen, sind sie Opfer von politischer Ungerechtigkeit und in der Regel auch von brutalen Grausamkeiten jeder Art." Shklar, „Injustice, Injury, and Inequality", S. 27.

48 Judith N. Shklar, *Der Liberalismus der Rechte*, hg. und übers. von Hannes Bajohr (Berlin: Matthes & Seitz 2017).

49 Sabine Hark, *Gemeinschaft der Ungewählten. Umrisse eines politischen Ethos der Kohabitation* (Frankfurt am Main: Suhrkamp 2021), S. 67.

3.2. Passive Ungerechtigkeit in Zeiten des Klimawandels

1 BVerfG, Beschluss des Ersten Senats vom 24. März 2021 – 1 BvR 2656/18, Rn. 1-270, https://www.bundesverfassungsgericht.de/SharedDocs/Entscheidungen/DE/2021/03/rs20210324_1bvr265618.html

2 Einen Überblick über bisher geführte Prozesse bietet der von der UN herausgegebene Klimaprozessreport, siehe United Nations Environment Programme, *Global Climate Litigation Report. 2023 Status Review* (United Nations Environment Programme 2023), https://doi.org/10.59117/20.500.11822/43008.

3 Quirin Schiermeier, „Climate Science is Supporting Lawsuits that Could Help Save the World“, in: *Nature* 597, Nr. 7875 (2021), S. 169–71, hier S. 170.

4 Imeh Ituen und Lisa Tatu Hey, „The Elephant in the Room – Environmental Racism in Germany. Studies, Knowledge Gaps, and Their Relevance to Environmental and Climate Justice“, 2021, https://www.boell.de/sites/default/files/2021-12/E-Paper_The_Elephant_in_the_Room.pdf.

5 Kyle Powys Whyte, „The Dakota Access Pipeline, Environmental Injustice, and U.S. Colonialism“, in: *Red Ink* 19, Nr. 1 (2017), S. 154-169.

6 „Tuvalu Minister to Address COP26 Knee Deep in Water to Highlight Climate Crisis and Sea Level Rise“, in: *The Guardian*, 8. November 2021, https://www.theguardian.com/environment/2021/nov/08/tuvalu-minister-to-address-cop26-knee-deep-in-seawater-to-highlight-climate-crisis

7 Siehe Christine Unrau, „Judith Shklars Sinn für Veränderung“, in: *Zeitschrift für Politische Theorie* 9, Nr. 2 (2018) [2020], S. 239–251 und Javier Burdman, „‚Sinn für Ungerechtigkeit‘. Über die Rolle von Gefühlen bei dem Widerstand gegen epistemische Ungerechtigkeit“, in: *Diskurs* 6 (2021), S. 43–62.

8 Siehe dazu Heidi Salaverría, „Ungeregelte Zweifel und politische Urteilsbildung bei Judith Shklar und Jacques Rancière“, in: *Deutsche Zeitschrift für Philosophie* 62, Nr. 4 (2014), S. 708–726.

9 An dieser Stelle findet sich in Shklars Ungerechtigkeitstheorie eine Besonderheit des angloanerikanischen *common law* wieder, in dem Unterlassungsdelikte weitgehend unbekannt sind. So gibt es dort, im Gegensatz zur „unterlassenen Hilfeleistung“ des europäischen *civil law*, keine allgemeine „duty to rescue“. Stattdessen begründen sich Rettungspflichten auf bestimmte zwischenmenschliche Verhältnisse. Während ein Vater etwa sein ertrinkendes Kind retten muss, kann ein unbeteiligter Dritter das Kind ungestraft ertrinken lassen. (Ich danke Valentin Jeutner für diesen Hinweis.) Shklar moniert dies implizit, doch zugleich ist ihr Konzept passiver Ungerechtigkeit deutlich weiter gefasst und zielt nicht nur auf bloßes Unterlassen, da es sich vor allem auf die Rolle von *Dritten* bezieht, die einen möglichen Akt von Ungerechtigkeit sehen, aber nichts unternehmen. Beide Dimensionen werden in Beispielen deutlich, die Shklar aufführt: „Wenn wir den Nachbarn lieber ruhig seine Frau schlagen lassen als einzuschreiten, oder beiseite schauen, wenn ein Kollege regelmäßig aus reiner Faulheit Noten willkürlich und nach dem Zufallsprinzip verteilt, dann sind wir passiv ungerecht.“ (ÜU 72) Den ersten Fall würden wir wahrscheinlich als unterlassene Hilfeleistung

bezeichnen, für den zweiten trifft diese Kategorie dagegen kaum zu.

10 Siehe Blake Francis, „Climate Change Injustice", in: *Environmental Ethics* 44 (2022): 5–24.

11 Katrina Forrester, *In the Shadow of Justice. Postwar Liberalism and the Remaking of Political Philosophy* (Princeton: Princeton University Press 2019), S. 246.

12 Siehe Marcus Tullius Cicero, *Vom pflichtgemäßen Handeln / De officiis* (Berlin: De Gruyter 2011), S. 27.

13 Michael J. Sandel, „Die verfahrensrechtliche Republik und das ungebundene Selbst", in: Axel Honneth (Hg.), *Kommunitarismus. Eine Debatte über die moralischen Grundlagen moderner Gesellschaften* (Frankfurt am Main: Campus 1993), S. 18–36.

14 Diese Kritik formuliert Shklar etwa in Bezug auf die Kommunitarismusdiskussion der Achtzigerjahre in einem Brief an Quentin Skinner, einer der wichtigsten Stimmen des sogenannten Neorepublikanismus. Shklar schreibt, dass es ihr um die Frage geht, „ob man eine Theorie und Praxis von Staatsbürgerschaft entwickeln kann, die liberale Ideen von persönlicher Freiheit, Fairness und Gerechtigkeit nicht herabsetzen, aber dennoch die Notwendigkeit eines allgemeinen, vom Volk ausgehenden öffentlichen Handelns sowohl eindeutig machen als auch in irgendeiner Weise attraktiv erscheinen lassen. Solange dies nicht die schreckliche Irrationalität und schiere Gewalt verdeckt, die die charakteristischen Merkmale gegenwärtiger Politik sind, und besonders nicht die Funktion bemäntelt, die Xenophobie als normaler Sozialzement innehat, sehe ich nicht, warum man gegen dieses Projekt Einwände erheben könnte". Zit. nach Quentin Skinner, „The Last Academic Project", in: Samantha Ashenden und Andreas Hess (Hg.), *Between Utopia and Realism: The Political Thought of Judith N. Shklar* (Philadelphia: University of Pennsylvania Press 2019), S. 253–266, hier S. 261.

15 Seyla Benhabib nannte Shklars Ideal einmal eine „Staatsbürgerschaft der Wachsamkeit", Seyla Benhabib, „Judith Shklars dystopischer Liberalismus", in: LdF S. 67–86, hier 77.

16 Judith N. Shklar, „Rechte in der liberalen Tradition", in: dies., *Der Liberalismus der Rechte*, hg. und übers. von Hannes Bajohr (Berlin: Matthes & Seitz 2017), S. 20–64, hier S. 34f.

17 Judith N. Shklar, *American Citizenship. The Quest for Inclusion* (Cambridge, Mass.: Harvard University Press 1991), S. 99. Das Buch erscheint auf Deutsch bald als *Wählen und Verdienen. Über amerikanische Staatsbürgerschaft und das Streben nach Inklusion*, übers. v. Hannes Bajohr (Berlin: Matthes & Seitz 2024).

18 BVerfG BVerfG, Beschluss des Ersten Senats vom 24. März 2021 - 1 BvR 2656/18 -, Rn. 1-270, hier Rn. 192.

19 Ebd., Rn. 45.

20 Siehe für das Argument, dass sich Recht und Politik (und Moral) voneinander gar nicht trennen lassen, es sei denn in der Ideologie des „Legalismus", ihr Buch *Legalism* (L).

21 Hans Jonas, *Das Prinzip Verantwortung. Versuch einer Ethik für die technologische Zivilisation* (Frankfurt am Main: Suhrkamp 1979), S. 26

22 Ebd., S. 65.

23 Ebd., S. 63.

24 Shklar hat sich selbst nie explizit mit umwelt- oder klimapolitischen Fragestellungen auseinandergesetzt. Dennoch sind im Zusammenhang mit Jonas, dessen *Prinzip Verantwortung* unter anderem auch die Gefahren der Atomkraft behandelt, Passagen aus ihren Vorlesungen zum Begriff der Verpflichtung aufschlussreich. Es geht darum, welche Arten von Gefahren und Befürchtungen zivilen Ungehorsams rechtfertigten würden: „Ich war immer der Meinung, dass nur Ungerechtigkeitsbehauptungen [zur Begründung von zivilem Ungehorsam] triftig sein können, aber angesichts des Aufkommens von Technologien, die das Potential haben, universell lebensbedrohlich zu sein, könnte menschliche Sicherheit durchaus einen Grund für sochen Ungehorsam abgeben. Ich persönlich halte Atomenergie tatsächlich für relativ sicher, aber Tschernobyl ist kein Märchen und unaufhörliche Wachsamkeit vermutlich stets erforderlich." (OPO 177–178) Es wäre interessant, Shklars Überlegungen zu „menschlicher Sicherheit" und zivilem Ungehorsam mit den radikaleren Forderungen des Klimaaktivismus zusammen zu lesen, siehe Andreas Malm, *Wie man eine Pipeline in die Luft jagt. Kämpfen lernen in einer Welt in Flammen* (Berlin: Matthes & Seitz, 2020).

25 Jonas, *Das Prinzip Verantwortung*, S. 65.

26 Caroline Hickman u.a., „Climate Anxiety in Children and Young People and Their Beliefs about Government Responses to Climate Change. A Global Survey", in: *The Lancet Planetary Health.* Dezember 2021, https://doi.org/10.1016/s2542-5196(21)00278-3.

27 Thomas Slater u.a.: „Review Article. Earth's Ice Imbalance", in: *The Cryosphere* 15 (2021), S. 233–246.

28 Aimee Gabay, „This Was the Hottest Summer Ever Recorded on Earth", in: *Space.com*, 14. September 2023. https://www.space.com/earth-hottest-summer-on-record.

29 Nick Watts u. a., „The 2019 Report of The Lancet Countdown on Health and Climate Change. Ensuring That the Health of a Child Born Today Is Not Defined by a Changing Climate", in: *The Lancet* 394, Nr. 10211 (2019), S. 1836–1878. Neuere Prognosen sehen allerdings eine sehr viel schnelleres und katastrophaleres Fortschreiten des Klimawandels voraus,

Frederik Wolf, „Warum jedes Zehntelgrad zählt. Der Einfluss von Kippelementen“, *Klima und Recht* 7 (2022), S. 216–218; James E Hansen u.a., „Global Warming in the Pipeline“, in: *Oxford Open Climate Change* 3, Nr. 1 (2023), https://doi.org/10.1093/oxfclm/kgad008.

30 Jonas, *Das Prinzip Verantwortung*, S. 86.

31 Hans Blumenberg, „Wirklichkeitsbegriff und Staatstheorie“, *Schweizer Monatshefte* 48, Nr. 2 (1968), S. 121–146, hier S. 128.

32 Jonas, *Das Prinzip Verantwortung*, S. 265–266, 262.

33 Friedrich Hayek, *Der Weg zur Knechtschaft* (München: Olzog 1994).

34 „Die Katastrophe, die nicht endet“, in: *Der Spiegel*, 2. Juni 2022, S. 46–51, hier S. 48.

35 Ebd., S. 49.

36 Ebd., S. 48.

37 Dipesh Chakrabarty, *Das Klima der Geschichte im planetarischen Zeitalter* (Berlin: Suhrkamp 2022), S. 12. Siehe dazu auch Eva Horn/Hannes Bergthaller, *Anthropozän zur Einführung* (Hamburg: Junius 2020).

38 Smriti Mallapaty, „Why Are Pakistan's Floods So Extreme This Year?“ in: *Nature*, 2. September 2022, https://www.nature.com/articles/d41586-022-02813-6; Christopher Flavelle und Manuela Andreoni, „How Climate Change Turned Lush Hawaii Into a Tinderbox“, in: *New York Times*, 10. August 2023, https://www.nytimes.com/2023/08/10/climate/hawaii-fires-climate-change.html.

39 Frank Kreienkamp u.a., „Rapid Attribution of Heavy Rainfall Events Leading to the Severe Flooding in Western Europe During July 2021“, 23. August 2021, https://www.worldweatherattribution.org/wp-content/uploads/Scientific-report-Western-Europe-floods-2021-attribution.pdf.

40 Jason W. Moore (Hg.), *Anthropocene or Capitalocene? Nature, History, and the Crisis of Capitalism* (Oakland: PM Press 2016). Siehe auch die Beiträge in Hannes Bajohr (Hg.), *Der Anthropos im Anthropozän. Die Wiederkehr des Menschen im Moment seiner vermeintlich endgültigen Verabschiedung* (Berlin: de Gruyter 2020).

41 Clive Hamilton, *Defiant Earth. The Fate of Humans in the Anthropocene* (Cambridge: Polity 2017), S. 28.

42 Hannah Arendt, „Personal Responsibility under Dictatorship“, in: dies., *Responsibility and Judgment*, hg. von Jerome Kohn (New York: Schocken 2003), S. 17–48.

43 Timothy Morton, *Dark Ecology. For a Logic of Future Coexistence* (New York: Columbia University Press 2016), S. 8f.

44 Iris Marion Young, *Responsibility for Justice* (Cambridge: Cambridge University Press 2011).

45 Ross Barkan, „Hurricane Ida Drowned 11 New Yorkers in Their Own Homes. The Climate Crisis is Here“, in: *The Guardian*, 9. September 2021, https://www.theguardian.com/commentisfree/2021/sep/09/hurricane-ida-new-york-climate-crisis.

3.3 Staatsbürgerschaft – eine Frage der Loyalität?

1 In den Fällen, da Shklar in Europa sprach, unterließ sie es selten, die Tatsache des so anderen Publikums zu bemerken.

2 Siehe Judith N. Shklar, „Redeeming American Political Theory“, in: dies., *Redeeming American Political Thought*, hg. von Stanley Hoffmann und Dennis Thompson (Chicago: The University of Chicago Press 1998), S. 91–110, hier S. 92.

3 Ähnlich bemerkt es auch der Shklar-Schüler Mark Lilla in seinem Nachruf, Mark Lilla [Memorial Tribute], in: MT, S. 75–76.

4 Statistisches Bundesamt, https://www.destatis.de/DE/Presse/Pressemitteilungen/2021/10/PD21_463_125.html

5 Zu den Hintergründen und Dynamiken von #MeTwo siehe Sebastian Berg, Tim König und Ann-Kathrin Koster, „Political Opinion Formation as Epistemic Practice. The Hashtag Assemblage of #metwo“, in: *Media and Communication* 8, Nr. 4 (2020), S. 84–95.

6 Ilan Z. Baron, „The Problem of Dual Loyalty“, in: *Canadian Journal of Political Science* 42, Nr. 4 (2009), S. 1025–1044.

7 Hannah Arendt, *Wir Flüchtlinge*, übers. Eike Geisel (Ditzingen: Reclam 2023), S. 26–8.

8 Siehe James McAuley, „Who Does Éric Zemmour Speak For?“, in: *The New York Review of Books*, 13. Januar 2022, S. 11–14, hier S. 14.

9 Ebd., S. 11.

10 Vgl. Rieke Trimçev, „Judith N. Shklar on Disobedience and Obligation in a ‚Society of Strangers‘“, in: *Constellations* 29, Nr. 1 (2022), S. 65–79.

11 Shklars Begriffe lauten auf Englisch: *obligation*, *loyalty*, *fidelity* und *commitment* (VLE 11); vergleiche zu dem Folgenden auch Rieke Trimçev, „Verbindlichkeitskonflikte und politische Verpflichtung“, in: *Zeitschrift für Politische Theorie* 9, Nr. 2 (2018 [2020]), S. 253–67.

12 Die Schwierigkeit, Loyalitäten abzulegen, entsteht auch innerhalb solcher Gruppen, die Individuen im Laufe ihres Lebens frei gewählt haben. Denn natürlich sind längst nicht alle Gruppen askriptive, also von außen zugeschriebene Gruppen (VLE 22).

13 Michael Freeden, *The Political Theory of Political Thinking. The Anatomy of a Practice* (Oxford: Oxford University Press 2013), S. S. 171.

14 Einen prägnanten Überblick bietet George Klosko, *Why Should We Obey the Law?* (Cambridge: Polity Press, 2019). Für eine eingehende Diskussion und Kritik dieser unterschiedlichen Prinzipien politischer Verpflichtung aus der Perspektive des philosophischen Anarchismus siehe A. J. Simmons, *Moral Principles and Political Obligations* (Princeton: Princeton University Press, 1979).

15 Judith N. Shklar, „Mrcon2", o. D., HUGFP 118, Box 7, Papers of Judith N. Shklar, Harvard University Archives, S. 7.

16 Einen guten Überblick gibt Andreas Hess, „From Antigone to Martin Luther King. Judith N. Shklar on Moral Reasoning and Disobedience in Context", in: Samantha Ashenden und Andreas Hess (Hg.), *Between Utopia and Realism. The Political Thought of Judith N. Shklar* (Philadelphia: University of Pennsylvania Press 2019), S. 239–252.

17 Ausführlicher zu dieser Erzählung und der in ihnen entfalteten Grammatik von Loyalitätskonflikten siehe Trimçev, „,Society of Strangers'".

18 Seltener können eindeutige Loyalitäten oder harmonische Loyalitätsnetzwerke auch in den bedingungslosen Widerstand führen. Diesen Fall diagnostiziert Shklar bei Antigone (OPO 25–37).

19 Michael Walzer, *Obligations. Essays on Disobedience, War, and Citizenship* (Cambridge: Harvard University Press 1970). Shklar entfaltetet ihre Kritik in „Verpflichtung, Loyalität, Exil". Zum Vergleich von Shklars und Walzers Auffassungen von politischer Verpflichtung siehe auch Trimçev, „Verbindlichkeitskonflikte und politische Verpflichtung", 264–5.

20 Siehe insbesondere Yael Tamir, *Liberal Nationalism* (Princeton: Princeton University Press 1993) und David Miller, *On Nationality* (Oxford: Clarendon Press 1995). Shklars Reaktion auf die Idee eines liberalen Nationalismus wird eindrucksvoll geschildert von Sanford Levinson, „Is Liberal Nationalism an Oxymoron? An Essay for Judith Shklar", in: *Ethics* 105 (1995), S. 626–645.

21 Zur Verbindung dieser beiden Themen und den mit ihnen verbundenen Werkphasen siehe auch Samantha Ashenden, „Political Obligation and the Rule of Law", in: dies. und Hess (Hg.), *Between Utopia and Realism*, S. 219–238.

22 Judith N. Shklar, „In Defense of Legalism", in: *Journal of Legal Education* 19, Nr. 1 (1966), S. 51–8, hier S. 51–52.

23 Siehe Samuel Moyn, „Judith Shklar über die Philosophie des Völkerstrafrechts", in: *Deutsche Zeitschrift für Philosophie 62*, Nr. 4 (2014), S. 683–707, hier S. 691. Seyla Benhabib, *Playing*

Chess with History. Exile, Statelessness, Migration from Hannah Arendt to Isaiah Berlin (Princeton, NJ: Princeton University Press, 2018), S. 126, 132; William E. Scheuerman, „Law and the Liberalism of Fear", in: Ashenden und Hess (Hg.), *Between Utopia and Realism*, S. 47–66, hier S. 53–54.

24 Siehe Shklar, „In Defence of Legalism" und, am Beispiel des Richteramtes, Judith N. Shklar, „Justice without Virtue", in: John W. Chapman und William A. Galstone (Hg.), *Virtue*, Nomos 34 (New York: New York University Press 1992), S. 283–289, hier S. 287.

25 Shklar selbst spricht nur von Exilant:innen, fasst diesen Begriff aber so weit, dass er auch alle Formen von erzwungener Migration umfasst, ob der Zwang nun politischer, sozialer oder ökonomischer Natur ist (VLE 30).

26 Shklar ist natürlich Realistin genug um zu wissen, dass Exilant:innen nicht ausnahmslos klarer auf Fragen der politischen Verpflichtung und Staatsbürgerschaft blicken. Sie räumt ein, dass „fortdauernde Loyalität [...] politische Verpflichtungen wirklich beschädigen" könne. Allerdings hält sie diese Fälle eher für eine Ausnahme und verweist auf die Erfahrungen in Kanada und den USA, wo „Diasporagruppen [...] für gewöhnlich sehr gesetzestreu und ebenso durch Verpflichtungen gebunden [sind] wie die Einheimischen," siehe ebd., S. 44, 51.

27 Der durchaus ambivalente Status der „Furcht vor der Furcht" zeigt sich im Vergleich von *Ganz normale Laster* und dem Essay „Der Liberalismus der Furcht". In „Der Liberalismus der Furcht" wird sie gemeinsam mit der Grausamkeit und der Furcht vor Grausamkeit als zu vermeidendes „Übel" aufgezählt, (LdF 43). In *Ganz normale Laster* beschreibt Shklar die „Furcht vor der Furcht" dagegen als eine für Liberale von ihrem Schlag typische und wichtige Disposition (GnL 261; ebenso in Judith N. Shklar, *Der Liberalismus der Rechte*, hg. und übers. von Hannes Bajohr [Berlin: Matthes & Seitz 2017], S. 34). John Dunn bemerkt insofern, dass „das Ziel eines Liberalismus der Furcht nicht die Beseitigung der Furcht" sei, siehe John Dunn, „Hope over Fear. Judith Shklar as Political Educator", in: Bernard Yack (Hg.), *Liberalism without Illusions. Essays on Liberal Theory and the Political Vision of Judith N. Shklar* (Chicago: The University of Chicago Press 1996), S. 45–54, hier S. 46. Zu einer etwas formaleren Lesart der Formulierung „Furcht vor der Furcht", siehe Hannes Bajohr, „Judith N. Shklar über die Quellen liberaler Normativität", in: Karsten Fischer und Sebastian Huhnholz (Hg.), *Liberalismus. Traditionsbestände und Gegenwartskontroversen* (Baden-Baden: Nomos, 2019), S. 71–98.

28 Siehe insbesondere die zwei Vorlesungen zum Verhältnis von Verpflichtungen und Gehorsam von Shklar (OPO 138–153).

29 Shklar, *Mrcon2*, S. 3, 5, 6.

30 Zu dem Folgenden siehe auch Trimçev, „‚Society of Strangers'", S. 74.

31 Shklar, *Mrcon2*, S. 8.

32 Trimçev, „‚Society of Strangers'", S. 74.

33 Zu Shklars Kritik der Solidaritätsidee siehe Shefali Misra, „Ugly Attachments. Judith Shklar and the Unattractive Face of Solidarity", in: *Global Intellectual History* 7, Nr. 4 (2022), S. 685–701.

34 Besonders einflussreich ist hier die Interpretation von Hannah Arendt, „Ziviler Ungehorsam", in: dies., *In der Gegenwart: Übungen im politischen Denken II*, hg. von Ursula Ludz (München: Piper 2000), S. 283–321.

35 Zitiert nach Trimçev, „‚Society of Strangers'", S. 75.

36 Zur Rechtlosigkeit von Migrant:innen und der Situation in Flüchtlingslagern siehe insbesondere Ayten Gündogdu (Hg.), *Rightlessness in an Age of Rights. Hannah Arendt and the Contemporary Struggles of Migrants* (Oxford: Oxford University Press 2015) und Itamar Mann, „Maritime Legal Black Holes. Migration and Rightlessness in International Law", in: *European Journal of International Law* 29, Nr. 2 (2018), S. 347–72.

37 Siehe zum Beispiel William Smith, „Civil Disobedience as Transnational Disruption", in: *Global Constitutionalism* 6, Nr. 3 (2017), S. 477–504; Robin Celikates, „Constituent Power beyond Exceptionalism. Irregular Migration, Disobedience, and (Re-)Constitution", in: *Journal of International Political Theory* 15, Nr. 1 (2019), S. 67–81; Erin Pineda, „Beyond (and Before) the Transnational Turn. Recovering Civil Disobedience as Decolonizing Praxis", in: *Democratic Theory* 9, Nr. 2 (2022), S. 11–36.

38 Klaus Neumann, „The Appeal of Civil Disobedience in the Central Mediterranean", in: *Journal of Humanitarian Affairs* 2, Nr. 1 (2020), S. 53–61.

39 Die Aktivistin hat diese Parallelen und diese Einordnung auch selbst unterstrichen in ihrem Buch Carola Rackete, *Handeln statt hoffen. Aufruf an die letzte Generation* (München: Droemer 2019).

40 Itamar Mann, „The Right to Perform Rescue at Sea. Jurisprudence and Drowning", in: *German Law Journal* 21, Nr. 3 (2020), S. 598–619, hier S. 599.

41 Judith N. Shklar, „The Boundaries of Democracy", in: dies., *Redeeming American Political Thought*, S. 127–145, hier S. 144.

3.4 Fazit: Die Aktualität des Liberalismus der Furcht

1 Siehe dazu die ausführliche Bibliografie von Shklars Werk im letzten Teil dieses Buches.

2 Josef Joffe, „Die Feinde des Liberalismus", in: *DIE ZEIT*, 23. Juni 2020.

3 Carolin Amlinger und Oliver Nachtwey, *Gekränkte Freiheit. Aspekte des libertären Autoritarismus* (Berlin: Suhrkamp 2022), S. 12.

4 So auch Jan-Werner Müller, *Furcht und Freiheit. Für einen anderen Liberalismus* (Berlin: Suhrkamp 2019), S. 94.

5 Christoph Möllers, *Freiheitsgrade. Elemente einer liberalen politischen Mechanik* (Berlin: Suhrkamp 2020), S. 11. Damit widersprechen wir auch Möllers selbst, der Shklar eher als konservative, jedenfalls als zu minimalistische und anspruchslose Liberale charakterisiert, ebd., S. 289.

6 Freilich gibt es über diese Interpretation eine rege Diskussion. Während Andreas Hess Shklar eher als allen „transformatorischen" politischen Projekten abgeneigte Denkerin porträtiert, stellt sich Giunia Gatta auf die entgegengesetzte Position und betrachtet Shklar als „skeptische Radikale". Siehe Andreas Hess, *The Political Theory of Judith N. Shklar. Exile from Exile* (New York: Palgrave Macmillan 2014) und Giunia Gatta, *Rethinking Liberalism for the 21st Century. The Skeptical Radicalism of Judith Shklar* (New York: Routledge 2018).

7 Axel Honneth, „Die Historizität von Furcht und Verletzung. Sozialdemokratische Züge im Denken von Judith Shklar", in: ders., *Vivisektionen eines Zeitalters. Porträts zur Ideengeschichte des 20. Jahrhunderts* (Berlin: Suhrkamp 2014), S. 248–262, hier S. 250 sowie Peter Voigt, „Skepsis und Sozialdemokratie – Mésalliance oder Zukunftsbündnis? Ein Plädoyer im Anschluss an Judith Shklar", in: *Zeitschrift für Politische Theorie* 9, Nr. 2 (2018 [2020]), S. 223–238.

8 An diese Ökumene erinnert etwa Jens Hacke, *Existenzkrise der Demokratie. Zur politischen Theorie des Liberalismus in der Zwischenkriegszeit* (Berlin: Suhrkamp 2018). Für die Frühgeschichte des Liberalismus siehe Helena Rosenblatt, *The Lost History of Liberalism* (Princeton: Princeton University Press 2019), für die Entwicklung im 20. Jahrhundert – in der Shklar eine zentrale Rolle spielt – siehe Samuel Moyn, *Liberalism against Itself. Cold War Intellectuals and the Making of Our Times* (New Haven: Yalue University Press 2023).

9 Man denke dabei etwa an Mills Sympathie für den Sozialismus, siehe John Stuart Mill, *Über den Sozialismus*, hg. von Hubertus Buchstein und Sandra Seubert (Hamburg: Europäische Verlagsanstalt 2016). Die Idee eines „liberalen Sozialismus" hat in der Tat eine lange Geschichte, in der auch Carlo

Rossellis *Le Socialisme libéral* (Paris: Valois 1930) eine gewichtige Rolle spielt (englisch als: *Liberal Socialism* [Princeton: Princeton University Press 2017]) . Siehe dazu auch Monique Canto-Sperber und Nadia Urbinati, *Le socialisme libéral. Une anthologie. Europe–États-Unis* (Paris: Esprit 2003).

10 Brief an Daniel Bell, 28. Dezember 1981, Papers of Judith N. Shklar, Series: Correspondence, 1959-1992, HUGFP 118, Box 2. Shklar zitiert R. H. Tawney, „The Religion of Inequality“, in: ders., *Equality* (London: Allen & Unwin 1951 [1932]), S. 19–48, hier S. 25.

11 Siehe OPO, dort vor allem die 15. Vorlesung, „The Positive State“. Shklar diskutiert dort den spezifisch liberalen Wohlfahrtsstaat, der über „das Gedeihen der Freiheit für alle Bürger als Einzelne“ begründet wird. Schließlich dürfe man nicht vergessen, dass es noch andere Modelle gegeben habe, wie etwa in Sowjetrussland, wo er über Gleichheit als politisches Ziel definiert war oder, wie unter den Nationalsozialisten, über die Einheit der Volksgemeinschaft gerechtfertigt wurde, ebd., S. 130.

4. Bibliographie

1 James Miller zufolge schrieb Shklar „uncredited pieces for [the Amnesty International] newsletter in the 1980s“, welche allerdings nicht ausfindig gemacht werden konnten. Siehe James Miller, „Pyrrhonic Liberalism“, in: *Political Theory* 28, Nr. 6 (2000), S. 810–821, hier S. 815. Es ist auch unklar, ob Shklar möglicherweise in weitere Publikationen von Amnesty International involviert gewesen ist, etwa den ebenfalls autorlosen Text *Torture in the Eighties* (London: Amnesty International Publications 1984).

2 Harvard University Archives, „Papers of Judith N. Shklar. An Inventor“, https://hollisarchives.lib.harvard.edu/repositories/4/resources/4150 (letzter Zugriff 8. November 2023).